区域知识产权产业分析研究丛书

宁波市重点优势产业
专利检索策略及应用手册

主编　包逸萍

知识产权出版社
全国百佳图书出版单位

图书在版编目（CIP）数据

宁波市重点优势产业专利检索策略及应用手册 / 包逸萍主编. — 北京：知识产权出版社，2015.6

ISBN 978-7-5130-3553-8

Ⅰ. ①宁… Ⅱ. ①包… Ⅲ. ①专利 – 情报检索 – 手册 Ⅳ. ①G252.7-62

中国版本图书馆CIP数据核字(2015)第128211号

内容提要

本书选取宁波市在发展过程中确定的重点优势产业，对每个产业的细分技术领域进行分类，并分别将每个技术领域的IPC分类号、中英文关键词和重要申请人等检索要素呈现罗列，通过合理的搭配编写出能够对所选产业领域专利检准检全的检索表达式。其次将这些专利检索策略进行归类汇总，形成这些重点优势产业领域专利数据获取的思路和范例，以便为今后企事业相关工作人员研究相关产业提供参考和借鉴，从而促进当地产业结构转型升级和提高企业综合竞争力。

责任编辑：王 辉 **责任出版**：孙婷婷

宁波市重点优势产业专利检索策略及应用手册

NINGBOSHI ZHONGDIAN YOUSHI CHANYE ZHUANLI JIANSUO CELÜE JI YINGYONG SHOUCE

包逸萍 主编

出版发行：	知识产权出版社有限责任公司	**网 址**：	http：//www. ipph. cn
电 话：	010－82004826		http：//www. laichushu. com
社 址：	北京市海淀区西外太平庄55号	**邮 编**：	100081
责编电话：	010－82000860转8381	**责编邮箱**：	ldsnk@126.com
发行电话：	010－82000860转8101／8029	**发行传真**：	010－82000893／82003279
印 刷：	北京中献拓方科技发展有限公司	**经 销**：	各大网上书店、新华书店及相关专业书店
开 本：	720mm×1000mm 1/16	**印 张**：	14.25
版 次：	2015年6月第1版	**印 次**：	2015年6月第1次印刷
字 数：	208千字	**定 价**：	45. 00元

ISBN 978－7－5130－3553－8

本书编写委员会

主　编:包逸萍

副主编:王元明

委　员:郭　伟　陈　裕　杨　波

前　言

当前，我国经济正步入以中高速增长为标志的新常态，创新驱动将成为新常态下推动我国经济发展的主要引擎。推动知识产权工作是深入实施创新驱动发展战略的基本前提，是加快推进“大众创业、万众创新”的必然要求，也是引领下一步经济发展新常态的重要手段。以专利信息资源利用和专利分析为基础，把专利运用嵌入产业技术创新、产品创新、组织创新和商业模式创新，引导和支撑产业科学发展，是专利战略在产业发展中的具体实施，更是知识产权战略支撑创新驱动发展战略的具体体现。

宁波市深入实施创新驱动发展战略和知识产权战略，不断强化创新发展环境建设，围绕提升专利的创造、运用、保护和管理能力，建立专利信息分析利用的工作体系，促进企业运用专利信息，将专利信息的分析利用贯穿于产业运行的过程之中，使得专利信息的分析利用对科技创新和经济发展的服务和支撑作用凸显。

为更好地发挥专利资源在产业发展格局中的影响力和专利集成运用对产业运行效益的支撑力，本书编写组结合全国及宁波本地产业运行的基本情况，组织具有多年专利检索分析经验的专业人员，在产业技术专家的指导下，编写了《宁波市重点优势产业专利检索策略及应用手册》一书。本书选取了宁波市在经济规划及发展过程中确定的新材料、新能源、新装备、汽车及零部件产业和生命与健康五个重点优势产业的十五个技术领域，分别将每个技术领域的IPC分类号、德温特手工代码、中英文关键词和主要申请人等检索要素编排呈现，并通过合理的搭配选编部分产业细分技术领域的专利检索表达式作为范例，为企事业单位的研发人员和专利分析人员研究相关产业的专利信息提供借鉴和参考，帮助他们缩小检索范围，缩短检索时间，提高工作效率。

本书编写分工情况如下：包逸萍负责本书框架设计，主要执笔前言、第1、2、3、10、11、12、15章，参与执笔第4、5、7、9、13、16章，负责全书统稿；王元明参与本书框架设计，主要执笔第4、5、8、9、14、16章，参与执笔第2、3、6、11、13、15

章，参与全书统稿；郭伟参与本书框架设计，主要执笔第7、13章，参与执笔14、16章；陈裕主要执笔第6章，参与执笔第2、9章；杨波主要执笔第3章，参与执笔第1、4章。

编者

目　录

第一部分　概述

第一章　主要提要和编写思路

“十二五”期间，宁波市面向国际和国内两个市场，以构建现代产业体系为目标，以提高自主创新能力为重点，以高技术和高附加值为导向，按照“市场主导、创新驱动、重点突破、引领发展”的原则，通过突破关键核心技术，实施重大产业项目，着力培育发展新材料、新能源、新装备、海洋高技术、电子信息、节能环保、生命与健康等新兴产业，推动石化、汽车及零部件、纺织服装等重点优势产业跨越式发展，抢占未来产业竞争的制高点。

针对宁波市的新兴产业和重点优势产业，如何通过对这些产业进行专利信息检索分析，明晰目前这些产业的发展趋势、技术领域的专利布局，以及产业专利的重要申请人，对宁波市今后如何发展该类产业，如何进行资金、技术和人员的配置、布局将起到重要的支撑作用。

1.1　内容提要

专利信息分析是产业研究和企业战略竞争分析中一种独特而实用的分析方法。它是一种从专利文献中采集专利信息，通过加工、整理、跟踪、研究、分析某一产业领域或企业竞争对手的专利情况，以掌握行业技术状况及发展趋势、企业的技术布局和技术水平等信息的竞争情报分析，有助于行业或企业制定专利战略、增强竞争力。专利信息分析的基础环节是专利信息数据的检索，如果能准确全面地检索出待分析的专利数据，专利分析也就具备了成功的基石。但对于一般研发人员和专利分析人员来说，检索数据所用的检索表达式的构建是一件相当专业且烦琐的工作，要做到专利数据的检准和检全难度很大。

本书是基于如何快速准确地查找到需要的专利文献这一目标而编写的。编者选取宁波市在经济发展过程中重点关注的新兴产业和重点优势产业，对每个产业的细分技术领域进行分类，并分别将每个技术领域的IPC分类号、德温特手工代码、中英文关键词和重要申请人等检索要素罗列呈现，同时通过合理的搭配选编部分产业细分技术领域的专利检索表达式作为范例，为读者获取准全兼顾的专利数据提供参考和借鉴。

本书涉及的宁波市新兴产业和重点优势产业，分别是：新材料产业，包括钕铁硼稀土永磁产业、化学纤维产业、工程塑料产业、超导材料产业；新能源产业，包括风力发电产业、太阳能光伏产业、锂电池产业，以及潮汐能产业、生物质能产业和核能产业；新装备类产业，包括数控设备产业、环保设备产业；汽车及零部件产业；生命与健康产业，包括植物提取产业、新型治疗性疫苗产业、体外诊断产业，以及高端医疗器械产业。

1.2 编写思路

本书选取宁波市在经济发展过程中确定的新兴产业和重点优势产业，对每个产业的发展背景和战略意义进行综述后，根据定义对产业细分技术领域进行分类，并分别提供每个技术领域的IPC分类号、中英文关键词和重要申请人等检索要素。最后，通过合理的搭配选编部分产业细分技术领域的专利检索表达式作为范例。这些检索要素和检索表达式范例可以帮助读者在相应的专利数据库中准确快速地进行检索，查找目标专利文献。

1.2.1 细分技术领域

按照产业特性、产业链上下游或产业所覆盖的技术领域，对所选的每个产业细分到具体的技术主题，以便读者能够根据自己的研究主题有针对性地选择、参考和借鉴。

1.2.2 确定检索要素

检索要素，是指从检索项目的信息需求涉及的技术内容及相关线索中挖掘并提炼出来的可检索的基本信息，它是构成专利信息检索表达式的核心组成部分。检索要素一般包括关键词、专利分类号、申请人、申请公平号等。

1.2.2.1　确定关键词

关键词是表达专利信息技术主题内容的主要检索要素之一，它代表了一项专利所包含的技术主题或技术特征等词汇，包括其特有的物理、化学等结构特征、特定的制备或处理工艺、原料、应用领域，以及其特有的技术效果等。本书按照以下原则确定关键词。

1. 根据技术分解表确定基本关键词

根据产业定义，研究分析每一个产业的技术分类和组成，制作相应的技术分解表，根据表中对应的技术分支名称，选择基本关键词。然后从综述性科技文献、技术词典、网络上挖掘出更多的关键词进行适当补充和扩展，以保证检索结果的查全率。同时适当请教技术专家、企业专利技术人员，获取他们的惯用术语作为关键词的补充。

2. 根据数据库字段的标引特点确定关键词

在不同的数据库中，对同一技术特征的关键词表达可能存在差别，或者不同的关键词表达了同一技术特征。本书根据拟检索的数据库的标引特点进行关键词选取或表达。

3. 根据行业协议、标准等确定关键词

深入分析技术主题及各技术分支的技术特征，搜集与这些技术特征相关的标准或协议，选择行业标准或者协议中所使用的术语作为关键词。

按照上述原则确定的关键词包括同义词、近义词、缩略词、音形相近词、上下位概念词，以及其他相关概念词，这样可以基本保证关键词概念上的完整性。

1.2.2.2　确定专利分类号

分类号是代表技术主题所对应的专利分类类别，它也是表达专利信息技术主题内容的检索要素之一。除国际专利分类号（IPC）外，一些国家和地区的专利机构也建立了其自身的专利分类系统，如欧洲专利局的ECLA分类系统、日本特许厅的FI/F-Term分类系统、美国专利商标局的USPC/UCLA分类系统，以及德温特数据库的德温特分类代码（DC）、手工代码（MC）等。2013年1月，欧洲专利局和美国专利商标局还共同启用了一个新的专利分类系统——CPC合作分类体系。

根据选用的数据库和编者的检索实践，本书选用了（IPC）和（MC）两类分类号，并按照以下方式确定分类号：

1. IPC分类号的初定

首先确定初步分类号，然后通过上述确定的关键词，在目标数据库中进行初步检索，找到若干篇文献，根据检索结果，进行统计排序，得到一些另外的IPC分类号，加入这些IPC分类号再次进行检索，并分析检索结果，完善分类号。这样经过不断反复的多次验证，再通过在分类表中进行上下级浏览和彼此交叉指引获取准确的分类位置，认确定最终的IPC分类号，考虑到IPC分类号与技术主题的对应性，该IPC分类号可能以大组、小组或区间的形式给出。

2. IPC的调整和补充

用编制的范例检索表达式进行检索，根据检索结果的全面性与准确性实时调整和补充分类号，充分考虑并分析噪声因素，从而对分类号进行合理增减。

3. 获得MC分类号

根据已经得出的IPC分类号，结合在innovation专利分析系统中所得到的初步的检索结果，统计出与该技术主体最为接近、出现频次最高的MC，以方便读者能更好地利用MC对该技术主题进行专利检索。

1.2.2.3　确定申请人

申请人也是表达专利信息的的检索要素之一，其既可以是自然人也可以是法人。本书通过编制相应产业技术领域的专利检索表达式获取检索结果，按统计分析排序，确定该技术主题下专利申请数排名前20位的国内申请人和国外申请人。读者可以较为直观地看出该技术主题下实力较强的专利申请人，为读者进一步研究了解竞争对手或合作伙伴提供参考。

1.2.3　编制检索表达式

专利信息检索表达式，是指计算机检索中表达用户检索提问的逻辑表达式，通常它是由检索要素和各种布尔逻辑算符、位置算符以及系统规定的其他连接组配符号组成的。检索式中所涉及的检索要素包括关键词、分类号、发明名称、申请人、专利申请(公开)号、公开日等。

鉴于每个数据库的索引体系和检索使用词规则各不相同,因此同样的技术主题检索时采用的检索表达式也略有区别。因此,本书在编写检索表达式时,根据编者使用实践,分别编写了国家知识产权局专利检索系统的国内和国外专利检索表达式、ProQuest Dialog信息集团的innography专利检索分析系统和Thomson Reuters公司的innovation专利检索系统的专利检索表达式。

需要注意的是,因为每个人的思维不一样,对主题的理解结果也不一样,因此对于同一领域的检索课题,不同人构建的检索表达式可能不尽相同。本书每章节提供的检索表达式范例仅供参考,读者亦可根据自身所带的课题要求及研究范围,通过以上所提供的检索要素制定出更为符合自身需求的检索表达式,从而获得更全更准的专利数据,为该技术领域的进一步研究和分析打下坚实的基础。

第二部分　新材料产业

第二章　钕铁硼稀土永磁产业

钕铁硼稀土永磁材料是稀土元素钕、铁及硼组成的金属间化合物，是近几十年来迅速发展的一种新颖的稀土永磁材料，具有高性价比、良好的机械特性以及极高的磁能积和矫力。钕铁硼稀土永磁材料发展十分迅速，现已在许多领域里得到了广泛的应用，成为当代新技术的重要物资基础。目前不仅在伺服电动机、驱动电动机、汽车启动机、地面军用电动机、航空电动机等产品上得到了大规模应用，在其他高新技术、国防军工和工农业等领域的应用也取得了很大的进步。

我国的钕铁硼产业始于1984年，经过多年的发展，已经形成了完整的工业体系，逐步形成了浙江、山西和京津三大钕铁硼生产基地。随着产业的发展，企业规模不断扩大，技术水平不断提高，出现了一批具有较大规模、较高技术水平的大公司。

作为新材料领域重要成员之一的钕铁硼稀土永磁材料产业，是宁波市重点关注和发展的产业，研发实力和产业基础都较好。因此本书将其作为研究对象，确定了钕铁硼磁性材料的关键词、分类号、主要申请人等检索要素，并按照钕铁硼的生产工艺分类，编制了烧结钕铁硼、粘结钕铁硼和热压钕铁硼的专利检索表达式作为范例供读者参考。

2.1　烧结钕铁硼稀土永磁材料

2.1.1　该领域主要涉及分类号

2.1.1.1　IPC分类号

B02C一般破碎，研磨或粉碎；碾磨谷物

B22D 金属铸造;用相同工艺或设备的其他物质的铸造

B22F 金属粉末的加工;由金属粉末制造制品;金属粉末的制造

B32B 层状产品,即由扁平的或非扁平的薄层,例如泡沫状的、蜂窝状的薄层构成的产品

C01B 非金属元素;其化合物

C01F 金属铍、镁、铝、钙、锶、钡、镭、钍的化合物,或稀土金属的化合物

C21D 改变黑色金属的物理结构;黑色或有色金属或合金热处理用的一般设备;通过脱碳、回火或其他处理使金属具有韧性

C22B3/22 金属的生产或精炼,通过物理方法,例如通过过滤、通过磁性方法

C22F 改变有色金属或有色合金的物理结构

C23 对金属材料的镀覆;用金属材料对材料的镀覆;表面化学处理;金属材料的扩散处理;真空蒸发法、溅射法、离子注入法或化学气相沉积法的一般镀覆;金属材料腐蚀或积垢的一般抑制

C25D 覆层的电解或电泳生产工艺方法;电铸;工件的电解法接合;所用的装置

F16H15/01 以使用磁粉或磁性液体作为旋转元件之间的摩擦截止为特征的

F27B 一般馏炉、窑、烘烤炉或蒸馏炉;开式烧结设备或类似设备

H01F1 按所用磁性材料区分的磁体或磁性物体;磁性材料的选择

2.1.1.2　DWPI 手工分类代码

L03B02A5 Rare earth nickel/cobalt /ironalloys

P53-V09 rare earth metals

V06-N04A permanent magnet

2.1.2　中文关键词

硼、铁、钕铁硼、稀土、钕、烧结、制备、过渡金属、过渡元素、过渡、族、磁性材料、稀土永磁、磁性能、磁能积、合金、磁铁、磁王、矫顽力、仪器、仪表、电声电

机、机械特性、化学成分、充磁、性能、镀层、粘合、耐腐蚀、磁盘、高压、充电、电机、化合物、高饱和、磁化、磷化、钝化、无机盐化、电镀、电泳、沉积、扬声器、磁盘驱动、磁共振、成像、配料、制粉、压型、回火、无心磨、滚圆机、双端磨、平磨、切片机、线切割

2.1.3 英文关键词

boron, iron, neodymium, rare earth, neodymium, sintering, sintered, transition metals, transition elements, transition, family, magnetic materials, rare earth permanent magnet, the magnetic energy, energy product, alloys, magnets, magnetic king, coercivity, instruments, meters , electro-acoustic motors, mechanical properties, chemical composition, magnetizing, performance, coating, adhesion, corrosion resistance, disk, high-pressure, charging, motor, compound, high saturation magnetization, phosphate, passivation, inorganic salts, then plating, electrophoretic deposition, speakers, disk drives, magnetic resonance imaging, ingredients, milling, profiling, tempering, centerless grinding, rounding machine, double side grinding, grinding, slicing machines, wire

2.1.4 国内主要申请人

北京中科三环高技术股份有限公司、天津三环乐喜新材料有限公司、沈阳中北通磁科技股份有限公司、安徽大地熊新材料股份有限公司、浙江大学、北京科技大学、中磁科技股份有限公司、中国科学院宁波材料技术与工程研究所、宁波韵升股份有限公司、北京工业大学、烟台正海磁性材料股份有限公司、钢铁研究总院、宁波科宁达工业有限公司、上海大学、宁波韵升高科磁业有限公司、有研稀土新材料股份有限公司、宁波合盛磁业有限公司、上海爱普生磁性器件有限公司、三环瓦克华(北京)磁性器件有限公司、比亚迪股份有限公司

2.1.5 国外主要申请人

Intermetallics Co. Ltd., Hitachi, Ltd., Nitto Denko Corporation, Inter Metallics K.K, Toyota Motor Corporation, Earth-Panda Advance Magnetic Material Co., Ltd.,

Nissan Motor Co., Ltd., Shin-Etsu Chemical Co., Ltd., Japan Science and Technology Agency, Sanvac Magnetics Co., Ltd., Equity One, Inc., ULVAC, Inc., Molycorpinc, TDK Corporation, Seiko Epson Corporation, Showa Denko K.K, NEC Corporation, General Electric Company, Grirem Advanced Materials Co.,Ltd., Mitsubishi Electric Corporation, Panasonic Corporation, Kyocera Corporation

2.1.6　烧结钕铁硼专利检索表达式范例

2.1.6.1　烧结钕铁硼国内专利检索表达式

主分类号,分类号+=(H01F1/057%) or 分类号=(H01F1/05%) and 名称,摘要,主权项+=(硼% and 铁%) or 分类号=(H01F1/08% and H01F1/053%) or 名称,摘要,主权项+=(NdFeB or R%Fe%B or Re%Fe%B or Nd%Fe%B or 钕铁硼 or ((稀土% or 钕%) and (铁% or 过渡金属% or 过渡元素% or 过渡% and 族%) and 硼%) and 烧结) and 分类号=(H01F1/% or H01F10/% or H01F13/% or H01F41/% or H01F7/%) or 摘要,主权项+=((NdFeB or Nd-Fe-B or 钕铁硼) and 烧结) and 分类号=(C04B35% or B22F% or C09% or C22C% or C22F% or B32B% or F27B% or C01B% or C01G% or C01F% or C21D% or C23% or C25D or B05D or B22D or B02C) or 名称=(NdFeB or R%Fe%B or Re%Fe%B or Nd%Fe%B or 钕铁硼 or ((稀土% or 钕%) and (铁% or 过渡金属% or 过渡元素% or 过渡% and 族%) and 硼%)) and 分类号=(C04B35% or B22F% or C09% or C22C% or C22F% or B32B% or F27B% or C01B% or C01G% or C01F% or C21D% or C23% or C25D or B05D or B22D or B02C)

2.1.6.2　烧结钕铁硼国外专利检索表达式

主分类号,分类号+=(H01F1/057%) or 主分类号=(H01F1/05% or H01F1/08% and H01F1/053%) or 名称,摘要,主权项+=(NdFeB or R%Fe%B or Re%Fe%B or Nd%Fe%B or ((rare earths% or Neodymium) and (iron% or transition metal% or transition elements% or transition% and race%) and boron%) and sintering) and 分类号=(H01F1/% or H01F10/% or H01F13/% or H01F41/% or H01F7/%) or 摘要,主权项+=(NdFeB or Nd-Fe-B) and 分类号=(C04B35% or B22F% or C09% or C22C%

or C22F% or B32B% or F27B% or C01B% or C01G% or C01F% or C21D% or C23% or C25D or B05D or B22D or B02C) or 名称=(NdFeB or R%Fe%B or Re% Fe%B or Nd%Fe%B or R%Fe%B or ((rare earths% or neodymium) and (iron% or transition metal% or transition elements% or transition% and Race%) and boron%) and sintering) and 分类号=(C04B35% or B22F% or C09% or C22C% or C22F% or B32B% or F27B% or C01B% or C01G% or C01F% or C21D% or C23% or C25D or B05D or B22D or B02C)

2.1.6.3 烧结钕铁硼innography专利检索表达式

((IPC_H01F1/05 or H01F1/08 and H01F1/053) or ((IPC_H01F1 or H01F10 or H01F13 or H01F41 or H01F7) and @(abstract,claims,title) (NdFeB or R%Fe%B or Nd%Fe%B or ((rare earths% or neodymium) and (iron% or transition metal% or transition elements% or transition% and race%) and boron%))) or ((IPC_C04B35% or B22F% or C09% or C22C% or C22F% or B32B% or F27B% or C01B% or C01G% or C01F% or C21D% or C23% or C25D or B05D or B22D or B02C and @(abstract, claims,title) (NdFeB or R%Fe%B or Nd%Fe%B or ((rare earths% or neodymium) and (iron% or transition metal% or transition elements% or transition% and race%) and boron%))) or @title (NdFeB or R%Fe%B or Re%Fe%B or Nd%Fe%B)) and @ (abstract,claims,title) (sintering or sintered)

2.1.6.4 烧结钕铁硼innovation专利检索表达式

(IC=(H01F1/05 or H01F1/08and H01F1/053) or (IC=(H01F1 or H01F10 or H01F13 or H01F41 or H01F7) and CTB=(NdFeB or RFeB or ((rare earths or neodymium) and (iron or transition metal or transition elements or transition and Race) and boron))) or (IC=(C04B35 or B22F or C09 or C22C or C22F or B32B or F27B or C01B or C01G or C01F or C21D or C23 or C25D or B05D or B22D or B02C or and CTB=(NdFeB or RFeB or ((rare earths or neodymium) and (iron or transition metal or transition elementsor transition and race) and boron))) or TI=(NdFeB or RFeB or ReFeB)) and CTB=(sintering or sintered)

2.2　粘结钕铁硼稀土永磁材料

2.2.1　该领域主要涉及分类号

2.2.1.1　IPC分类号

B02C一般破碎，研磨或粉碎；碾磨谷物

B22D金属铸造；用相同工艺或设备的其他物质的铸造

B22F金属粉末的加工；由金属粉末制造制品；金属粉末的制造

B32B层状产品，即由扁平的或非扁平的薄层，如泡沫状的、蜂窝状的薄层构成的产品

C01B非金属元素；化合物

C01F金属铍、镁、铝、钙、锶、钡、镭、钍的化合物，或稀土金属的化合物

C21D改变黑色金属的物理结构；黑色或有色金属或合金热处理用的一般设备；通过脱碳、回火或其他处理使金属具有韧性

C22B3/22金属的生产或精炼，通过物理方法，如通过过滤、通过磁性方法

C22F改变有色金属或有色合金的物理结构

C23对金属材料的镀覆；用金属材料对材料的镀覆；表面化学处理；金属材料的扩散处理；真空蒸发法、溅射法、离子注入法或化学气相沉积法的一般镀覆；金属材料腐蚀或积垢的一般抑制

C25D覆层的电解或电泳生产工艺方法；电铸；工件的电解法接合；所用的装置

F16H15/01以使用此份或磁性液体作为旋转元件之间的摩擦截止为特征的

F27B一般馏炉、窑、烘烤炉或蒸馏炉；开式烧结设备或类似设备

H01F1按所用磁性材料区分的磁体或磁性物体；磁性材料的选择

2.2.1.2　DWPI手工分类代码

L03B02A5 Rare earth nickel/cobalt/ironalloys

P53-V09 rare earth metals

V06-M03A permanent magnet

2.2.2 中文关键词

钕、铁、硼、钕铁硼、稀土、过渡金属、粘结、制备、过渡元素、过渡、族、磁性材料、稀土永磁、磁性能、磁能积、合金、磁铁、磁王、矫顽力、仪器、仪表、电声电机、机械特性、化学成分、充磁、性能、镀层、粘合、耐腐蚀、磁盘、高压、充电、电机、化合物、高饱和、磁化、磷化、钝化、无机盐化、电镀、电泳、沉积、扬声器、磁盘驱动、磁共振、成像、配料、制粉、压型、回火、无心磨、滚圆机、双端磨、平磨、切片机、线切割

2.2.3 英文关键词

neodymium, iron, boron, neodymium, rare earth, transition metals, transition elements, transition, bond, bonded, family, magnetic materials, rare earth permanent magnet, the magnetic energy, energy product, alloys, magnets, magnetic king, coercivity, instruments, meters , electro-acoustic motors, mechanical properties, chemical composition, magnetizing, performance, coating, adhesion, corrosion resistance, disk, high-pressure, charging, motor, compound, high saturation magnetization, phosphate, passivation, inorganic salts, then plating, electrophoretic deposition, speakers, disk drives, magnetic resonance imaging, ingredients, milling, profiling, tempering, centerless grinding, rounding machine, double side grinding, grinding, slicing machines, wire

2.2.4 国内主要申请人

中国科学院宁波材料技术与工程研究所、中磁科技股份有限公司、宁波韵升股份有限公司、北京工业大学、烟台正海磁性材料股份有限公司、钢铁研究总院、上海大学、宁波合盛磁业有限公司、上海爱普生磁性器件有限公司、宁波科宁达工业有限公司、三环瓦克华(北京)磁性器件有限公司、有研稀土新材料

股份有限公司、比亚迪股份有限公司、宁波同创强磁材料有限公司、宁德市星宇科技有限公司、宁波科星材料科技有限公司、宁波科田磁业有限公司、山西汇镪磁性材料制作有限公司、华南理工大学、宁波金科磁业有限公司、江苏巨鑫磁业有限公司

2.2.5　国外主要申请人

Hitachi, Ltd. , NEC Corporation , Seiko Holdings Corporation , MolycorpInc , Panasonic Corporation , The Dow Chemical Company , Sumitomo Metal Mining Co., Ltd. , Daido Steel Co., Ltd. , Aichi Steel Corporation , Nidec Corporation , Showa Denko K.K. , Kaneka Corporation , Akzo Nobel N.V. , TDK Corporation , Equity One, Inc. , BGRIMM Magnetic Materials & Technology , Mitsubishi Materials Corporation , Grirem Advanced Materials Co.,Ltd. , Central Iron & Steel Research Inst.

2.2.6　粘结钕铁硼专利检索表达式范例

2.2.6.1　粘结钕铁硼国内专利检索表达式

主分类号,分类号+=H01F1/057% or 分类号=H01F1/05% and 名称,摘要,主权项+=(硼% and 铁%) or 分类号=(H01F1/08% and H01F1/053%) or 名称,摘要,主权项+=(NdFeB or R%Fe%B or Re%Fe%B or Nd%Fe%B or 钕铁硼 or ((稀土% or 钕%) and (铁% or 过渡金属% or 过渡元素% or 过渡% and 族%) and 硼%) and 粘结) and 分类号=(H01F1/% or H01F10/% or H01F13/% or H01F41/% or H01F7/%) or 摘要,主权项+=((NdFeB or Nd-Fe-B or 钕铁硼) and 粘结) and 分类号=(C04B35% or B22F% or C09% or C22C% or C22F% or B32B% or F27B% or C01B% or C01G% or C01F% or C21D% or C23% or C25D or B05D or B22D or B02C) or 名称=(NdFeB or R%Fe%B or Re%Fe%B or Nd%Fe%B or R%Fe%B or 钕铁硼 or ((稀土% or 钕%) and (铁% or 过渡金属% or 过渡元素% or 过渡% and 族%) and 硼%)) and 分类号=(C04B35% or B22F% or C09% or C22C% or C22F% or B32B% or F27B% or C01B% or C01G% or C01F% or C21D% or C23% or C25D or B05D or B22D or B02C)

2.2.6.2　粘结钕铁硼国外专利检索表达式

主分类号,分类号+=H01F1/057% or 主分类号=(H01F1/05% or H01F1/08% and H01F1/053%) or 名称,摘要,主权项+=(NdFeB or R%Fe%B or Re%Fe%B or Nd%Fe%B or ((rare earths% or neodymium) and (iron% or transition metal% or transition elements% or transition% and race%) and Boron%)) and 分类号=(H01F1/% or H01F10/% or H01F13/% or H01F41/% or H01F7/%) or 摘要,主权项+=(NdFeB or Nd-Fe-B) and 分类号=(C04B35% or B22F% or C09% or C22C% or C22F% or B32B% or F27B% or C01B% or C01G% or C01F% or C21D% or C23% or C25D or B05D or B22D or B02C) or 名称=(NdFeB or R%Fe%B or Re%Fe%B or Nd% Fe%B or R%Fe%B or ((rare earths% or neodymium) and (iron% or transition metal% or transition elements% or transition% and race%) and Boron%)) and 分类号=(C04B35% or B22F% or C09% or C22C% or C22F% or B32B% or F27B% or C01B% or C01G% or C01F% or C21D% or C23% or C25D or B05D or B22D or B02C)

2.2.6.3　粘结钕铁硼innography专利检索表达式

((IPC_H01F1/05 or H01F1/08 and H01F1/053) or ((H01F1 or H01F10 or H01F13 or H01F41 or H01F7) and @(abstract,claims,title) (NdFeB or R%Fe%B or Nd%Fe%B or ((rare earths% or neodymium) and (iron% or transition metal% or transition elements% or transition% and race%) and boron%))) or ((IPC_C04B35% or B22F% or C09% or C22C% or C22F% or B32B% or F27B% or C01B% or C01G% or C01F% or C21D% or C23% or C25D or B05d or B22D or B02C and @(abstract, claims,title) (NdFeB or R%Fe%B or Nd%Fe%B or ((rare earths% or neodymium) and (iron% or transition metal% or transition elements% or transition% and Race%) and Boron%))) or @title (NdFeB or R%Fe%B or Re%Fe%B or Nd%Fe%B)) and @ (abstract,claims,title) (bond or bonded)

2.2.6.4　粘结钕铁硼innovation专利检索表达式

(IC=(H01F1/05 or H01F1/08 and H01F1/053) or (IC=(H01F1 or H01F10 or H01F13 or H01F41 or H01F7) and CTB=(NdFeB or RFeB or ((rare earths or neodymium) and (iron or transition metal or transition elements or transition and race) and Boron))) or (IC=(C04B35 or B22F or C09 or C22C or C22F or B32B or F27B or C01B or C01G or C01F or C21D or C23 or C25D or B05D or B22D or B02C and CTB=(NdFeB or RFeB or ((rare earths or neodymium) and (iron or transition metal or transition elements or transition and race) and boron))) or TI=(NdFeB or RFeB or ReFeB)) and CTB=(bond or bonded)

2.3　热压钕铁硼稀土永磁材料

2.3.1　该领域主要涉及分类号

2.3.1.1　IPC分类号

B02C一般破碎,研磨或粉碎;碾磨谷物

B05D一般对表面涂布液体或其他流体的工艺

B22F金属粉末的加工;由金属粉末制造制品;金属粉末的制造

B32B层状产品,即由扁平的或非扁平的薄层,例如泡沫状的、蜂窝状的薄层构成的产品

C21D改变黑色金属的物理结构;黑色或有色金属或合金热处理用的一般设备;通过脱碳、回火或其他处理使金属具有韧性

C22B3/22金属的生产或精炼,通过物理方法,例如通过过滤、通过磁性方法

C22F改变有色金属或有色合金的物理结构

C23对金属材料的镀覆;用金属材料对材料的镀覆;表面化学处理;金属材料的扩散处理;真空蒸发法、溅射法、离子注入法或化学气相沉积法的一般镀覆;金属材料腐蚀或积垢的一般抑制

C25D覆层的电解或电泳生产工艺方法;电铸;工件的电解法接合;所用的装置

F16H15/01以使用磁粉或磁性液体作为旋转元件之间的摩擦截止为特征的

F27B 一般馏炉、窑、烘烤炉或蒸馏炉；开式烧结设备或类似设备

H01F1 按所用磁性材料区分的磁体或磁性物体；磁性材料的选择

2.3.1.2 DWPI手工分类代码

L03B-02A5 Rare earth nickel/cobalt /ironalloys

P53-V09 rare earth metals

V02-A01A1 for permanent magnet

2.3.2 中文关键词

钕、铁、硼、钕铁硼、稀土、过渡金属、过渡元素、过渡、族、热压、热压法、制备、磁性材料、稀土永磁、磁性能、磁能积、合金、磁铁、磁王、矫顽力、仪器、仪表、电声电机、机械特性、化学成分、充磁、性能、镀层、粘合、耐腐蚀、磁盘、高压、充电、电机、化合物、高饱和、磁化、磷化、钝化、无机盐化、电镀、电泳、沉积、扬声器、磁盘驱动、磁共振、成像、配料、制粉、压型、回火、无心磨、滚圆机、双端磨、平磨、切片机、线切割

2.3.3 英文关键词

neodymium, iron,boron, neodymium, rare earth, transition metals, hot, hot pressing, transition elements, transition, family, magnetic materials, rare earth permanent magnet, the magnetic energy, energy product, alloys, magnets, magnetic king, coercivity, instruments, meters, electro-acoustic motors, mechanical properties, chemical composition, magnetizing, performance, coating, adhesion, corrosion resistance, disk, high-pressure, charging, motor, compound, high saturation magnetization, phosphate, passivation, inorganic salts, then plating, electrophoretic deposition, speakers, disk drives, magnetic resonance imaging, ingredients, milling, profiling, tempering, centerless grinding, rounding machine, double side grinding, grinding, slicing machines, wire

2.3.4　国内主要申请人

北京中科三环高技术股份有限公司、天津三环乐喜新材料有限公司、沈阳中北通磁科技股份有限公司、安徽大地熊新材料股份有限公司、宁波市金鸡强磁股份有限公司、浙江大学、北京科技大学、中磁科技股份有限公司、中国科学院宁波材料技术与工程研究所、宁波韵升股份有限公司、北京工业大学、烟台正海磁性材料股份有限公司、钢铁研究总院、宁波科宁达工业有限公司、上海大学、宁波韵升高科磁业有限公司、有研稀土新材料股份有限公司、宁波合盛磁业有限公司、上海爱普生磁性器件有限公司、三环瓦克华(北京)磁性器件有限公司

2.3.5　国外主要申请人

NEC Corporation, Daido Steel Co., Ltd., Magnequench Neo Powders Pte. Ltd., General Motors Corp ovction, Hitachi, Ltd., Nippon Steel & Sumitomo Metal Corporation, Toyota Motor Corporation, Canon Inc., Central Iron & Steel Research Inst. Ministry of Metallurgical Industry, Panasonic Corporation, Nissan Motor Co., Ltd., GKN plc, Seiko Holdings Corporation, Iowa State University, JFE Holding, Inc., Kobe Steel, Ltd., Siemens AG, Nisshin Steel Holdings Co.,Ltd., Compagnie de Saint Gobain SA, Mitsubishi Materials Corporation

2.3.6　热压钕铁硼产业专利检索表达式范例

2.3.6.1　热压钕铁硼国内专利检索表达式

主分类号,分类号+=H01F1/057% or 分类号=H01F1/05% and 名称,摘要,主权项+=(硼% and 铁%) or 分类号=(H01F1/08% and H01F1/053%) or 名称,摘要,主权项+=(NdFeB or R%Fe%B or Re%Fe%B or Nd%Fe%B or 钕铁硼 or ((稀土% or 钕%) and (铁% or 过渡金属% or 过渡元素% or 过渡% and 族%) and 硼%) and 热压) and 分类号=(H01F1/% or H01F10/% or H01F13/% or H01F41/% or H01F7/%) or 摘要,主权项+=((NdFeB or Nd-Fe-B or 钕铁硼) and (热压)) and 分类号=(C04B35% or B22F% or C09% or C22C% or C22F% or B32B% or F27B% or

C01B% or C01G% or C01F% or C21D% or C23% or C25D or B05D or B22D or B02C) or 名称=(NdFeB or R%Fe%B or Re%Fe%B or Nd%Fe%B or 钕铁硼 or ((稀土% or 钕%) and (铁% or 过渡金属% or 过渡元素% or 过渡% and 族%) and 硼%)) and 分类号=(C04B35% or B22F% or C09% or C22C% or C22F% or B32B% or F27B% or C01B% or C01G% or C01F% or C21D% or C23% or C25D or B05D or B22D or B02C)

2.3.6.2 热压钕铁硼国外专利检索表达式

主分类号,分类号+=H01F1/057% or 主分类号=(H01F1/05% or H01F1/08% and H01F1/053%) or 名称,摘要,主权项+=(NdFeB or R%Fe%B or Re%Fe%B or Nd%Fe%B or ((rare earths% or neodymium) and (iron% or transition metal% or transition elements% or transition% and race%) and hot or (hot pressing))) and 分类号=(H01F1/% or H01F10/% or H01F13/% or H01F41/% or H01F7/%) or 摘要,主权项+=(NdFeB or Nd-Fe-B) and 分类号=(C04B35% or B22F% or C09% or C22C% or C22F% or B32B% or F27B% or C01B% or C01G% or C01F% or C21D% or C23% or C25D or B05D or B22D or B02C) or 名称=(NdFeB or R%Fe%B or Re%Fe%B or Nd%Fe%B or Nd%Fe%B or ((rare earths% or neodymium) and (iron% or transition metal% or transition elements% or transition% and race%) and hot or (hot pressing))) and 分类号=(C04B35% or B22F% or C09% or C22C% or C22F% or B32B% or F27B% or C01B% or C01G% or C01F% or C21D% or C23% or C25D or B05D or B22D or B02C)

2.3.6.3 热压钕铁硼innography专利检索表达式

((IPC_H01F1/05 or H01F1/08 and H01F1/053) or ((H01F1 or H01F10 or H01F13 or H01F41 or H01F7) and @(abstract,claims,title) (NdFeB or R%Fe%B or Nd%Fe%B or ((rare earths% or neodymium) and (iron% or transition metal% or transition elements% or transition% and race%) and hot or (hot pressing)))) or ((IPC_C04B35% or B22F% or C09% or C22C% or C22F% or B32B% or F27B% or C01B% or C01G% or C01F% or C21D% or C23% or C25D or B05D or B22D or B02C and @(abstract,claims,title) (NdFeB or R% Fe% B or Nd% Fe% B or ((rare earths% or neodymium) and (iron% or transition metal% or transition elements% or transition% and race%) and boron%))) or @title (NdFeB or R%Fe%B or Re%Fe%B or Nd%Fe%B)) and @(abstract,claims,title) (hot or (hot pressing))

2.3.6.4 热压钕铁硼 innovation 专利检索表达式

(IC=(H01F1/05 or H01F1/08 and H01F1/053) or (IC=(H01F1 or H01F10 or H01F13 or H01F41 or H01F7) and CTB=(NdFeB or RFeB or NdFeB or ((rare earths or neodymium) and (iron or transition metal or transition elements or transition and race) and hot or (hot pressing)))) or (IC=(C04B35 or B22F or C09 or C22C or C22F or B32B or F27B or C01B or C01G or C01F or C21D or C23 or C25D or B05D or B22D or B02C and CTB=(NdFeB or RFeB or NdFeB or ((rare earths or neodymium) and (iron or transition metal or transition elements or transition and Race) and Boron))) or TI=(NdFeB or RFeB or ReFeB)) and CTB=(hot or (hot pressing))

第三章　化学纤维产业

化学纤维产业是用天然高分子化合物或人工合成的高分子化合物为原料，经过制备纺丝原液、纺丝和后处理等工序制造具有纺织性能纤维的一系列活动。随着我国经济的发展，人民生活水平的逐步提高，对服装及家纺用品的需求不断上升；同时，由于城市化进程加快，土地资源稀缺、粮棉争地的矛盾，天然纤维日益紧缺，因此化学纤维仍将长期作为最主要的纺织原料在纺织加工链中占有较大比重。此外，全球高新科技的发展使得高技术纤维、合成新材料等化学纤维新品种的应用已扩展至航空航天、农业、建筑业、交通、水利、包装、环境保护、医药卫生等各个领域。这也将是我国化学纤维产业发展的一个强有力的增长点。

按照所用高分子化合物的来源不同，化学纤维可以分为纤维素纤维原料及纤维与合成纤维两大类。纤维素纤维原料及纤维包括化纤浆粕和人造纤维，合成纤维可细分为常规合成纤维、高性能合成纤维及生物质合成纤维等。

根据宁波市传统优势产业的发展特点，本书选择了化学纤维在纺织领域的应用作为研究对象，确定了纤维素纤维原料中的化纤浆粕、人造纤维中的粘胶纤维、常规合成纤维中的涤纶、高性能合成纤维中的碳纤维及生物质合成纤维中的聚乳酸(PLA)纤维的关键词、分类号、主要申请人等检索要素，并编制了相应的专利检索表达式作为范例供读者参考。

3.1　化纤浆粕

3.1.1　该领域主要涉及分类号

3.1.1.1　IPC分类号

C08B3/00有机酸纤维素酯的制备

D01B为生产纤维或长丝而对天然纤维或长丝原料进行的机械处理，如纺纱准备

D01C为制得可纺纱的长丝或纤维，而对天然的长丝状或纤维状原料进行

的化学处理；碎呢碳化回收动物纤维

D06 织物等的处理；洗涤；其他类不包括的柔性材料

D21B 纤维原料或其机械处理

D21B~D21H 从含纤维素原料中除去非纤维素物质生产纤维素；制浆药液的再生；所需设备

D21C 从含纤维素原料中除去非纤维素物质生产纤维素；制浆药液的再生；所需设备

D21D 上纸机前蒸煮原料的处理

3.1.1.2 DWPI 手工分类代码

F05A02B Pulp after-treatment, working upwaste paper, other processes, bleaching of pulp

F05A06B Paper, cardboard by applying coatings Including adhesives and surfacesizing. Prior to 1971 see F05-A06

G02A05 Other coating compositions Prior to 1971 no specific code wasavailable.

A08S02 surface active agents, Solvents; swelling agents

3.1.2 中文关键词

浆、纤维素、化纤、纺丝、长丝、短纤、浆粕、铜氨纤、醋纤、醋酸纤维、粘胶纤维、乙酸纤维、人造纤维、纤维、粘纤、工业、化学纤维、化纤浆、棉浆粕、木浆粕、醚类纤维素、硝化纤维、粘胶长丝、涤纶长丝、粘胶短纤、玻璃纸、纺织纤维、高分子化合物、合成纤维、环保、再生纤维素纤维、精致浆、人工合成纺织、甲纤、半纤维素、可溶性浆、塑、日化、建材

3.1.3 英文关键词

pulp, cellulos, acetate, viscose, cupr, ammoni, copper, rayon, fiber, spin, filament, short, staple, Manufacture, viscose fiber, cotton pulp, regeneration, purified pulp, artificial fiber, synthetic fibre, thick liquid, high molecular compound, mucilage glue , liquid

3.1.4 国内主要申请人

华南理工大学、陕西科技大学、宜宾丝丽雅集团有限公司、山东海龙股份有限公司、宜宾长毅浆粕有限责任公司、中国科学院过程工程研究所、宜宾海斯特纤维有限责任公、南京林业大学、沃伊特专利有限责任公司、东华大学、浙江理工大学、苏州飞宇精密科技股份有限公司、安德里兹有限公司、中国科学院广州化学研究所、南开大学、南通醋酸纤维有限公司、重庆恒远晋通科技有限公司、大连工业大学、东北林业大学、江南大学

3.1.5 国外主要申请人

Truetzschler GMBH & Co KG, BASF SE, Tsnii Khlopkoochistitelnoj Pro, Zaoch I Textil Legkoj Promy, Thyssen Krupp AG, Kostromsk T Inst, Nissan Motor Co., Ltd., Rieter AG Maschf, NII Promy Pervichnoj Obrabotki Lubyanykh Volokon, Ministry of Agriculture Fisheries & Food, Commonwealth Scientific & Industrial Research Organisation, Tsnii Promy Lubyanykh Volokon, Cotton Inc., Shinmazusawa Kogyo Kk, Kimberly-Clark Corporation, Murray (Plymouth) Ltd.

3.1.6 化纤浆粕专利检索表达式范例

3.1.6.1 化纤浆粕国内专利检索表达式

(主分类号=(D01B1/% or D01C1/%) and 名称,摘要,主权项+=(浆% or 纤维素%) or (主分类号=C08B3/06% or 主分类号=(C08B% not C08B3?/% or C08B37/14%) and 分类号=(D01% or D06%) and 名称,摘要,主权项+=(化纤% or 纤维素% or 纺丝% or 长丝% or 短纤% or 浆粕% or 铜氨纤% or 粘纤% or 醋纤%) or 主分类号=(C08B% not C08B3?/% or C08B37/14%) and 名称,摘要,主权项+=(醋酸纤维% or 粘胶纤维% or 乙酸纤维% or 人造纤维%) or 主分类号,分类号+=(D21B% or D21C% or D21D% or D21H11/% or D21H13/% or D21H15/% or D21D23/%) and 名称=(化纤% or 纤维% or 纺丝% or 长丝% or

短纤% or 浆% or 铜氨纤% or 粘纤% or 醋纤% or 人造纤维% or 粘胶纤维% or 醋酸纤维%)) not 名称,摘要,主权项+=%纸% not 申请(专利权)人=%纸%) not 主分类号,分类号+=(E% or H%)

3.1.6.2 化纤浆粕国外专利检索表达式

(主分类号=('D01B1/%' or 'D01C1/%') and 名称,摘要+=('pulp%' or '%cellulos%') or 主分类号='C08B3/06%' or 主分类号=('C08B%' not 'C08B3?/%' or 'C08B37/14%') and 名称,摘要+=('%acetate%' or 'viscose%' or 'cupr%ammoni%' or 'cupr% ammoni%' or 'copper % ammoni%' or 'rayon%') or 主分类号= ('D21B%' or 'D21C%' or 'D21D%' or 'D21H11/%' or 'D21H13/%' or 'D21H15/%' or 'D21D23/%') and 名称=('%cellulos%' and ('fiber%' or 'fibre%') or 'pulp%' or 'spin%' or '%filament%' or 'short% staple%' or '%acetate%' or 'viscose%' or 'cupr%ammoni%' or 'cupr% % ammoni%' or 'copper % ammoni%' or 'rayon%')) not 名称,摘要+='%paper%' not 申请(专利权)人='%paper%' not 主分类号,分类号+=('E%' or 'H%')

3.1.6.3 化纤浆粕innography专利检索表达式

(IPC_D01B or D01C) or ((IPC_C08) and @(abstract,claims,title) ('acetate' or viscose' or 'cuprammoni' or 'cupr ammoni' or 'copperammoni' or 'rayon')) or ((IPC_D21) and @(abstract,claims,title) ('cellulos' and ('fiber' or 'fibre') or 'pulp' or 'spin' or 'filament' or 'short staple' or 'acetate' or 'viscose' or 'cuprammoni' or 'cupr ammoni' or 'copper ammoni' or 'rayon'))

3.1.6.4 化纤浆粕innovation专利检索表达式

IC=(D01B or D01C) or IC=(C08) and CTB=(("acetate" or "viscose" or "cuprammoni" or "cupr ammoni" or "copperammoni" or "rayon")) or IC=(D21) and CTB=(("cellulos" and ("fiber" or "fibre") or "pulp" or "spin" or "filament" or "short staple" or "acetate" or "viscose" or "cuprammoni" or "cupr ammoni" or "copper ammoni" or "rayon"))

3.2 人造纤维

3.2.1 该领域主要涉及分类号

3.2.1.1 IPC分类号

B01F 混合,例如:溶解、乳化、分散

B05C 一般对表面涂布液体或其他流体的装置

C08B3/00 有机酸纤维素酯的制备

D01 天然或人造的线或纤维;纺纱

D01B 为生产纤维或长丝而对天然纤维或长丝原料进行的机械处理,如纺纱准备

D01D 制作人造长丝、线、纤维、鬃或带子的机械方法或设备

D01F 制作人造长丝、线、纤维、鬃或带子的化学特征;专用于生产碳纤维的设备

D01H 纺纱或加捻

D02 纱线;纱线或绳索的机械整理;整经或络经

D06 织物等的处理;洗涤;其他类不包括的柔性材料

D21B~D21H 纤维原料或其机械处理

G01N33/36 利用前面各组所未包括的特殊的方法来测试或分析材料——纺织品

G05 控制;调节

3.2.1.2 DWPI手工分类代码

A12S05L Production of fibresIncluding drawing

F05A02B Pulp after-treatment, working upwaste paper, other processes, bleaching of pulp

A12S05G Non-woven fabrics; felts

F02C01 Non-woven fabr ics, felts, blankets, battings, waddings, stuffings

3.2.2　中文关键词

纤维素纤维、竹浆、棉浆、浆粕、人造纤维、粘胶纤维、醋酸纤维、铜氨、纺丝、化纤、纤维、长丝、短纤、铜氨纤、醋纤、芳纶、芳砜纶、氨纶、涤纶、锦纶、腈纶、维纶、丙纶、纤维素纤维、醋酯、乙酸纤维素、纤维素乙酸酯、铜氨、粘胶、黏胶、粘纤、高湿模量纤维、天丝、莱赛尔、木代尔、莫代尔、丽赛、维劳夫特、人造棉、人造毛、人造丝、竹原纤维、竹炭纤维、竹浆纤维、竹纤维

3.2.3　英文关键词

cellulos, fiber, pulp, acetate, viscose, cuprammoni, copper ammonio, rayon, fibre, spin, filament, short staple, thread, yarn, film, cellulos, acetate, viscose, tencel, lyocell, modal, bamboo

3.2.4　国内主要申请人

宜宾丝丽雅集团有限公司、宜宾海斯特纤维有限责任公司、东华大学、山东海龙股份有限公司、连津格股份公司、四川省宜宾惠美线业有限责任公司、新乡化纤股份有限公司、中原工学院、天津工业大学、成都丽雅纤维股份有限公司、苏州大学、青岛大学、中国纺织科学研究院、浙江理工大学、南通醋酸纤维有限公司、保定天鹅股份有限公司、河北吉藁化纤有限责任公司、阜宁澳洋科技有限责任公司、宜宾长毅浆粕有限责任公司、江南大学

3.2.5　国外主要申请人

E.I. du Pont de Nemours & Company, Toray Industries, Inc., Teijin Limited, Mitsubishi Chemical Holdings Corp., BASF SE, Akzo Nobel N.V., Sanofi SA, Sumitomo Chemical Company, Limited, Kuraray Co., Ltd., Bayer AG, Toyobo Co., Ltd., Lenzing AG, The Dow Chemical Company, Celanese Corporation, Unitika Ltd., Kimberly-Clark Corporation, Pfizer Inc., Kadima Holdings Ltd.,Compagnie de Saint Gobain SA

3.2.6 人造纤维专利检索表达式范例

3.2.6.1 粘胶纤维国内专利检索表达式

(主分类号,分类号+=D01F2/06% or (主分类号,分类号+=(D01D% or D01F%) or (主分类号=(D01C1/% or D01B1/%) and 名称=(纤维素纤维% or 竹浆% or 棉浆% or 浆粕% or 人造纤维% or 粘胶纤维% or 醋酸纤维% or 铜氨%) or 主分类号=D01H% and 名称=纺丝% or 主分类号=(D02G1% or D02J%) and 名称,摘要,主权项+=(化纤% or 纤维% or 纺丝% or 长丝% or 短纤% or 铜氨纤% or 粘纤% or 醋纤% or 芳纶% or 芳砜纶% or 氨纶% or 涤纶% or 锦纶% or 腈纶% or 维纶% or 丙纶%) or 主分类号,分类号+=B65H% and 名称,摘要,主权项+=(化纤% or 纤维% or 纺丝% or 长丝% or 短纤% or 铜氨纤% or 粘纤% or 醋纤% or 芳纶% or 芳砜纶% or 氨纶% or 涤纶% or 锦纶% or 腈纶% or 维纶% or 丙纶%) or 主分类号=(15-06% or 15-99%) and 名称,摘要,主权项+=(化纤% or 纤维% or 纺丝% or 长丝% or 短纤% or 铜氨纤% or 粘纤% or 醋纤%) or 主分类号,分类号+=(D06B% or D06C% or D06G% or D06H% or D06L% or D06M% or D06P%) and 名称=(化纤% or 纤维% or 纺丝% or 长丝% or 短纤% or 铜氨纤% or 粘纤% or 醋纤% or 芳纶% or 氨纶% or 涤纶% or 锦纶% or 尼龙% or 腈纶% or 维纶% or 丙纶%) or 主分类号=(G01N33/36% or G05% or B02C% or B01F% or B26D% or B65B% or B07B% or B08B% or B05C% or F26B% or F04B% or F04C% or F24F% or F17D%) and 名称=(化纤% or 纤维% or 纺丝% or 长丝% or 短纤% or 铜氨纤% or 粘纤% or 醋纤% or 芳纶% or 氨纶% or 涤纶% or 锦纶% or 腈纶% or 维纶% or 丙纶%) or 主分类号=(B65G%) and 名称=(化纤% or 纤维% or 纺丝% or 长丝% or 短纤%) or (主分类号=C08B3/06% or 主分类号=(C08B% not C08B3?/% or C08B37/14%) and 分类号=(D01% or D06%) and 名称,摘要,主权项+=(化纤% or 纤维素% or 纺丝% or 长丝% or 短纤% or 浆粕% or 铜氨纤% or 粘纤% or 醋纤%) or 主分类号=(C08B% not C08B3?/% or C08B37/14%) and 名称,摘要,主权项+=(醋酸纤维% or 粘胶纤维% or 乙酸

纤维% or 人造纤维%) or 主分类号,分类号+= (D21B% or D21C% or D21D% or D21H11/% or D21H13/% or D21H15/% or D21D23/%) and 名称 =(化纤% or 纤维% or 纺丝% or 长丝% or 短纤% or 浆粕% or 铜氨纤% or 粘纤% or 醋纤% or 人造纤维% or 粘胶纤维% or 醋酸纤维%)) not 名称,摘要,主权项+=%纸% not 申请(专利权)人=%纸%) not 名称=(布% or 面料% or 织品% or 织物%) not 名称,摘要,主权项+=(线% or 纱% or 膜%)) and 名称,摘要,主权项+=(粘胶% or 黏胶% or 粘纤% or 高湿模量纤维% or 天丝% or Tencel or Lyocell or 莱赛尔% or Modal or 木代尔% or 莫代尔% or 丽赛% or 维劳夫特% or 人造棉% or 人造毛% or 人造丝% or 竹%)) not 主分类号,分类号+= (E% or H%)

3.2.6.2　粘胶纤维国外专利检索表达式

(主分类号,分类号+='D01F2/06%' or (主分类号,分类号+= ('D01D%' or 'D01F%') or (主分类号=('D01B%' or 'D01C1/%') and 名称=('%cellulos% fiber%' or '%cellulos% fibre%' or 'pulp%' or '%acetate%' or 'viscose%' or 'cupr%ammoni%' or 'cupr% % ammoni%' or 'copper % ammoni%' or 'rayon%') or 主分类号= 'D01H%' and 名称='spin%' or 主分类号=('D02G1%' or 'D02J%' or 'B65H%') and 名称,摘要+=('fiber%' or 'fibre%' or 'spin%' or '%filament%' or 'short % staple%' or 'cupr%ammoni%' or 'cupr% % ammoni%' or 'copper % ammoni%' or 'rayon%') or 主分类号=('D06B1/%' or 'D06B3/0%' or ('D06B5/0%' not 'D06B5/08%') or ('D06B5/0%' not 'D08B5/08%') or 'D06B5/1%' or 'D06B5/20%' or ('D06B7/0%' not 'D06B7/08%') or 'D06B9/%' or 'D06B1%' or 'D06B2%' or 'D06H3/%' or 'D06H7/0%' or 'D06L%' or ('D06M%' not ('D06M17/%' or 'D06M19/%'))) and 名称=('fiber%' or 'fibre%' or 'spin%' or '%filament%' or 'short % staple%' or 'cupr%ammoni%' or 'cupr% % ammoni%' or 'copper % ammoni%' or 'rayon%') or (主分类号='C08B3/06%' or 主分类号=('C08B%' not 'C08B3?/%' or 'C08B37/14%') and 名称,摘要+=('%acetate%' or 'viscose%' or 'cupr%ammoni%' or 'cupr% % ammoni%' or 'copper % ammoni%' or 'rayon%') or 主分类号= ('D21B%' or 'D21C%' or 'D21D%' or 'D21H11/%' or 'D21H13/%' or 'D21H15/%' or 'D21D23/%') and 名称=('%cellulos%' and ('fiber%' or 'fibre%') or 'pulp%' or 'spin%' or '%filament%' or 'short % staple%' or '%acetate%' or 'viscose%' or 'cupr%ammoni%' or 'cupr% % ammoni%' or 'copper % ammoni%' or 'rayon%')) not 名称,摘要+='%paper%' not 申请(专利权)人='%paper%') not 名称=('fabric%' or 'cloth%') not 名称,摘要+=('thread%' or 'yarn%' or 'film%')) and 名称,摘要+=('viscose%' or 'Tencel' or 'Lyocell' or 'Modal' or 'Bamboo' or 'rayon%')) not 主分类号,分类号+= ('E%' or 'H%')

3.2.6.3 粘胶纤维innography专利检索表达式

(IPC_D01D or D01F) or ((IPC_C02G% or D02J% or D06B% or D06C% or D06G% or D06H% or D06P% or G05% or B02C% or B01F% or B26D% or B65B% or B07B% or B08B% or F24F% or F17D%) and @(abstract,claims,title) ('fiber%' or 'fibre%' or 'spin%' or '%filament%' or 'short% staple%' or 'cupr%ammoni%' or 'cupr%% ammoni%' or 'copper % ammoni%' or 'rayon%')) or ((IPC_D21B% or D21C% or D21D% or D21H11% or D21H13% or D21H15% or D21D23%) and @(abstract,claims,title) ('%cellulos%' and ('fiber%' or 'fibre%') or 'pulp%' or 'spin%' or '%filament%' or 'short% staple%' or '%acetate%' or 'viscose%' or 'cupr%ammoni%' or 'cupr% ammoni%' or 'copper ammoni%' or 'rayon%'))

3.2.6.4 粘胶纤维innovation专利检索表达式

IC=(D01D or D01F) or IC=(C02G or D02J or D06B or D06C or D06G or D06H or D06P or G05 or B02C or B01F or B26D or B65B or B07B or B08B or F24F or F17D) and CTB=(("fiber" or "fibre" or "spin" or "filament" or "short staple" or "cuprammoni" or "cupr ammoni"or "copper ammoni" or "rayon")) or IC=(D21B or D21C or D21D or D21H11 or D21H13 or D21H15 or D21D23) and CTB=(("cellulos" and ("fiber" or "fibre") or "pulp" or "spin" or "filament" or "short staple" or "acetate" or "viscose" or "cuprammoni" or "cupr ammoni" or "copper ammoni" or "rayon"))

3.3 常规合成纤维

3.3.1 该领域主要涉及分类号

3.3.1.1 IPC分类号

B01F混合，如溶解、乳化、分散

C08B3/00有机酸纤维素酯的制备

D01天然或人造的线或纤维；纺纱

D01B为生产纤维或长丝而对天然纤维或长丝原料进行的机械处理，如纺纱准备

D01C为制得可纺纱的长丝或纤维，而对天然的长丝状或纤维状原料进行的化学处理；碎呢碳化回收动物纤维

D01D制作人造长丝、线、纤维、鬃或带子的机械方法或设备

D01F制作人造长丝、线、纤维、鬃或带子的化学特征；专用于生产碳纤维的设备

D01H纺纱或加捻

D02G1制造卷曲的纤维、长丝、纱或线，给其以潜在特性

D06织物等的处理；洗涤；其他类不包括的柔性材料

D21B纤维原料或其机械处理

D21C从含纤维素原料中除去非纤维素物质生产纤维素；制浆药液的再生；所需设备

G01N33/36利用前面各组所未包括的特殊的方法来测试或分析材料——纺织品

3.3.1.2 DWPI手工分类代码

A12S05L Production of fibresIncluding drawing

F02C01 Non-woven fabr ics, felts, blankets, battings, waddings, stuffings

A12S05G Non-woven fabrics, felts

F05A02B Pulp after-treatment, working upwaste paper, other processes, bleaching of pulp

3.3.2 中文关键词

纺丝、化纤、纤维、长丝、短纤、芳纶、芳砜纶、氨纶、涤纶、锦纶、腈纶、维纶、丙纶、布、面料、织品、织物、线、纱、膜、聚氨酯、聚氨基甲酸酯、PET、聚酯、聚对苯二甲酸乙二醇酯、聚对苯二甲酸乙二酯、涤纶、锦纶、聚酰胺、尼龙、PAN、聚丙烯腈、PVA、聚乙烯醇、PP、聚丙烯

3.3.3 英文关键词

cellulos, fiber, fibre, pulp, acetate, vistate, cuprammoni, copperammoni, rayon, pin, filament, shortstaple, fabric, cloth, thread, yarn, film, PU, spandex, elastic%, polyurethane, PET, polyester, polyethylene terephthalate, PA, polyamide, nylon, PAN, acrylic, polyacrylonitrile, PVA, polyvinyl alcohol, PP, polypropylene

3.3.4 国内主要申请人

东华大学、东丽纤维研究所(中国)有限公司、中国石油化工股份有限公司、中国石化上海石油化工股份有限公司、江苏盛虹化纤有限公司、江苏鹰翔化纤股份有限公司、天津工业大学、吴江亚太化纤有限公司、浙江理工大学、江苏大学、江南大学、浙江华峰氨纶股份有限公司、北京化工大学、盛虹集团有限公司、福建百宏聚纤科技实业有限公司、中国科学院化学研究所、宁波大发化纤有限公司、苏州龙杰特种纤维股份有限公司、可乐丽股份有限公司、中国石化仪征化纤股份有限公司

3.3.5 国外主要申请人

E.I. du Pont de Nemours & Company, Toray Industries, Inc., Teijin Limited, Mitsubishi Chemical Holdings Corp., BASF SE, Akzo Nobel N.V., Sanofi SA4185, Sumitomo Chemical Company, Limited, Kuraray Co., Ltd., Bayer AG, Toyobo Co., Ltd., Lenzing AG, The Dow Chemical Company, Celanese Corporation, Unitika

Ltd., Kimberly-Clark Corporation, Pfizer Inc., Kadima Holdings Ltd., Compagnie de Saint Gobain SA

3.3.6 常规合成纤维专利检索表达式范例

3.3.6.1 涤纶国内专利检索表达式

(主分类号,分类号+= (D01F6/92% or D01F6/62% or D01F6/84%) or (主分类号,分类号+=(D01D% or D01F%) or (主分类号=(D01C1/% or D01B1/%) and 名称=(纤维素纤维% or 竹浆% or 棉浆% or 浆粕% or 人造纤维% or 粘胶纤维% or 醋酸纤维% or 铜氨%) or 主分类号=D01H% and 名称=纺丝% or 主分类号= (D02G1% or D02J%) and 名称,摘要,主权项+=(化纤% or 纤维% or 纺丝% or 长丝% or 短纤% or 铜氨纤% or 粘纤% or 醋纤% or 芳纶% or 芳砜纶% or 氨纶% or 涤纶% or 锦纶% or 腈纶% or 维纶% or 丙纶%) or 主分类号,分类号+=B65H% and 名称,摘要,主权项+=(化纤% or 纤维% or 纺丝% or 长丝% or 短纤% or 铜氨纤% or 粘纤% or 醋纤% or 芳纶% or 芳砜纶% or 氨纶% or 涤纶% or 锦纶% or 腈纶% or 维纶% or 丙纶%) or 主分类号=(15-06% or 15-99%) and 名称,摘要,主权项+=(化纤% or 纤维% or 纺丝% or 长丝% or 短纤% or 铜氨纤% or 粘纤% or 醋纤%) or 主分类号,分类号+=(D06B% or D06C% or D06G% or D06H% or D06L% or D06M% or D06P%) and 名称=(化纤% or 纤维% or 纺丝% or 长丝% or 短纤% or 铜氨纤% or 粘纤% or 醋纤% or 芳纶% or 氨纶% or 涤纶% or 锦纶% or 尼龙% or 腈纶% or 维纶% or 丙纶%) or 主分类号=(G01N33/36% or G05% or B02C% or B01F% or B26D% or B65B% or B07B% or B08B% or B05C% or F26B% or F04B% or F04C% or F24F% or F17D%) and 名称=(化纤% or 纤维% or 纺丝% or 长丝% or 短纤% or 铜氨纤% or 粘纤% or 醋纤% or 芳纶% or 氨纶% or 涤纶% or 锦纶% or 腈纶% or 维纶% or 丙纶%) or 主分类号=(B65G%) and 名称=(化纤% or 纤维% or 纺丝% or 长丝% or 短纤%) or (主分类号=C08B3/06% or 主分类号=(C08B% not C08B3?/% or C08B37/14%) and 分类号=(D01% or D06%) and 名称,摘要,主权项+=(化纤% or 纤维素% or 纺丝% or 长丝% or 短纤% or 浆粕% or 铜氨纤% or 粘纤% or 醋

纤%) or 主分类号=(C08B% not C08B3?/% or C08B37/14%) and 名称,摘要,主权项+=(醋酸纤维% or 粘胶纤维% or 乙酸纤维% or 人造纤维%) or 主分类号,分类号+= (D21B% or D21C% or D21D% or D21H11/% or D21H13/% or D21H15/% or D21D23/%) and 名称=(化纤% or 纤维% or 纺丝% or 长丝% or 短纤% or 浆% or 铜氨纤% or 粘纤% or 醋纤% or 人造纤维% or 粘胶纤维% or 醋酸纤维%)) not 名称,摘要,主权项+=%纸% not 申请(专利权)人=%纸%) not 名称=(布% or 面料% or 织品% or 织物%) not 名称,摘要,主权项+=(线% or 纱% or 膜%)) and 名称,摘要,主权项+=(PET or 聚酯% or 聚对苯二甲酸乙二醇酯% or 聚对苯二甲酸乙二酯% or 涤纶%)) not 主分类号,分类号+=(E% or H%)

3.3.6.2 涤纶国外专利检索表达式

(主分类号,分类号+=('D01F6/92%' or 'D01F6/62%' or 'D01F6/84%') or (主分类号,分类号+= ('D01D%' or 'D01F%') or (主分类号=('D01B%' or 'D01C1/%') and 名称=('%cellulos% fiber%' or '%cellulos% fibre%' or 'pulp%' or '%acetate%' or 'viscose%' or 'cupr%ammoni%' or 'cupr% % ammoni%' or 'copper % ammoni%' or 'rayon%') or 主分类号='D01H%' and 名称='spin%' or 主分类号=('D02G1%' or 'D02J%' or 'B65H%') and 名称,摘要+=('fiber%' or 'fibre%' or 'spin%' or '%filament%' or 'short % staple%' or 'cupr%ammoni%' or 'cupr% % ammoni%' or 'copper % ammoni%' or 'rayon%') or 主分类号=('D06B1/%' or 'D06B3/0%' or ('D06B5/0%' not 'D06B5/08%') or ('D06B5/0%' not 'D08B5/08%') or 'D06B5/1%' or 'D06B5/20%' or ('D06B7/0%' not 'D06B7/08%') or 'D06B9/%' or 'D06B2%' or 'D06H3/%' or 'D06H7/0%' or 'D06L%' or ('D06M%' not ('D06M17/%' or 'D06M19/%'))) and 名称=('fiber%' or 'fibre%' or 'spin%' or '%filament%' or 'short % staple%' or 'cupr%ammoni%' or 'cupr% % ammoni%' or 'copper % ammoni%' or 'rayon%') or (主分类号='C08B3/06%' or 主分类号=('C08B%' not 'C08B3?/%' or 'C08B37/14%') and 名称,摘要+=('%acetate%' or 'viscose%' or 'cupr%ammoni%' or 'cupr% % ammoni%' or 'copper % ammoni%' or 'rayon%') or 主分类号= ('D21B%' or 'D21C%' or 'D21D%' or 'D21H11/%' or 'D21H13/%' or 'D21H15/%' or 'D21D23/%') and 名称=('%cellulos%' and ('fiber%' or 'fibre%') or 'pulp%' or 'spin%' or '%filament%' or 'short % staple%' or '%acetate%' or 'viscose%' or 'cupr%ammoni%' or 'cupr% % ammoni%' or 'copper % ammoni%' or 'rayon%')) not 名称,摘要+='%paper%' not 申请(专利权)人='%paper%') not 名称=('fabric%' or 'cloth%') not 名称,摘要+=('thread%' or 'yarn%' or 'film%')) and 名称,摘要+=('PET' or 'polyester%' or 'polyethylene terephthalate%')) not 主分类号,分类号+=('E%' or 'H%')

3.3.6.3 涤纶 innography 专利检索表达式

(IPC_D01D or D01F) or ((IPC_D02G1% or D02J% or B65H% or D06B% or D06C% or D06G% or D06H% or D06L% or D06M% or C08B3/06% or C08B% not C08B3?/% or C08B37/14%) and @(abstract,claims,title) ('fiber%' or 'fibre%' or 'spin%' or '%filament%' or 'short% staple%' or 'cupr%ammoni%' or 'cupr%% ammoni%' or 'copper % ammoni%' or 'rayon%')) or ((IPC_G01N33/36% or G05% or B02C% or B01F% or B26D% or B65B% or B07B% or B08B% or B05C% or F26B% or F04B% or F04C% or F24F% or F17D% or D21B% or D21C% or D21D% or D21H11/% or D21H13/% or D21H15/% or D21D23/%) and @(title) ('% cellulos%' and ('fiber%' or 'fibre%') or 'pulp%' or 'spin%' or '%filament%' or 'short% staple%' or '%acetate%' or 'viscose%' or 'cupr%ammoni%' or 'cupr% ammoni%' or 'copper ammoni%' or 'rayon%'))

3.3.6.4 涤纶 innovation 专利检索表达式

IC=(D01D or D01F) or IC=(D02G1 or D02J or B65H or D06B or D06C or D06G or D06H or D06L or D06M or D06PC08B3/06 or C08B not C08B3? or C08B37/14) and CTB=("fiber" or "fibre" or "spin" or "filament" or "short staple" or "cuprammoni" or "cupr ammoni"or "copper ammoni" or "rayon") or IC=(G01N33/36 or G05 or B02C or B01F or B26D or B65B or B07B or B08B or B05C or F26B or F04B or F04C or F24F or F17D or D21B or D21C or D21D or D21H11 or D21H13 or D21H15 or D21D23) and TI=("cellulos" and ("fiber" or "fibre") or "pulp" or "spin" or "filament" or "short staple" or "acetate" or "viscose" or "cuprammoni" or "cupr ammoni" or "copper ammoni" or "rayon")

3.4 高性能合成纤维

3.4.1 该领域主要涉及分类号

3.4.1.1 IPC分类号

B01F混合，如溶解、乳化、分散

C08B3/00有机酸纤维素酯的制备

D01天然或人造的线或纤维；纺纱

D01C1植物原料的处理

D01F9/2其他原料的人造长丝或类似物；制造；专用于生产碳纤维的设备——橡胶与酸或酸酐，如二氯化硫的反应物

D01H纺纱或加捻

D02G1制造卷曲的纤维、长丝、纱或线，给其以潜在特性

D06织物等的处理；洗涤；其他类不包括的柔性材料

D06B纺织材料的液相、气相或蒸汽处理

D06P纺织品的染色或印花；皮革、毛皮或各种形状的固体大分子物质的染色

D21B纤维原料或其机械处理

D21C从含纤维素原料中除去非纤维素物质生产纤维素；制浆药液的再生；所需设备

G01N33/36利用前面各组所未包括的特殊的方法来测试或分析材料——纺织品

G05控制；调节

3.4.1.2 DWPI手工分类代码

A12S05L Production of fibresIncluding drawing

F02C01 Non-woven fabr ics, felts, blankets, battings, waddings, stuffings

F03C05 Antistats, softeners, surfactants, processing aids, hygroscopictreatments

F03E01 By coatingPrior to 1972 see F03-E

3.4.2 中文关键词

纺丝、化纤、纤维、长丝、短纤、芳纶、芳砜纶、氨纶、涤纶、锦纶、腈纶、维纶、丙纶、布、面料、织品、织物、线、纱、膜、碳纤维、碳纳米纤维、炭纤维、炭纳米纤维、UHMWPE、超高分子量、聚乙烯、超高强、高强、高模、芳香族聚酰胺、芳香聚酰胺、芳族聚酰胺、聚间苯二甲酰间苯二胺、聚对苯二甲酰对苯二胺、聚对苯甲酰胺、聚酰亚胺、聚苯硫醚、聚亚苯基硫醚

3.4.3 英文关键词

cellulos, fiber, fibre, pulp, acetate, viscose, cuprammoni, copperammoni, rayon, pin, filament, shortstaple, fabric, cloth, thread, yarn, film, paper, carbon, UHMWPE, ultra, high molecular weight polyethylene, aramid, aromatic polyamide, polyimide, polyphenylene sulfide, PPS

3.4.4 国内主要申请人

东华大学、中国石油化工股份有限公司、北京化工大学、中国科学院山西煤炭化学研究所、金发科技股份有限公司、哈尔滨工业大学、中国科学院宁波材料技术与工程研究所、西安航科等离子科技有限公司、中国石化上海石油化工股份有限公司、中国科学院长春应用化学研究所、威海拓展纤维有限公司、山东爱地高分子材料有限公司、镇江奥丽特机械制造有限公司、宁波荣溢化纤科技有限公司、合肥日新高温技术有限公司、杭州翔盛高强纤维材料股份有限公司、浙江大学、上海交通大学

3.4.5 国外主要申请人

E.I. du Pont de Nemours & Company, Toray Industries, Inc., BASF SE, Teijin limited 10166, The Procter & Gamble Company, Sanofi SA, Novartis AG, Bayer AG, The Dow Chemical Company, Mitsubishi Chemical Holdings Corp., Akzo Nobel N.V., Sumitomo Chemical Company, Limited, Toyobo Co., Ltd., Kuraray Co., Ltd., 3M Company, Kimberly-Clark Corporation, Unitika Ltd., Lenzing AG, Celanese Corporation

3.4.6 高性能合成纤维专利检索表达式范例

3.4.6.1 碳纤维国内专利检索表达式

(主分类号,分类号+=(D01F9/1% not（D01F9/10% or D01F9/18%）or D01F9/2% or D01F9/3% or D06M14/36% or C08F220/44%) or (主分类号,分类号+=(D01D% or D01F%) or (主分类号=(D01C1/% or D01B1/%) and 名称=(纤维素纤维% or 竹浆% or 棉浆% or 浆粕% or 人造纤维% or 粘胶纤维% or 醋酸纤维% or 铜氨%) or 主分类号=D01H% and 名称=纺丝% or 主分类号= (D02G1% or D02J%) and 名称,摘要,主权项+=(化纤% or 纤维% or 纺丝% or 长丝% or 短纤% or 铜氨纤% or 粘纤% or 醋纤% or 芳纶% or 芳砜纶% or 氨纶% or 涤纶% or 锦纶% or 腈纶% or 维纶% or 丙纶%) or 主分类号,分类号+=B65H% and 名称,摘要,主权项+=(化纤% or 纤维% or 纺丝% or 长丝% or 短纤% or 铜氨纤% or 粘纤% or 醋纤% or 芳纶% or 芳砜纶% or 氨纶% or 涤纶% or 锦纶% or 腈纶% or 维纶% or 丙纶%) or 主分类号=(15-06% or 15-99%) and 名称,摘要,主权项+=(化纤% or 纤维% or 纺丝% or 长丝% or 短纤% or 铜氨纤% or 粘纤% or 醋纤%) or 主分类号,分类号+=(D06B% or D06C% or D06G% or D06H% or D06L% or D06M% or D06P%) and 名称=(化纤% or 纤维% or 纺丝% or 长丝% or 短纤% or 铜氨纤% or 粘纤% or 醋纤% or 芳纶% or 氨纶% or 涤纶% or 锦纶% or 尼龙% or 腈纶% or 维纶% or 丙纶%) or 主分类号=(G01N33/36% or G05% or B02C% or B01F% or B26D% or B65B% or B07B% or B08B% or B05C% or F26B% or F04B% or F04C% or F24F% or F17D%）and 名称=(化纤% or 纤维% or 纺丝% or 长丝% or 短纤% or 铜氨纤% or 粘纤% or 醋纤% or 芳纶% or 氨纶% or 涤纶% or 锦纶% or 腈纶% or 维纶% or 丙纶%) or 主分类号=(B65G%) and 名称=(化纤% or 纤维% or 纺丝% or 长丝% or 短纤%）or (主分类号=C08B3/06% or 主分类号=(C08B% not C08B3?/% or C08B37/14%) and 分类号=(D01% or D06%) and 名称,摘要,主权项+=(化纤% or 纤维素% or 纺丝% or 长丝%

or 短纤% or 浆粕% or 铜氨纤% or 粘纤% or 醋纤%) or 主分类号=(C08B% not C08B3?/% or C08B37/14%) and 名称,摘要,主权项+=(醋酸纤维% or 粘胶纤维% or 乙酸纤维% or 人造纤维%) or 主分类号,分类号+= (D21B% or D21C% or D21D% or D21H11/% or D21H13/% or D21H15/% or D21D23/%) and 名称 =(化纤% or 纤维% or 纺丝% or 长丝% or 短纤% or 浆粕% or 铜氨纤% or 粘纤% or 醋纤% or 人造纤维% or 粘胶纤维% or 醋酸纤维%)) not 名称,摘要,主权项+=%纸% not 申请(专利权)人=%纸%) not 名称=(布% or 面料% or 织品% or 织物%) not 名称,摘要,主权项+=(线% or 纱% or 膜%)) and 名称,摘要,主权项+=(碳纤维% or 碳纳米纤维% or 炭纤维% or 炭纳米纤维%)) not 主分类号,分类号+=(E% or H%)

3.4.6.2 碳纤维国外专利检索表达式

(主分类号,分类号+=('D01F9/1%' not ('D01F9/10%' or 'D01F9/18%') or 'D01F9/2%' or 'D01F9/3%' or 'D06M14/36%') or (主分类号,分类号+= ('D01D%' or 'D01F%') or (主分类号=('D01B%' or 'D01C1%') and 名称=('%cellulos% fiber%' or '%cellulos% fibre%' or 'pulp%' or '%acetate%' or 'viscose%' or 'cupr% ammoni%' or 'cupr% % ammoni%' or 'copper % ammoni%' or 'rayon%') or 主分类号='D01H%' and 名称='spin%' or 主分类号=('D02G1%' or 'D02J%' or 'B65H%') and 名称,摘要+=('fiber%' or 'fibre%' or 'spin%' or '%filament%' or 'short % staple%' or 'cupr%ammoni%' or 'cupr% % ammoni%' or 'copper % ammoni%' or 'rayon%') or 主分类号=('D06B1%' or 'D06B3/0%' or ('D06B5/0%' not 'D06B5/08%') or ('D06B5/0%' not 'D06B5/08%') or 'D06B5/1%' or 'D06B5/20%' or ('D06B7/0%' not 'D06B7/08%') or 'D06B9/%' or or 'D06B2%' or 'D06H3/%' or 'D06H7/0%' or 'D06L%' or ('D06M%' not ('D06M17/%' or 'D06M19/%'))) and 名称=('fiber%' or 'fibre%' or 'spin%' or '%filament%' or 'short % staple%' or 'cupr%ammoni%' or 'cupr% % ammoni%' or 'copper % ammoni%' or 'rayon%') or (主分类号='C08B3/06%' or 主分类号=('C08B%' not 'C08B3?/%' or 'C08B37/14%') and 名称,摘要+=('%acetate%' or 'viscose%' or 'cupr%ammoni%' or 'cupr% % ammoni%' or 'copper % ammoni%' or 'rayon%') or 主分类号= ('D21B%' or 'D21C%' or 'D21D%' or 'D21H11/%' or 'D21H13/%' or 'D21H15/%' or 'D21D23/%') and 名称=

('%cellulos%' and ('fiber%' or 'fibre%') or 'pulp%' or 'spin%' or '%filament%' or 'short % staple%' or '%acetate%' or 'viscose%' or 'cupr%ammoni%' or 'cupr% % ammoni%' or 'copper % ammoni%' or 'rayon%')) not 名称,摘要+='%paper%' not 申请(专利权)人='%paper%') not 名称=('fabric%' or 'cloth%') not 名称,摘要+=('thread%' or 'yarn%' or 'film%')) and 名称,摘要+='carbon') not 主分类号,分类号+=('E%' or 'H%')

3.4.6.3 碳纤维 innography 专利检索表达式

(IPC_'D01F%' or 'D06M%') or ((IPC_'D01D%' or 'D01F%' or 'D01B%' or 'D01C1/%' or 'D02G1%' or 'D02J%' or 'B65H%') and @(abstract,claims,title) ('fiber%' or 'fibre%' or 'spin%' or '%filament%' or 'short% staple%' or 'cupr%ammoni% ' or 'cupr%% ammoni% ' or 'copper % ammoni% ' or 'rayon% ')) or ((IPC_'D06B1%' or 'D06B3%' or 'D06B5%' or 'D06B7%' or 'D06B9%' or 'D06B2%' or 'D06H3%' or 'D06H7%' or 'D06L%' or 'D06M%' or 'D21B%' or 'D21C%' or 'D21D%' or 'D21H11%' or 'D21H13%' or 'D21H15%' or 'D21D23%') and @(title) ('% cellulos%' and ('fiber%' or 'fibre%') or 'pulp%' or 'spin%' or '%filament%' or 'short% staple%' or '%acetate%' or 'viscose%' or 'cupr%ammoni%' or 'cupr% ammoni%' or 'copper ammoni%' or 'rayon%'))

3.4.6.4 碳纤维 innovation 专利检索表达式

IC=(D01F or D06M) or IC=(D01D or D01F or D01B or D01C1 or D02G1 or D02J or B65H) and CTB=(("fiber" or "fibre" or "spin" or "filament" or "short staple" or "cuprammoni" or "cupr ammoni"or "copper ammoni" or "rayon")) or IC=(D06B1 or D06B3 or D06B5 or D06B7 or D06B9 or D06B2 or D06H3 or D06H7 or D06L or D06M or D21B or D21C or D21D or D21H11 or D21H13 or D21H15 or D21D23) and TI=(("cellulos" and ("fiber" or "fibre") or "pulp" or "spin" or "filament" or "short staple" or "acetate" or "viscose" or "cuprammoni" or "cupr ammoni"or "copper ammoni" or "rayon"))

3.5　生物质合成纤维

3.5.1　该领域主要涉及分类号

3.5.1.1　IPC分类号

B01F 混合，如溶解、乳化、分散

C08B3/00 有机酸纤维素酯的制备

D01 天然或人造的线或纤维；纺纱

D01B 为生产纤维或长丝而对天然纤维或长丝原料进行的机械处理，如纺纱准备

D01C 为制得可纺纱的长丝或纤维，而对天然的长丝状或纤维状原料进行的化学处理

D01D 制作人造长丝、线、纤维、鬃或带子的机械方法或设备

D01F 制作人造长丝、线、纤维、鬃或带子的化学特征；专用于生产碳纤维的设备

D01H 纺纱或加捻

D06 织物等的处理；洗涤；其他类不包括的柔性材料

D21B 纤维原料或其机械处理

D21C 从含纤维素原料中除去非纤维素物质生产纤维素；制浆药液的再生；所需设备

F26B 从固体材料或制品中消除液体的干燥

G01N33/36 利用前面各组所未包括的特殊的方法来测试或分析材料——纺织品

G05 控制；调节

3.5.1.2　DWPI手工分类代码

A12S05L Production of fibresIncluding drawing

A11B16 Stereographic mouldingUsed for processes that produce athree-dimensional polymer form bysequential polymerising or curing

A12S05G Non-woven fabrics, felts

F02C01 Non-woven fabr ics, felts, blankets, battings, waddings, stuffings

3.5.2 中文关键词

纤维素纤维、竹浆、棉浆、浆粕、人造纤维、粘胶纤维、醋酸纤维、铜氨、化纤、纤维、纺丝、长丝、短纤、铜氨纤、粘纤、醋纤、芳纶、芳砜纶、氨纶、涤纶、锦纶、腈纶、维纶、丙纶、乙酸纤维、布、面料、织品、织物、线、纱、膜、聚乳酸、PLA、玉米、聚丁二酸丁二醇酯、聚丁二酸丁二酯、PBS、聚对苯二甲酸丁二酯、聚对苯二甲酸丁二醇酯、PBT、聚对苯二甲酸丙二醇酯、聚对苯二甲酸丙二酯、PTT

3.5.3 英文关键词

cellulos, fiber, fibre, pulp, acetate, viscose, cuprammoni, copperammoni, rayon, pin, filament, shortstaple, fabric, cloth, thread, yarn, film, paper, carbon, polyactic acid, PLA, polybutylene terephthalate, PBT, polytrimethylene terephthalate, PTT

3.5.4 国内主要申请人

东华大学、江苏鹰翔化纤股份有限公司、吴江鹰翔万信化纤有限公司、苏州龙杰特种纤维股份有限公司、江苏立新化纤科技有限公司、江南大学、江苏盛虹化纤有限公司、仪征市星海化纤有限公司、天津工业大学、盛虹集团有限公司、浙江理工大学、江苏中鲈科技发展股份有限公司、中原工学院、中国科学院宁波材料技术与工程研究所、福建百宏聚纤科技实业有限公司、中国人民解放军总后勤部军需装备研究所、苏州大学、金发科技股份有限公司、中国石化仪征化纤股份有限公司

3.5.5 国外主要申请人

E.I. du Pont de Nemours & Company, Toray Industries, Inc., Teijin Limited, Mitsubishi Chemical Holdings Corp., BASF SE, Akzo Nobel N.V., Sanofi SA, Sumitomo Chemical Company, Limited, Kuraray Co., Ltd., Bayer AG, Toyobo Co., Ltd.,

Lenzing AG, The Dow Chemical Company, Celanese Corporation, Unitika Ltd., Kimberly-Clark Corporation, Pfizer Inc., Kadima Holdings Ltd., Compagnie de Saint Gobain SA

3.5.6　生物质合成纤维专利检索表达式范例

3.5.6.1　聚乳酸(PLA)纤维、玉米纤维国内专利检索表达式

((主分类号,分类号+=(D01D% or D01F%) or (主分类号=(D01C1/% or D01B1/%) and 名称=(纤维素纤维% or 竹浆% or 棉浆% or 浆粕% or 人造纤维% or 粘胶纤维% or 醋酸纤维% or 铜氨%) or 主分类号=D01H% and 名称=纺丝% or 主分类号= (D02G1% or D02J%) and 名称,摘要,主权项+=(化纤% or 纤维% or 纺丝% or 长丝% or 短纤% or 铜氨纤% or 粘纤% or 醋纤% or 芳纶% or 芳砜纶% or 氨纶% or 涤纶% or 锦纶% or 腈纶% or 维纶% or 丙纶%) or 主分类号,分类号+=B65H% and 名称,摘要,主权项+=(化纤% or 纤维% or 纺丝% or 长丝% or 短纤% or 铜氨纤% or 粘纤% or 醋纤% or 芳纶% or 芳砜纶% or 氨纶% or 涤纶% or 锦纶% or 腈纶% or 维纶% or 丙纶%) or 主分类号=(15-06% or 15-99%) and 名称,摘要,主权项+=(化纤% or 纤维% or 纺丝% or 长丝% or 短纤% or 铜氨纤% or 粘纤% or 醋纤%) or 主分类号,分类号+=(D06B% or D06C% or D06G% or D06H% or D06L% or D06M% or D06P%) and 名称=(化纤% or 纤维% or 纺丝% or 长丝% or 短纤% or 铜氨纤% or 粘纤% or 醋纤% or 芳纶% or 氨纶% or 涤纶% or 锦纶% or 尼龙% or 腈纶% or 维纶% or 丙纶%) or 主分类号=(G01N33/36% or G05% or B02C% or B01F% or B26D% or B65B% or B07B% or B08B% or B05C% or F26B% or F04B% or F04C% or F24F% or F17D%）and 名称=(化纤% or 纤维% or 纺丝% or 长丝% or 短纤% or 铜氨纤% or 粘纤% or 醋纤% or 芳纶% or 氨纶% or 涤纶% or 锦纶% or 腈纶% or 维纶% or 丙纶%) or 主分类号=(B65G%) and 名称=(化纤% or 纤维% or 纺丝% or 长丝% or 短纤%) or (主分类号=C08B3/06% or 主分类号=(C08B% not C08B3?/% or C08B37/14%) and 分类号=(D01% or D06%) and 名称,摘要,主权项+=(化纤% or 纤维

素% or 纺丝% or 长丝% or 短纤% or 浆粕% or 铜氨纤% or 粘纤% or 醋纤%) or 主分类号=(C08B% not C08B3?/% or C08B37/14%) and 名称,摘要,主权项+=(醋酸纤维% or 粘胶纤维% or 乙酸纤维% or 人造纤维%) or 主分类号,分类号+= (D21B% or D21C% or D21D% or D21H11/% or D21H13/% or D21H15/% or D21D23/%) and 名称 =(化纤% or 纤维% or 纺丝% or 长丝% or 短纤% or 浆粕% or 铜氨纤% or 粘纤% or 醋纤% or 人造纤维% or 粘胶纤维% or 醋酸纤维%)) not 名称,摘要,主权项+=%纸% not 申请(专利权)人=%纸%) not 名称=(布% or 面料% or 织品% or 织物%) not 名称,摘要,主权项+=(线% or 纱% or 膜%)) and 名称,摘要,主权项+=(聚乳酸% or PLA or 玉米%)) not 主分类号,分类号+=(E% or H%)

3.5.6.2 聚乳酸(PLA)纤维、玉米纤维国外专利检索表达式

((主分类号,分类号+= ('D01D%' or 'D01F%') or (主分类号=('D01B%' or 'D01C1/%') and 名称=('%cellulos% fiber%' or '%cellulos% fibre%' or 'pulp%' or '%acetate%' or 'viscose%' or 'cupr%ammoni%' or 'cupr% % ammoni%' or 'copper % ammoni%' or 'rayon%') or 主分类号='D01H%' and 名称='spin%' or 主分类号=('D02G1%' or 'D02J%' or 'B65H%') and 名称,摘要+=('fiber%' or 'fibre%' or 'spin%' or '%filament%' or 'short % staple%' or 'cupr%ammoni%' or 'cupr% % ammoni%' or 'copper % ammoni%' or 'rayon%') or 主分类号=('D06B1%' or 'D06B3/0%' or ('D06B5/0%' not 'D06B5/08%') or ('D06B5/0%' not 'D08B5/08%') or 'D06B5/1%' or 'D06B5/20%' or ('D06B7/0%' not 'D06B7/08%') or 'D06B9/%' or 'D06B2%' or 'D06H3/%' or 'D06H7/0%' or 'D06L%' or ('D06M%' not ('D06M17/%' or 'D06M19/%'))) and 名称=('fiber%' or 'fibre%' or 'spin%' or '%filament%' or 'short % staple%' or 'cupr%ammoni%' or 'cupr% % ammoni%' or 'copper % ammoni%' or 'rayon%') or (主分类号='C08B3/06%' or 主分类号=('C08B%' not 'C08B3?/%' or 'C08B37/14%') and 名称,摘要+=('%acetate%' or 'viscose%' or 'cupr%ammoni%' or 'cupr% % ammoni%' or 'copper % ammoni%' or 'rayon%') or 主分类号= ('D21B%' or 'D21C%' or 'D21D%' or 'D21H11/%' or 'D21H13/%' or 'D21H15/%' or 'D21D23/%') and 名称=('%cellulos%' and ('fiber%' or 'fibre%') or 'pulp%' or 'spin%' or '%filament%' or 'short % staple%' or '%acetate%' or 'viscose%' or 'cupr%ammoni%' or 'cupr% % ammoni%' or 'copper % ammoni%' or 'rayon%')) not 名称,摘要+='%paper%' not 申请(专利权)人='%paper%') not 名称=('fabric%' or 'cloth%') not 名称,摘要+=('thread%' or 'yarn%' or 'film%')) and 名称,摘要+=('polyactic acid' or 'PLA')) not 主分类号,分类号+=('E%' or 'H%')

3.5.6.3 聚乳酸(PLA)纤维、玉米纤维innography专利检索表达式

(IPC_'D01D%' or 'D01F%' or 'D01B%' or 'D01C1%') or ((IPC_'D06B1%' or 'D06B3/0%' or ('D06B5/0%' not 'D06B5/08%') or ('D06B5/0%' not 'D08B5/08%') or 'D06B5/1%' or 'D06B5/20%' or ('D06B7/0%' not 'D06B7/08%') or 'D06B9/%' or 'D06B2%' or 'D06H3/%' or 'D06H7/0%' or 'D06L%' or ('D06M%' not ('D06M17/%' or 'D06M19/%'))) and @(abstract,claims,title) ('fiber%' or 'fibre%' or 'spin%' or '%filament%' or 'short% staple%' or 'cupr%ammoni%' or 'cupr%% ammoni%'or 'copper % ammoni%' or 'rayon%')) or ((IPC_'D21B%' or 'D21C%' or 'D21D%' or 'D21H11/%' or 'D21H13/%' or 'D21H15/%' or 'D21D23/%') and @(title) ('%cellulos%' and ('fiber%' or 'fibre%') or 'pulp%' or 'spin%' or '%filament%' or 'short% staple%' or '%acetate%' or 'viscose%' or 'cupr%ammoni%' or 'cupr% ammoni%' or 'copper ammoni%' or 'rayon%'))

3.5.6.4 聚乳酸(PLA)纤维、玉米纤维innovation专利检索表达式

IC=(D01D or D01F or D01B or D01C) or IC=(D06B1 or D06B3/0 or (D06B5/0 not D06B5/08) or (D06B5/0 not D08B5/08) or D06B5/1 or D06B5/20 or (D06B7/0 not D06B7/08) or D06B9 or D06B2 or D06H3 or D06H7/0 or D06L or (D06M not (D06M17 or D06M19/))) and CTB=((fiber or fibre or spin or filament or short staple or cuprammoni or cupr ammonior copper ammoni or rayon)) or IC=(D21B or D21C or D21D or D21H11 or D21H13 or D21H15 or D21D23) and TI=((cellulos and (fiber or fibre) or pulp or spin or filament or short staple or acetate or viscose or cuprammoni or cupr ammoni or copper ammoni or rayon))

第四章　工程塑料产业

工程塑料(Engineering-Plastics)是指被用做工业零件、外壳材料或在工程中作为结构材料的工业用塑料，是具有较高机械强度，或具备耐高温、耐腐蚀、耐磨性等良好性能的塑料，可代替金属做某些机械零件。和通用塑料相比，工程塑料在机械性能、耐高温、耐腐蚀性、耐磨性等方面能达到更高的要求；和金属材料相比，工程塑料易于加工、生产效率高、成本低廉。同时，工程塑料还具有良好的尺寸稳定性、绝缘性、减磨性、和高比强度。因为工程塑料的以上特点，其被广泛应用于电子电气、汽车、建筑、办公设备、机械、航空航天等行业。以塑代钢、以塑代木已成为国际流行趋势。

工程塑料可以分为通用工程塑料和特种工程塑料两类。所谓通用工程塑料通常是指加工工艺成熟、技术要求低、已大规模工业化生产、应用范围较广的五种塑料：聚酰胺(PA)、聚甲醛(POM)、聚碳酸酯(PC)、改性聚苯醚(PPO，也有缩写为PPE的)以及聚酯(PBT和PET)五种，其耐热性在150 ℃以下（一般为100~150 ℃；）。而特种工程塑料是指耐热性、强度等性能较通用工程塑料更加优异，但目前加工条件苛刻、大部分尚未大规模工业化生产或生产规模较小、用途相对较窄的一些塑料，主要包括聚苯硫醚（PPS）、聚酰亚胺（PI）、聚砜（PSF）、聚醚酮（PEK）、液晶聚合物（LCP）等。特种工程塑料的耐热性普遍超过通用工程塑料，可以达到150 ℃以上，其强度也在通用工程塑料之上。

新材料产业是宁波市“十二五”重点发展的战略新兴产业之一，工程塑料作为先进高分子材料，隶属于新材料领域，因此也受到重点关注和发展。故本书将其作为研究对象，确定了通用工程塑料和特种工程塑料领域的关键词、分类号、主要申请人等检索要素，并编制了聚酰胺、聚苯醚、聚砜、聚酰亚胺等领域的专利检索表达式作为范例供读者参考。

4.1 通用工程塑料

4.1.1 该领域主要涉及分类号

4.1.1.1 IPC分类号

C08L77 由在主链中形成羧酸酰胺键合反应得到的聚酰胺的组合物

C08L79/06 高分子化合物的组合物，聚酰肼；聚三唑；聚氨基三唑；聚二唑

C08L85 由在主链中形成除硅、硫、氮、氧及碳以外原子键合反应得到的高分子化合物的组合物；此种聚合物的衍生物的组合物

C08L71 由主链中形成醚键合的反应得到的聚醚的组合物

C08G65 由在高分子主链中形成醚键的反应得到的高分子化合物

C04B24/32 聚醚，如烷基酚聚乙二醇醚

4.1.1.2 DWPI手工分类代码

A05F04 Polyaminoamides from pol ymerisedvegetable oil acids and polyamino-components (Versamids®)

A05F05 Polyamides from aromaticdicarboxylic acid(s) and aromaticdiamine(s) only

A05H07 Aromatic polyethers; Polyarylene ethers

A07A04E Polyamide, polyurethane and/orpolyether

A07A03C Containing polyamide,polyurethane and/or polyether

4.1.2 中文关键词

聚酰胺、聚醯胺、尼龙、PA、PA6、PA66、PA11、PA12、PA46、PA610、PA612、PA1010、聚癸二酰癸二胺、开环聚合、二元胺、二元酸、纤维、树脂、耐热、耐磨损、耐化学、自润滑性、工程塑料、阻燃性、玻璃纤维、合成纤维、有机分子、聚酯、化合物、吸水率、粘度、聚苯醚、聚亚苯基氧化物、聚苯撑醚、聚二甲基苯醚、PPO、PPE、工程塑料、聚亚苯基氧化物、氯化亚铜、二甲基苯酚、聚氧二甲苯、白色、绝缘性、改性材料、自息性、聚合溶剂、催化剂、耐高温、结晶、电子、机械、汽

车、化工

4.1.3 英文关键词

Polyamide, polyamide, nylon, PA, PA6, PA66, PA11, PA12, PA46, PA610, PA612, PA1010, poly sebacamidediaminodecane, ring-opening polymerization, diamine, dicarboxylic acid, fiber, resin, heat, abrasion, chemical resistance, self-lubricating, plastic, flame-retardant, glass fibers, synthetic fibers, organic molecules, polyester, compound, water absorption, viscosity, polyphenylene ether, polyphenylene oxide thereof, poly dimethylphenyl ether, PPO, PPE, engineering plastics, polyphenylene oxide, cuprous chloride, dimethyl phenol, polyoxyethylene xylene, white, insulation, modified materials, self-extinguishing, polymerization solvents, catalysts, high temperature, crystal, electronics, machinery, automobiles, chemicals

4.1.4 国内主要申请人

金发科技股份有限公司、上海日之升新技术发展有限公司、上海金发科技发展有限公司、东华大学、上海蓝星(集团)股份有限公司、上海杰事杰新材料(集团)股份有限公司、广东生益科技股份有限公司、安徽省中日农业环保科技有限公司、深圳市科聚新材料有限公司、南通星辰合成材料有限公司、芜湖凯奥尔环保科技有限公司、科创聚合物(苏州)有限公司、深圳市科聚新材料有限公司、中国石油化工股份有限公司、天津德凯化工股份有限公司、东莞市信诺橡塑工业有限公司、青岛大都新材料科技有限公司、浙江大学、南通中蓝工程塑胶有限公司、常熟市蓝田新材料科技有限公司

4.1.5 国外主要申请人

General Electric Company, Sumitomo Chemical Company, Limited, BASF SE, Mitsubishi Gas Chemical Company,Inc., Saudi Basic Industries Corporation, Mitsubishi Chemical Holdings Corp., Eastman Chemical Company, Evonik Industries AG, Asahi Kasei Corporation, Panasonic Corporation, Royal Dutch Shell plc, The Dow Chemical Company, Cheil Industries Inc., Toray Industries, Inc., Saudi Arabia Base

Creation Plastics IP Private Co, Idemitsu Kosan Co., Ltd., EniS.p.A., Solvay S.A., Kaneka Corporation

4.1.6　通用工程塑料专利检索表达式范例

1. 聚酰胺国内专利检索表达式

名称=(聚酰胺% or 聚醯胺% or 尼龙% or 'PA' or 'PA6' or 'PA66' or 'PA11' or 'PA12' or 'PA46' or 'PA610' or 'PA612' or 'PA1010' or 聚癸二酰癸二胺%) or 名称,摘要,主权项+=(聚酰胺% or 聚醯胺% or 尼龙% or 'PA' or 'PA6' or 'PA66' or 'PA11' or 'PA12' or 'PA46' or 'PA610' or 'PA612' or 'PA1010' or 聚癸二酰癸二胺%) and 主分类号,分类号+=('C08L77%' or 'C08L79/06')

2. 聚酰胺国外专利检索表达式

名称=('polyamide%' or 'nylon%' or 'low molecular weight%' or 'PA' or 'PA6' or 'PA66' or 'PA11' or 'PA12' or 'PA46' or 'PA610' or 'PA612' or 'PA1010') or 名称,摘要,主权项+=('polyamide%' or 'nylon%' or 'low molecular weight 65%' or 'PA' or 'PA6' or 'PA66' or 'PA11' or 'PA12' or 'PA46' or 'PA610' or 'PA612' or 'PA1010') and 主分类号,分类号+=('C08L77%' or 'C08L79/06')

3. 聚酰胺 innography 专利检索表达式

((IPC_C08L77 or C08L79/06) and @(abstract,claims,title) (polyamide or nylon or low molecular weight or PA or PA6 or PA66 or PA11 or PA12 or PA46 or PA610 or PA612 or PA1010)) or @title (polyamide or nylon or low molecular weight or PA or PA6 or PA66 or PA11 or PA12 or PA46 or PA610 or PA612 or PA1010)

4. 聚酰胺 innovation 专利检索表达式

(IC=(C08L77 or C08L79/06) and CTB=(polyamide or nylon or low molecular weight or PA or PA6 or PA66 or PA11 or PA12 or PA46 or PA610 or PA612 or PA1010)) or TI=(polyamide or nylon or low molecular weight or PA or PA6 or PA66 or PA11 or PA12 or PA46 or PA610 or PA612 or PA1010)

5. 聚苯醚国内专利检索表达式

名称=(聚苯醚% or 聚亚苯基氧化物% or 聚苯撑醚% or 聚%二甲基%苯醚% or 'PPO' or 'PPE') or 名称,摘要,主权项+=(聚苯醚% or 聚亚苯基氧化物%

or 聚苯撑醚% or 聚%二甲基%苯醚% or 'PPO' or 'PPE') and 主分类号,分类号+=('C08L71%' or 'C08G65%')

6. 聚苯醚国外专利检索表达式

名称=('Polyphenylene Oxide%' or 'Polyphenylene-Oxide%' or 'Polyphenylene ether%' or 'polyphenylene-ether%' or 'PPO' or 'PPE') or 名称,摘要,主权项+=('polyphenylene oxide%' or 'oolyphenylene-oxide%' or 'polyphenylene ether%' or 'polyphenylene-ether%' or 'PPO' or 'PPE') and 主分类号,分类号+=('C08L71%' or 'C08G65%')

7. 聚苯醚innography专利检索表达式

((IPC_C08L71 or C08G65) and @(abstract,claims,title) (polyphenylene oxide or polyphenylene-oxide or polyphenylene ether or polyphenylene-ether or PPO or PPE)) or @title (polyphenylene oxide or polyphenylene-oxide or polyphenylene ether or polyphenylene-ether or PPO or PPE)

8. 聚苯醚innovation专利检索表达式

(IC=(C08L77 or C08L79/06B) and CTB=(polyphenylene oxide or polyphenylene-oxide or polyphenylene ether or polyphenylene-ether or PPO or PPE)) or TI=(polyphenylene oxide or polyphenylene-oxide or polyphenylene ether or polyphenylene-ether or PPO or PPE)

4.2 特种工程塑料

4.2.1 该领域主要涉及分类号

4.2.1.1 IPC分类号

B01D71/68 主链上有硫的,有或没有氮、氧或只有碳的聚合物,聚砜;聚醚砜

B01D71/64 分离;聚酰亚胺;聚酰胺—酰亚胺;聚酯—酰亚胺;聚酰胺酸或类似的聚酰亚胺产物母体

C08G75/20 在高分子主链中,由形成含硫的键合,有或没有氮、氧,或碳键合反应得到的高分子化合物,聚砜

C08G73 用碳—碳不饱和键意外的反应得到的高分子化合物

C08G73/10 用碳—碳不饱和键意外的反应得到的高分子化合物；聚酰亚胺；聚酰胺—酰亚胺；聚酯—酰亚胺；聚酰胺酸或类似的聚酰亚胺产物母体

C08L81/06 由只在主链中形成含硫的，有或没有氮、氧或碳键的反应得到的高分子化合物的组合物；聚砜的组合物；此种聚合物的衍生物的组合物，聚砜；聚醚砜

C08L79 高分子化合物的组合物，不包括在61/00~77/00组内的，由只在主链中形成含氮的，有或没有氧或碳键的反应得到的高分子化合物的组合物

C08L79/08 高分子化合物的组合物，不包括在61/00~77/00组内的，由只在主链中形成含氮的，有或没有氧或碳键的反应得到的高分子化合物的组合物；聚酰亚胺；聚酯—酰亚胺；聚酰胺—酰亚胺；聚酰胺酸或类似的聚酰亚胺母体

4.2.1.2　DWPI 手工分类代码

A12W11A Reverse osmosis; semi-permeablemembranes , including ultrafilters

A05J06 Polysulphones all types including polyetherscontaining sulphone group (s) from198 (6 For earlier references see A05-H07)

J01C03 Semi-permeable membraneseparation processes

4.2.2　中文关键词

聚苯硫醚、聚砜、聚芳砜、聚对苯酰胺、聚醚酰亚胺、PSF、PSU、热塑性树脂、聚醚砜、聚芳酯、工程塑料、琥珀色、聚合物、刚性、高温、耐磨、高强度、改性、ABS、聚酰亚胺、聚醚醚酮、氟塑料、冲击强度、电镀性、静态符合、介电常数、电阻、电镀、耐蒸汽、耐水解、无毒、特种塑料、特种工程、超级工程、热塑性、树脂、金属纤维、滑石、高岭土、碳酸钙、二氧化硅、二硫化钼、熔体、黏度、注塑、模压、热成型、注射、碳氢化合物、碳纤维

4.2.3 英文关键词

polyphenylene sulfide, polysulfone, polyaryl sulfone, polyparaphenylene amides, polyetherimides, PSF, PSU, a thermoplastic resin, polyether sulfone, polyarylate, plastic, amber, polymers, rigid, high temperature, wear resistance, high strength, modified, ABS, polyimide, polyether ether ketone, fluorine plastic, impact strength, plating resistance, static in line, the dielectric constant, resistance, plating resistance, steam, water resistance, non-toxic, specialty plastics, special engineering, super engineering thermoplastic, resin, metal fiber, talc, kaolin, calcium carbonate, silica, molybdenum disulfide, melt viscosity, injection, molding, thermoforming, injection, hydrocarbons, carbon fiber

4.2.4 国内主要申请人

上海大学、天津大学、东华大学、上海工程技术大学、东莞市美林家具有限公司、清华大学、浙江大学、中国科学院大连化学物理研究所、中科院广州化学有限公司、上海特安纶纤维有限公司、上海理工大学、青岛精益信电子技术有限公司、杭州水处理技术研究开发中心有限公司、河海大学、中国科学院广州化学研究所、中国科学院生态环境研究中心、中国科学院长春应用化学研究所、北京工业大学、华东理工大学、南陵富春仿制有限公司

4.2.5 国外主要申请人

Sumitomo Chemical Company, Limited, General Electric Company, Sanofi SA, The Dow Chemical Company, Solvay S.A., Toray Industries, Inc., Toyobo Co., Ltd., Daicel Corporation, Universitaet Stuttgart, BASF SE, Victrex plc, Akzo Nobel N.V., Bayer AG, Asahi Kasei Corporation, Mitsui Chemicals, Inc., Baxter International Inc., Kuraray Co., Ltd., Teijin Limited, Albany International Corp.

4.2.6 特种工程塑料专利检索表达式范例

1. 聚砜国内专利检索表达式

名称=(聚砜% or 'PSF' or 'PSU') or (名称,摘要,主权项+=(聚砜% or 'PSF' or 'PSU') and 主分类号,分类号+=('C08G75/20' or 'B01D71/68' or 'C08L81/06')) or 主分类号=('C08G75/20' or 'B01D71/68')

2. 聚砜国外专利检索表达式

名称=('Polysulfone%' or 'PSF' or 'PSU') or (名称,摘要,主权项+=('polysulfone%' or 'PSF' or 'PSU') and 主分类号,分类号+=('C08G75/20' or 'B01D71/68' or 'C08L81/06')) or 主分类号=('C08G75/20' or 'B01D71/68')

3. 聚砜 innography 专利检索表达式

(IPC_C08G75/20 or B01D71/68) or ((IPC_C08G75/20 or B01D71/68 or C08L81/06) and @(abstract,claims,title)(polysulfone or PSF or PSU)) or @title (polysulfone or PSF or PSU)

4. 聚砜 innovation 专利检索表达式

IC=(C08G75/20 or B01D71/68) or (IC=(C08G75/20 or B01D71/68 or C08L81/06) and CTB=(polysulfone or PSF or PSU)) or TI=(polysulfone or PSF or PSU)

5. 聚酰亚胺国内专利检索表达式

名称=(聚酰亚胺% or 聚醯亚胺% or 聚亚醯胺% or 'PI') or 名称,摘要,主权项+=(聚酰亚胺% or 聚醯亚胺% or 聚亚醯胺% or 'PI') and 主分类号,分类号+=('C08L79%' or 'C08G73%') or 主分类号=('C08G73/10' or 'C08L79/08')

6. 聚酰亚胺国外专利检索表达式

名称=('polyimide%' or 'PI' or 'Kapton%') or 名称,摘要,主权项+=('polyimide%' or 'PI' or 'Kapton%') and 主分类号,分类号+=('C08L79%' or 'C08G73%') or 主分类号=('C08G73/10' or 'C08L79/08')

7. 聚酰亚胺 innography 专利检索表达式

(IPC_C08G73/10 or C08L79/08) or ((IPC_C08L79 or C08G73) and @(abstract, claims,title) (polyimide or PI or Kapton)) or @title (polyimide or PI or Kapton)

8. 聚酰亚胺 innovation 专利检索表达式

IC=(C08G73/10 or C08L79/08) or (IC=(C08L79 or C08G73) and CTB=(polyimide or PI or Kapton)) or TI=(polyimide or PI or Kapton)

第五章　超导材料产业

超导材料,是指在超导态时具有超导电性的材料。超导电性是指物质在超导态时(一般为温度接近绝对零度时)具有的性质,此时物体分子热运动几乎消失,材料的电阻趋近于零,而物质达到超导态的温度则称为该物质的临界温度。超导材料具有零电阻和抗磁性的特性:①超导材料在处于超导态时电阻为零,从而能够实现电能传输的零损耗;②超导材料处于超导态时还具有抗磁性,即只要外加磁场不超过一定值,磁力线不能透入,超导材料内的磁场恒为零。由于超导材料达到超导态的条件过于苛刻,使得超导材料只能存在于实验室中。但近年来,由于科学家们不断努力提高超导材料的临界温度即临界温度达到液氮温度,产生了一系列"高温"超导材料,使得超导材料逐步从实验室走向应用。

目前,超导材料的用途非常广阔,大致可分为三类:大电流应用(强电应用)、电子学应用(弱电应用)和抗磁性应用。大电流应用即超导发电、输电和储能;电子学应用包括超导计算机、超导天线、超导微波器件等;抗磁性主要应用于磁悬浮列车和热核聚变反应堆等。

新材料产业是宁波市"十二五"重点发展的战略新兴产业之一,超导材料是一种前沿新材料,因此也受到高度关注。故本书将其作为研究对象,确定了低温超导材料和高温超导材料领域的关键词、分类号、主要申请人等检索要素,并编制了相关的专利检索表达式作为范例供读者参考。

5.1　超导材料

5.1.1　该领域主要涉及分类号

5.1.1.1　IPC分类号

H01B12 超导或高导导体、电缆或传输线

H01L39 应用超导电性的或高导电性的器件,专门使用与制造或处理这些器件或其部件的方法或设备

H01L27/18 包括有呈现超导电性的组件的

H01R4/68 两个或两个以上导电部件之间直接接触(即互相接触)的导电连接;用于实现或维持该连接的装置;具有用于导体的两个或两个以上分开连接位置并使用贯穿绝缘接触部件的导电连接,按接触件的形状或材料区分的,与超导体的连接或超导体之间的连接

5.1.1.2　DWPI 手工分类代码

L03A01C Superconductors

T01-M06E superconductor system

U11-D02C cryogenic—for photodetector or superconductor electronics

X12-G02G superconductor cable connector/fitting

5.1.2　中文关键词

超导、材料、超导体、低温、电阻、排斥、磁力、元素、合金、化合物、零电阻、抗磁性、临界、温度、磁场、正常态、超导态、同位素、质量、效应、界面剂、承载、电流、密度、参量、新型、氧化物、陶瓷、谐振、交流、电力、电缆、特性、磁阻、霍尔、涨落、相变、载流子、能带、半导体、晶体、动量、量子尺寸、量子限域、界面、化学键、角动量、自旋、中子源、同步、加速器、凝聚、磁化、纳米

5.1.3　英文词汇

superconducting, materials, superconductors, low temperature, resistance, exclusion, magnetic elements, alloys, compounds, zero resistance, anti-magnetic, the critical temperature, magnetic field, the normal state and the superconducting state, isotope, quality, effects, interface agent, carrying, current density, parameters, new, oxides, ceramics, resonant, AC, power, cable, characteristics, magnetoresistive, hall, fluctuations, phase transition, the carrier, band, semiconductors, crystals, momentum, quantum size, quantum confinement, interface, bond, angular momentum, the spin, the neutron source, synchronous, accelerators, cohesion, magnetic, nano

5.1.4 国内主要申请人

中国科学院电工研究所、西南交通大学、西北有色金属研究所、北京有色金属研究总院、中国科学院物理研究所、清华大学、中国科学院等离子体物理研究所、华中科技大学、北京云电英纳超导电缆有限公司、中国科学院上海微系统与信息技术研究所、上海交通大学、江苏旌凯中科超导高技术有限公司、北京工业大学、北京英纳超导技术有限公司、上海大学、南京大学、云南电力试验研究所(集团)有限公司电力研究院、电子科技大学、中国科学院高能物理研究所、西部超导材料科技股份有限公司

5.1.5 国外主要申请人

Sumitomo Electric Industries, Ltd. , Hitachi, Ltd. , Siemens AG , Toshiba Corporation , The Furukawa Electric Co., Ltd. , Panasonic Corporation , Fujikura Ltd. , American Superconductor Corporation , Mitsubishi Electric Corporation , Sanofi SA , Nexans SA , ABB Ltd , International Business Machines Corp. , E.I. du Pont de Nemours & Company , General Electric Company , Superconductor Technologies, Inc. , Fujitsu Limited , NEC Corporation , Mitsubishi Materials Corporation

5.1.6 超导材料产业专利检索表达式范例

5.1.6.1 超导材料国内专利检索表达式范例

名称=((超导% and (材料% or 体%)) or 超导体% or 超导材料%) or (名称,摘要,主权项+=(超导% or 超导体% or 超导材料%) and 主分类号,分类号+=('H01B12%' or 'H01F36%' or 'H01L39%' or 'H01L27/18' or 'H01R4/68')) or 名称,摘要,主权项+=((超导% and零电阻%) or (超导% and 抗磁性%))

5.1.6.1 超导材料国外专利检索表达式范例

名称='superconductor%' or (名称,摘要,主权项+=('superconductor%' or 'LTS' or 'LTSC') and 主分类号,分类号+=('H01B12%' or “H01F36%” or 'H01L39%' or 'H01L27/18' or “H01R4/68”)) or 名称,摘要,主权项+=((superconductor% andZero resistance) or (superconductor% and diamagnetic%))

5.1.6.3 超导材料产业 **innography** 专利检索表达式

((IPC_H01B12 or H01F36 or H01L39 or H01L27/18 or H01R4/68) and @(abstract,claims,title) (superconductor)) or @title (superconductor) or @(abstract,claims,title)((superconductor and zero resistance) or (superconductor and diamagnetic))

5.1.6.4 超导材料产业 **innovation** 专利检索表达式

(IC=(H01B12 or H01F36 or H01L39 or H01L27/18 or H01R4/68) and CTB=(superconductor)) or TI=(superconductor) or CTB=((superconductor and zero resistance) or (superconductor and diamagnetic))

第三部分　新能源产业

第六章　风力发电产业

风力发电产业是指通过风力发电机将风能转换成机械能，从而再转换成电能的活动及生产、制造风力发电技术装备的活动等。风能，属于可再生能源、清洁能源。大力发展可再生能源、清洁能源已成为世界各国的战略选择，各国正纷纷采取激励措施推动本国风力发电产业的发展，这对于增加能源供应、调整能源结构、保护生态环境、实现能源工业可持续发展具有重要意义。我国在风力发电产业领域也已经发展了很多年。2006年1月1日国家正式实施了《可再生能源法》，制定了鼓励风电发展的分区域电价、费用分摊、优先并网等政策措施，建立了促进风电发展的政策体系，并组织了风能资源评价、风电特许权招标、海上风电示范项目建设，积极促进了风力发电产业的发展，推动了风力发电技术的快速进步。我国的风力发电产业逐步呈现成本大幅降低、技术装备国产化比例提高、海上风力发电兴起、风力发电机组大型化发展等趋势，前景良好。

风力发电技术装备是风力发电产业的重要组成部分，也是风力发电产业发展的基础和保障。一套完整的风力发电系统大致可包括风力发电机组、风力发电配套、风力发电控制系统等。

"十二五"期间，宁波市将新能源产业列为战略新兴产业予以重点关注和发展，作为新能源产业的重要组成部分，风力发电技术领域同样受到关注。故本书将其列为研究对象，确定了关键词、分类号、主要申请人等检索要素，编制了风力发电机组、风力发电配套、风力发电控制系统的专利检索表达式作为范例供读者参考。

6.1　风力发电机

6.1.1　该领域主要涉及分类号

6.1.1.1　IPC分类号

F03D1 具有基本上与风向一致的旋转轴线的风力发动机

F03D3 具有基本上与风向成直角的旋转轴线的风力发动机

F03D5 其他风力发动机

6.1.1.2　DWPI手工分类代码

X15-B wind power

X15-B09 other wind power aspects

X16-G02C2 wind power driven

6.1.2　中文关键词

风力、风能、装置、设备、机、系统、发电、转换、变换、转化、转变、发电机、涡轮机、双馈、双感应、直接驱动、直驱、无齿轮箱、齿轮箱、无齿轮、齿轮、液压、垂直、水平、装配、轴承、翼板、变换器、机舱

6.1.3　英文关键词

windenergy, wind energy, wind-energy, windpower, wind power, wind-power, windforce, wind force, wind-force, wind, device, unit, equipment, installation, plant, apparatus, machine, system, furnish power, power generation, generate electricity, yield electricity, conversion, convert, transform, alternator, electric generator, turbomachine, turbo- machine, turbo machine, turbine, horiaontal, assemble, bearing, wing, converter, nacelle

6.1.4 国内主要申请人

国电联合动力技术有限公司、维斯塔斯风力系统有限公司、华锐风电科技(集团)股份有限公司、广东明阳风电产业集团有限公司、北京金风科创风电设备有限公司、国家电网公司、无锡同春新能源科技有限公司、歌美飒创新技术公司、南车株洲电力机车研究所有限公司、苏州能健电器有限公司、新疆金风科技股份有限公司、东南大学、上海万德风力发电股份有限公司、湘电风能有限公司、东方电器集团东方汽轮机有限公司、华北电力大学、国电联合动力技术(连云港)有限公司、上海电器风电设备有限公司、上海电机学院

6.1.5 国外主要申请人

Suzlon Energy Limited, Skysails GmbH Co. KG, Hamburg, De, Mitsubishi Heavy Industries, Ltd., Nordex SE4ER, Wolf John Van Der, Motoyama C & Rkk2, CAS Co., Ltd., SENVION SE, 2—B Energy Holding B.V., Canyon West Energy, LLC2LCC, Turbostar, Inc.

6.1.6 风力发电机专利检索表达式范例

6.1.6.1 双馈式风力发电机国内专利检索表达式

(名称=(风力% or 风能%) and (名称=(装置% or 设备% or 机% or 系统%) or 摘要=(装置% or 设备% or 机% or 系统%) or 主权项=(装置% or 设备% or 机% or 系统%)) and (名称=(发电% or 转换% or 变换% or 转化% or 转变%') or 摘要=(发电% or 转换% or 变换% or 转化% or 转变%) or 主权项=(发电% or 转换% or 变换% or 转化% or 转变%)) or 名称=(发电机% or 涡轮机%) and (名称=(风力% or 风能%) or 摘要=(风力% or 风能%) or 主权项=(风力% or 风能%)) or 主分类号,分类号+=(F03D%) and (名称=(双馈% or 双感应馈电%) or 摘要=(双馈% or 双感应馈电%) or 主权项=(双馈% or 双感应馈电%))

6.1.6.2 双馈式风力发电机国外专利检索表达式

(名称=(windenergy% or 'wind energy%' or 'wind-energy%' or windpower% or 'wind power%' or 'wind-power%' or windforce% or 'wind force%' or 'wind-force%' or wind% and (energy% or power% or force%)) and (名称=(device% or unit% or equipment% or installation% or plant% or apparatus% or machine% or system%) or 摘要=(device% or unit% or equipment% or installation% or plant% or apparatus% or machine% or system%) or 主权项=(device% or unit% or equipment% or installation% or plant% or apparatus% or machine% or system%)) and (名称=('furnish power%' or 'power generation%' or 'generate electricity%' or 'yield electricity%' or conversion% or convert% or transform%) or 摘要=('furnish power%' or 'power generation%' or 'generate electricity%' or 'yield electricity%' or conversion% or convert% or transform%) or 主权项=('furnish power%' or 'power generation%' or 'generate electricity%' or 'yield electricity%' or conversion% or convert% or transform%)) or 名称=('alternator%' or 'electric generator%' orturbomachine% or 'turbomachine%' or 'turbo machine%' or turbine%) and (名称=(windenergy% or 'wind energy%' or 'wind-energy%' or windpower% or 'wind power%' or 'wind-power%' or windforce% or 'wind force%' or 'wind-force%' or wind% and (energy% or power% or force%)) or 摘要=(windenergy% or 'wind energy%' or 'wind-energy%' or windpower% or 'wind power%' or 'wind-power%' or windforce% or 'wind force%' or 'wind-force%' or wind% and (energy% or power% or force%)) or 主权项=(windenergy% or 'wind energy%' or 'wind-energy%' or 'windpower%' or 'wind power%' or 'wind-power%' or windforce% or 'wind force%' or 'wind-force%' or wind% and (energy% or power% or force%))) or 主分类号,分类号+=(F03D%) and (名称=('Double-fed% or 'Double fed%' or DFIG% or 'doubly fed%' or 'doubly-fed%') or 摘要=('Double-fed%' or 'Double fed%' or DFIG% or 'doubly fed%' or 'doubly-fed%') or 主权项=('Double-fed%' or 'Double fed%' or 'DFIG%' or 'doubly fed%' or 'doubly-fed%'))

6.1.6.3　双馈式风力发电机 innography 专利检索表达式

(IPC_F03D%) and @(abstract,claims,title) (double% or double-fed% or double fed% or DFIG% or doubly fed% or doubly-fed%) or @(abstract,claims,title) ((wind% or windenergy% or wind energy% or wind-energy% or windpower% or wind power% or wind-power% or windforce% or wind force% or wind-force% or wind%) and (device% or unit% or equipment% or installation% or plant% or apparatus% or machine% or system%) and (double% or double-fed% or double fed% or DFIG% or doubly fed% or doubly-fed%))

6.1.6.4 双馈式风力发电机innovation专利检索表达式

IC=(F03D) AND CTB=(double or double-fed or double fed or DFIG or doubly fed or doubly-fed) or CTB=((wind or windenergy or wind energy or wind-energy or windpower or wind power or wind-power or windforce or wind force or wind-force or wind) and (device or unit or equipment or installation or plant or apparatus or machine or system) and (double or double-fed or double fed or DFIG or doubly fed or doubly-fed))

6.1.6.5 直驱式风力发电机国内专利检索表达式

(名称=(风力% or 风能%) and (名称=(装置% or 设备% or 机% or 系统%) or 摘要=(装置% or 设备% or 机% or 系统%) or 主权项=(装置% or 设备% or 机% or 系统%)) and (名称=(发电% or 转换% or 变换% or 转化% or 转变%) or 摘要=(发电% or 转换% or 变换% or 转化% or 转变%) or 主权项=(发电% or 转换% or 变换% or 转化% or 转变%)) or 名称=(发电机% or 涡轮机%) and (名称=(风力% or 风能%) or 摘要=(风力% or 风能%) or 主权项=(风力% or 风能%)) or 主分类号,分类号+=(F03D%) and (名称=(直接驱动% or 直驱% or 无齿轮箱% or 没有% and 齿轮箱% or 免% and 齿轮箱% or 无齿轮% or 免% and 齿轮% or 没有% and 齿轮%) or 摘要=(直接驱动% or 直驱% or 无齿轮箱% or 没有% and 齿轮箱% or 免% and 齿轮箱% or 无齿轮% or 免% and 齿轮% or 没有% and 齿轮%) or 主权项=(直接驱动% or 直驱% or 无齿轮箱% or 没有% and 齿轮箱% or 免% and 齿轮箱% or 无齿轮% or 免% and 齿轮% or 没有% and 齿轮%))

6.1.6.6 直驱式风力发电机国外专利检索表达式

(名称=(windenergy% or 'wind energy%' or 'wind-energy%' or windpower% or 'wind power%' or 'wind-power%' or 'windforce%' or 'wind force%' or 'wind-force%'

or wind% and (energy% or power% or force%)) and (名称=(device% or unit% or equipment% or installation% or plant% or apparatus% or machine% or system%) or 摘要=(device% or unit% or equipment% or installation% or plant% or apparatus% or machine% or system%) or 主权项=(device% or unit% or equipment% or installation% or plant% or apparatus% or machine% or system%)) and (名称=('furnish power%' or 'power generation%' or 'generate electricity%' or 'yield electricity%' or conversion% or convert% or transform%) or 摘要=('furnish power%' or 'power generation%' or 'generate electricity%' or 'yield electricity%' or conversion% or convert% or transform%) or 主权项=('furnish power%' or 'power generation%' or 'generate electricity%' or 'yield electricity%' or conversion% or convert% or transform%)) or 名称=(alternator% or 'electric generator%' or turbomachine% or 'turbomachine%' or 'turbo machine%' or turbine%) and (名称=(windenergy% or 'wind energy%' or 'wind-energy%' or windpower% or 'wind power%' or 'wind-power%' or windforce% or 'wind force%' or 'wind-force%' or wind% and (energy% or power% or force%)) or 摘要=(windenergy% or 'wind energy%' or 'wind-energy%' or windpower% or 'wind power%' or 'wind-power%' or windforce% or 'wind force%' or 'wind-force%' or wind% and (energy% or power% or force%)) or 主权项=('windenergy%' or 'wind energy%' or 'wind-energy%' or 'windpower%' or 'wind power%' or 'wind-power%' or 'windforce%' or 'wind force%' or 'wind-force%' or wind% and (energy% or power% or force%))) or 主分类号,分类号+=(F03D%) and (名称=('direct-drive%' or 'direct drive%' or 'directdrive%' or 'direct driving%' or 'direct-driving%' or 'Directly Driven%' or 'Directly-Driven%' or gearless%) or 摘要=('direct-drive%' or 'direct drive%' or directdrive% or 'direct driving%' or 'direct-driving%' or 'Directly Driven%' or 'Directly-Driven%' or 'gearless%') or 主权项=('direct-drive%' or 'direct drive%' or directdrive% or 'direct driving%' or 'direct-driving%' or 'Directly Driven%' or 'Directly-Driven%' or gearless%))

6.1.6.7 直驱式风力发电机innography专利检索表达式

(IPC_F03D%) and @(abstract,claims,title) (direct-drive% or direct drive% or directdrive% or direct driving% or direct-driving% or directly driven% or directly-driven% or gearless%) or @(abstract,claims,title) ((wind% or windenergy% or wind energy% or wind-energy% or windpower% or wind power% or wind-power% or windforce% or wind force% or wind-force% or wind%)and (device% or unit% or equipment% or installation% or plant% or apparatus% or machine% or system%) and (direct-drive% or direct drive% or directdrive% or direct driving% or direct-driving% or directly driven% or directly-driven% or gearless%))

6.1.6.8 直驱式风力发电机innovation专利检索表达式

IC=(F03D) and CTB=(direct-drive or direct drive or directdrive or direct driving or direct-driving or directly driven or directly-driven or gearless) orCTB=((wind or windenergy or wind energy or wind-energy or windpower or wind power or windpower or windforce or wind force or wind-force or wind)and (device or unit or equipment or installation or plant or apparatus or machine or system) and (direct-drive or direct drive or directdrive or direct driving or direct-driving or directly driven or directly-driven or gearless));

6.2 风力发电配套

6.2.1 该领域主要涉及分类号

6.2.1.1 IPC分类号

F03D9 特殊用途的风力发动机;风力发动机与受它驱动的装置的组合

F03D11 不包含在本小类其他组中或与本小类其他组无关的零件、部件或附件

F03D5 其他风力发动机

6.2.1.2 DWPI手工分类代码

X15-B wind power

X15-B09 other wind power aspects

X16-G02C2 wind power driven

6.2.2　中文关键词

风力、风能、装置、设备、机、系统、发电、转换、变换、转化、转变、发电机、涡轮机、双馈、双感应、直接驱动、直驱、无齿轮箱、齿轮箱、无齿轮、齿轮、液压、叶片、桨、机舱、底盘、底座、基座、主轴、回转支承、转盘轴承、旋转支承、回旋支承、轮毂

6.2.3　英文关键词

windenergy, wind energy, wind-energy, windpower, wind power, wind-power, windforce, wind force, wind- force, wind, device, unit, equipment, installation, plant, apparatus, machine, system, furnish power, power generation, generate electricity, yield electricity, conversion, convert, transform, alternator, electric generator, turbomachine, turbo-machine, turbo machine, turbine, nacelle, cabin, chassis, underframe, under frame, under-frame, base plate, baseplate, Base Frame, Base-Frame, principal axis, mainshaft, main shaft, main- shaft, spindle, shaft, slewing bearing, slewing ring, hub, wheel-boss

6.2.4　国内主要申请人

维斯塔斯风力系统有限公司、国电联合动力技术有限公司、苏州能健电气有限公司、华锐风电科技(集团)股份有限公司、南京高速齿轮制造有限公司、广东明阳风电产业集团有限公司、LM玻璃纤维制品有限公司、北京金风科创风电设备有限公司、上海艾郎风电科技发展有限公司、南车株洲电力机车研究所有限公司、歌美飒创新技术公司、济南轨道交通装备有限责任公司、中国科学院工程热物理研究所、沈阳瑞祥风能设备有限公司、连云港中复连众复合材料集团有限公司、国电联合动力技术(连云港)有限公司、国家电网公司、东方电器集团东方汽轮机有限公司、北车风电有限公司、上海电气风电设备有限公司

6.2.5　国外主要申请人

Vestas Wind Systems A/S, General Electric Company, Siemens AG, Mitsubishi

Heavy Industries, Ltd., Guodian United Power Technology Co., Ltd., Sinovel Wind Co., Ltd., Robert Bosch GMBH, Suzlon Energy Limited, Gamesa Innovation & Tech Sl, Hansen Transmissions Int, Zeppelin GMBH, Sany Group Co., Ltd., Kite Gen, Research S.R.I., National Wind Energy Co Ltd., IMO Holding GMBH, WobbenAloys,

6.2.6 风力发电机专利检索表达式范例

6.2.6.1 轮毂国内专利检索表达式

(名称=(风力% or 风能%) and (名称=(装置% or 设备% or 机% or 系统%) or 摘要=(装置% or 设备% or 机% or 系统%) or 主权项=(装置% or 设备% or 机% or 系统%)) and (名称=(发电% or 转换% or 变换% or 转化% or 转变%) or 摘要=(发电% or 转换% or 变换% or 转化% or 转变%) or 主权项=(发电% or 转换% or 变换% or 转化% or 转变%)) or 名称=(发电机% or 涡轮机%) and (名称=(风力% or 风能%) or 摘要=(风力% or 风能%) or 主权项=(风力% or 风能%)) or 主分类号,分类号+=(F03D%) and 名称=(轮毂%)

6.2.6.2 轮毂国外专利检索表达式

(名称=(windenergy% or 'wind energy%' or 'wind-energy%' or windpower% or 'wind power%' or 'wind-power%' or 'windforce%' or 'wind force%' or 'wind-force%' or wind% and (energy% or power% or force%)) and (名称=(device% or unit% or equipment% or installation% or plant% or apparatus% or machine% or system%) or 摘要=(device% or unit% or equipment% or installation% or plant% or apparatus% or machine% or system%) or 主权项=(device% or unit% or equipment% or installation% or plant% or apparatus% or machine% or system%)) and (名称=('furnish power%' or 'power generation%' or 'generate electricity%' or 'yield electricity%' or conversion% or convert% or transform%) or 摘要=('furnish power%' or 'power generation%' or 'generate electricity%' or 'yield electricity%' or conversion% or convert% or transform%) or 主权项=('furnish power%' or 'power generation%' or 'generate electricity%' or 'yield electricity%' or conversion% or convert% or transform%)) or 名称=(alternator% or 'electric generator%' or turbomachine% or 'turbo-machine%' or 'turbo machine%' or turbine%) and (名称=(windenergy% or 'wind energy%' or 'wind-energy%' or windpower% or 'wind power%' or 'wind-power%' or windforce% or 'wind force%' or 'wind-force%' or wind% and (energy% or power% or force%)) or 摘要=(windenergy% or 'wind energy%' or 'wind-energy%' or windpower% or 'wind power%' or 'wind-power%' or windforce% or 'wind force%' or 'wind-force%' or wind% and (energy% or power% or force%)) or 主权项=(windenergy% or 'wind energy%' or 'wind-energy%' or windpower% or 'wind power%' or 'wind-power%' or windforce% or 'wind force%' or 'wind-force%' or wind% and (energy% or power% or force%))) or 主分类号,分类号+=(F03D%) and 名称=(hub% or 'wheel-boss%' or 'wheel boss%' or wheelboss%)

6.2.6.3　轮毂innography专利检索表达式

(IPC_F03D%) and @(abstract,claims,title)(hub% or wheel−boss% or wheel boss% or wheelboss%) or @(abstract,claims,title)((wind% or windenergy% or wind energy% or wind-energy% or windpower% or wind power% or wind-power% or windforce% or wind force% or wind-force% or wind%) and (device% or unit% or equipment% or installation% or plant% or apparatus% or machine% or system%) and (hub% or wheel-boss% or wheel boss% or wheelboss%))

6.2.6.4　轮毂innovation专利检索表达式

IC=(F03D) and CTB=(hub or wheel-boss or wheel boss or wheelboss) or CTB=((wind or windenergy or wind energy or wind-energy or windpower or wind power or wind-power or windforce or wind force or wind-force or wind) and (device or unit or equipment or installation or plant or apparatus or machine or system) and (hub or wheel-boss or wheel boss or wheelboss))

6.2.6.5　叶片国内专利检索表达式

(名称=(风力% or 风能%) and (名称=(装置% or 设备% or 机% or 系统%) or 摘要=(装置% or 设备% or 机% or 系统%) or 主权项=(装置% or 设备% or 机% or 系统%’)) and (名称=(发电% or 转换% or 变换% or 转化% or 转变%)

or 摘要=(发电% or 转换% or 变换% or 转化% or 转变%) or 主权项=(发电% or 转换% or 变换% or 转化% or 转变%)) or 名称=(发电机% or 涡轮机%) and (名称=(风力% or 风能%) or 摘要=(风力% or 风能%) or 主权项=(风力% or 风能%)) or 主分类号,分类号+=(F03D%) and 名称=(叶片% or 桨%)

6.2.6.6 叶片国外专利检索表达式

(名称=(windenergy% or 'wind energy%' or 'wind-energy%' or windpower% or 'wind power%' or 'wind-power%' or windforce% or 'wind force%' or 'wind-force%' or wind% and (energy% or power% or force%)) and (名称=(device% or unit% or equipment% or installation% or plant% or apparatus% or machine% or system%) or 摘要=(device% or unit% or equipment% or installation% or plant% or apparatus% or machine% or system%) or 主权项=(device% or unit% or equipment% or installation% or plant% or apparatus% or machine% or system%)) and (名称=('furnish power%' or 'power generation%' or 'generate electricity%' or 'yield electricity%' or conversion% or convert% or transform%) or 摘要=('furnish power%' or 'power generation%' or 'generate electricity%' or 'yield electricity%' or conversion% or convert% or transform%) or 主权项=('furnish power%' or 'power generation%' or 'generate electricity%' or 'yield electricity%' or conversion% or convert% or transform%)) or 名称=(alternator% or 'electric generator%' or turbomachine% or 'turbo-machine%' or 'turbo machine%' or 'turbine%') and (名称=('windenergy%' or 'wind energy%' or 'wind-energy%' or windpower% or 'wind power%' or 'wind-power%' or windforce% or 'wind force%' or 'wind-force%' or wind% and (energy% or power% or force%)) or 摘要=(windenergy% or 'wind energy%' or 'wind-energy%' or 'windpower%' or 'wind power%' or 'wind-power%' or windforce% or 'wind force%' or 'wind-force%' or wind% and (energy% or power% or force%)) or 主权项=(windenergy% or 'wind energy%' or 'wind-energy%' or windpower% or 'wind power%' or 'wind-power%' or windforce% or 'wind force%' or 'wind-force%' or wind% and (energy% or power% or force%))) or 主分类号,分类号+=(F03D%) and 名称=(blade% or paddle%or vane% or oar%or propeller%)

6.2.6.7　叶片 **innography** 专利检索表达式

(IPC_F03D%) and @(abstract,claims,title) (blade% or paddle% or vane% or oar% or propeller%) or @(abstract,claims,title)((wind% or windenergy% or wind energy% or wind-energy% or windpower% or wind power% or wind-power% or windforce% or wind force% or wind-force% or wind%) and (device% or unit% or equipment% or installation% or plant% or apparatus% or machine% or system%) and (blade% or paddle% or vane% or oar% or propeller%))

6.2.6.8　叶片 **innovation** 专利检索表达式

IC=(F03D) AND CTB=(blade or paddle or vane or oar or propeller) orCTB= ((wind or windenergy or wind energy or wind-energy or windpower or wind power or wind-power or windforce or wind force or wind-force or wind) and (device or unit or equipment or installation or plant or apparatus or machine or system) and (blade or paddle or vane or oar or propeller))

6.3　风力发电控制系统

6.3.1　该领域主要涉及分类号

6.3.1.1　IPC 分类号

F03D7 风力发动机的控制

F03D9 特殊用途的风力发动机；风力发动机与受它驱动的装置的组合

F03D11 不包含在本小类其他组中或与本小类其他组无关的零件、部件或附件

6.3.1.2　DWPI 手工分类代码

X15-B wind power

X15-B09 other wind power aspects

X16-G02C2 wind power driven

6.3.2 中文关键词

风力、风能、装置、设备、机、系统、发电、转换、变换、转化、转变、发电机、涡轮机、双馈、底盘、底座、基座、主轴、回转支承、转盘轴承、旋转支承、回旋支承、控制、调节、操控

6.3.3 英文关键词

windenergy, wind energy, wind-energy, windpower, wind power, wind-power, windforce, wind force, wind- force, wind, energy, power, force, device, unit, equipment, installation, plant, apparatus, machine, system, furnish power, power generation, generate electricity, yield electricity, conversion, convert, transform, alternator, electric generator, turbomachine, turbo- machine, turbo machine, turbine, control, handle, operate, manipulate

6.3.4 国内主要申请人

国电联合动力技术有限公司、维斯塔斯风力系统集团公司、苏州能健电气有限公司、华锐风电科技(集团)股份有限公司、国家电网公司、天津市新源电气科技有限公司、东南大学、浙江大学、南车株洲电力机车研究所有限公司、三一电气有限责任公司、北京金风科创风电设备有限公司、南京航空航天大学、上海交通大学、新疆金风科技股份有限公司、华北电力大学、浙江运达风电股份有限公司、天津理工大学、沈阳瑞祥风能设备有限公司、许继集团有限公司、安徽蜂鸟电机有限公司

6.3.5 国外主要申请人

General Electric Company, Vestas Wind Systems A/S, Mitsubishi Heavy Industries, Ltd., Siemens AG, WobbenAloys, SENVION SE, Suzlon Energy Limited, Nordex SE, Wobben Properties GMBH, Gamesa Innovation & Tech S, United Technologies Corporation, Hitachi, Ltd., Alstom SA, Samsung Heavy Industries Co.,Ltd, Millskill Ltd., Robert Bosch GMBH, ABB Ltd,

6.3.6 风力发电控制系统专利检索表达式范例

6.3.6.1 风力控制系统国内专利检索表达式

(名称=(风力%or 风能%) and (名称=(装置% or 设备%or 机% or 系统%) or 摘要=(装置% or 设备% or 机% or 系统%) or 主权项=(装置%or 设备% or 机% or 系统%)) and (名称=(发电% or 转换% or 变换% or 转化% or 转变%) or 摘要=(发电% or 转换% or 变换% or 转化% or 转变%) or 主权项=(发电% or 转换% or 变换% or 转化% or 转变%)) or 名称=(发电机% or 涡轮机%) and (名称=(风力% or 风能%) or 摘要=(风力%or 风能%) or 主权项=(风力% or 风能%)) or 主分类号, 分类号+=(F03D%) and 名称=(控制%)

6.3.6.2 风力发电控制系统国外专利检索表达式

(名称=(windenergy% or 'wind energy%' or 'wind-energy%' or windpower% or 'wind power%' or 'wind-power%' or windforce% or 'wind force%' or 'wind-force%' or wind% and (energy% or power% or force%)) and (名称=(device% or unit% or equipment% or installation% or plant% or apparatus% or machine% or system%) or 摘要=(device% or unit% or equipment% or installation% or plant% or apparatus% or machine% or system%) or 主权项=(device% or unit% or equipment% or installation% or plant% or apparatus% or machine% or system%)) and (名称=('furnish power%' or 'power generation%' or 'generate electricity%' or 'yield electricity%' or conversion% or convert% or transform%) or 摘要=('furnish power%' or 'power generation%' or 'generate electricity%' or 'yield electricity%' or conversion% or convert% or transform%) or 主权项=('furnish power%' or 'power generation%' or 'generate electricity%' or 'yield electricity%' or conversion% or convert% or transform%)) or 名称=(alternator% or 'electric generator%' or turbomachine% or 'turbo-machine%' or 'turbo machine%' or turbine%) and (名称=(windenergy% or 'wind energy%' or 'wind-energy%' or windpower% or 'wind power%' or 'wind-power%' or windforce% or 'wind force%' or 'wind-force%' or wind% and (energy% or power% or force%)) or 摘要=(windenergy% or 'wind energy%' or 'wind-energy%' or windpower% or 'wind power%' or 'wind-power%' or 'windforce%' or 'wind force%' or 'wind-force%' or wind% and (energy% or power% or force%)) or 主权项=(windenergy% or 'wind energy%' or 'wind-energy%' or windpower% or 'wind power%' or 'wind-power%' or windforce% or 'wind force%' or 'wind-force%' or wind% and (energy% or power% or force%))) or 主分类号,分类号+=(F03D%) and 名称=(control%)

6.3.6.3 风力发电控制系统innography专利检索表达式

(IPC_F03D%) and @(abstract,claims,title)(control or handle or operate or manipulate) or @(abstract,claims,title)((wind% or windenergy% or wind energy% or wind-energy% or windpower% or wind power% or wind-power% or windforce% or wind force% or wind-force% or wind%) and (device% or unit% or equipment% or installation% or plant% or apparatus% or machine% or system%) and (control or handle or operate or manipulate))

6.3.6.4 风力发电控制系统innovation专利检索表达式

IC=(F03D) and CTB=(control or handle or operate or manipulate) or CTB=((wind or windenergy or wind energy or wind-energy or windpower or wind power or wind-power or windforce or wind force or wind-force or wind) and (device or unit or equipment or installation or plant or apparatus or machine or system) and (control or handle or operate or manipulate))

第七章　太阳能光伏产业

太阳能发电有两种方式，一种是光—热—电转换方式，另一种是光—电直接转换方式。光—热—电转换方式是利用太阳辐射产生的热能进行发电，但因为其效率很低而使得成本很高。我们平常所说的太阳能发电产业主要是指利用光伏效应，使太阳光照射到一种半导体上时产生电流直接进行发电的活动及生产、制造光伏产品的活动，又称光伏产业。

太阳能光伏产业作为新能源产业的重要代表，在我国发展迅速，《国家中长期科学和技术发展规划纲要(2006—2020年)》《国家“十一五”科学技术发展规划》《可再生能源“十一五”规划》中均部署了与发展太阳能光伏发电技术相关的重点及重大示范工程项目。目前，我国已逐步成长为国际新能源市场上举足轻重的力量和全球光伏产品的主要生产国，已形成了包括高纯多晶硅制造、硅锭/硅片生产、太阳能电池制造、光伏组件封装以及光伏系统应用等环节的产业链，光伏设备制造及一些光伏配套产业也得到了高速发展。

“十二五”期间，宁波市将新能源产业列为战略新兴产业予以重点关注和发展，故本书将太阳能光伏产业作为研究对象，确定了关键词、分类号、主要申请人等检索要素，编制了太阳能光伏电池材料、生产工艺、光伏发电配套设备，以及光伏产品在照明、交通设施、通讯设施中的应用的专利检索表达式作为范例供读者参考。

7.1　光伏电池材料

7.1.1　该领域主要涉及分类号

7.1.1.1　IPC分类号

C30B29/ 以材料或形状为特征的单晶或具有一定结构的均匀多晶材料

H01L31/ 对红外辐射、光、较短波长的电磁辐射，或微粒辐射敏感的，并且适用于把这样的辐射能转换为电能的，或者适用于通过这样的辐射进行电能控制的半导体器件；制造或处理这些半导体器件或其部件所特有的方法或设

备;这些半导体器件的零部件

H01M 用于直接转变化学能为电能的方法或装置,例如电池组

7.1.1.2 DWPI 手工分类代码

L03E05B Other direct energy conversion devices-solar cells

X15- A02A Single cellsIncludes photovoltaic or solar cells (see alsoU12- A02 codes) and their manufacture.

L04E15 Semiconductor memories

7.1.2 中文关键词

电源、太阳能、光伏、光致电压、电池、光电电池、光电池、太阳能板 、光电电源、光电转换、光电转化、砷化镓、硫化镉、铜铟硒、碲化镉、砷化铟、氮化镓、硒化镉、硒化锌、薄膜硅、单晶硅、非晶硅、纳米晶硅、单层薄膜、双层膜异质结型、混合异质结型

7.1.3 英文关键词

solar, photovoltaic, photo-voltaic, cell, battery, gaas, gallium arsenide, cds, cadmium sulfide, cuinse, cis, cdte, cadmium telluride, inas, gan, gallium nitride, cdse, cadmium selenide, znse, zinc selenide, si, silicon, singleayer, monolayer, double heterojunciton, bulk heterojunction

7.1.4 国内主要申请人

常州天合光能有限公司、吉富新能源科技(上海)有限公司、海洋王照明科技股份有限公司、苏州阿特斯阳光电力科技有限公司、深圳市海洋王照明技术有限公司、无锡尚德太阳能电力有限公司、英利能源(中国)有限公司、常州亿晶光电科技有限公司、三洋电机株式会社、比亚迪股份有限公司、彩虹集团公司、南开大学、深圳市海洋王照明工程有限公司、佳能株式会社、夏普株式会社、友达光电股份有限公司、成都聚合科技有限公司、山东力诺太阳能电力股份有限公司、阿特斯(中国)投资有限公司、清华大学

7.1.5 国外主要申请人

Sharp Corporation, Panasonic Corporation, Canon Inc., LG Electronics Inc., Hitachi, Ltd., Mitsubishi Electric Corporation, LG Innotek Co., Ltd., Kyocera Corporation, E.I. du Pont de Nemours & Company, Fuji Electric Holdings Co., Ltd., FUJIFILM Holdings Corp, Applied Materials, Inc., Kaneka Corporation, Samsung SDI Co., Ltd., Mitsubishi Chemical Holdings Corp., SunPower Corporation, Dai Nippon Printing Co., Ltd., Shin-Etsu Chemical Co., Ltd., Samsung Group, Seiko Holdings Corporation

7.1.6 光伏电池材料专利检索表达式范例

7.1.6.1 光伏电池材料国内专利检索表达式

分类号=(H01L31/042% or H01L31/045% or H01L31/048% or H01L31/05%) or 名称=((太阳% or 光伏 or 光电) and 电池%) or (名称,摘要,主权项+=(太阳% or 光伏 or 光电) and 分类号= H01M %) or (名称,摘要,主权项+=电池% and 分类号=H01L%) or (名称=硅 or 分类号=(C30B29/06 or C01B33/02% or C01B33/03%)) and (分类号=(H01L31/042% or H01L31/045% or H01L31/048% or H01L31/05%) or 名称=((太阳% or 光伏 or 光电) and 电池%) or (名称,摘要,主权项+=(太阳% or 光伏 or 光电) and 分类号=H01M%) or (名称,摘要,主权项+=电池% and 分类号=H01L%)) or (名称=(砷化镓 or 硫化镉 or 铜铟硒 or 碲化镉 or 砷化铟 or 氮化镓 or 硒化镉 or 硒化锌 or 薄膜) or 摘要,主权项+=(砷化镓 or 硫化镉 or 铜铟硒 or 碲化镉 or 砷化铟 or 氮化镓 or 硒化镉 or 硒化锌) or 分类号=(C30B29/42 or C30B29/50)) and (分类号=(H01L31/042% or H01L31/045% or H01L31/048% or H01L31/05%) or 名称=((太阳% or 光伏 or 光电) and (电池%)) or (名称,摘要,主权项+=(太阳% or 光伏 or 光电) and 分类号=H01M%) or (名称=电池% and 分类号=H01L%))

7.1.6.2 光伏电池材料国外专利检索表达式

分类号=(H01L31/042% or H01L31/045% or H01L31/048% or H01L31/05%)

or 名称=((solar or photovoltaic or photo-voltaic) and (cell% or batter%)) or (名称,摘要,主权项+=(solar or photovoltaic or photo-voltaic) and 分类号=H01M%) or (名称,摘要,主权项+=(cell% or battery) and 分类号=H01L%) or (名称=(si or silicon) or 分类号=(C30B29/06 or C01B33/02% or C01B33/03%)) and (分类号=(H01L31/042% or H01L31/045% or H01L31/048% or H01L31/05%) or 名称=((solar or photovoltaic or photo-voltaic) and (cell% or battery)) or (名称,摘要,主权项+=(solar or photovoltaic or photo-voltaic) and 分类号=H01M%) or (名称,摘要,主权项+=(cell% or battery) and 分类号=H01L%)) or (名称=(gaas or cds or cuinse or cis or cdte or inas or gan or cdse or znse) or 摘要,主权项+=(gaas or cuinse or cis or cdte or inas or gan or cdse or znse) or 分类号=(C30B29/42 or C30B29/50)) and (分类号=(H01L31/042% or H01L31/045% or H01L31/048% or H01L31/05%) or 名称=((solar or Photovoltaic or photo-voltaic) and (cell% or battery)) or (名称,摘要,主权项+=(solar or Photovoltaic or photo-voltaic) and 分类号=H01M%) or (名称=(cell% or battery) and 分类号=H01L%))

7.1.6.3 光伏电池材料innography专利检索表达式

(@(abstract,claims,title) (pickl* or etching* or plating* or printing* or cvd or packaging or covering or assembly) or (IPC_H01L51/048 or IPC_C23G or IPC_H01L21/311 or IPC_C23C or IPC_C30B or IPC_H01C17/065)) and (((IPC_H01L31/042 or IPC_H01L31/045 or IPC_H01L31/048 or IPC_H02N6* or IPC_H02J7/035) or @(abstract,claims,title) ((solar* and panel*) or (solar* and power*) or (solar* and generat*) or (solar* adj array*) or ((solar* or photoelectric* or optoelectronic) and (cell* or batter* or generator* or generation* or charging* or power*))) or @(abstract,claims,title) (photovoltaic* or (photo* adj voltaic*) or nanophotovoltaic or (solar* adj module) or (solar* adj panel*) or (solar* adj power*) or (solar* adjgenerat*)) or (IPC_H01L31* and @(abstract,claims,title) solar*) or ((IPC_H02N* or IPC_H02J* or H05B37*) and @(abstract,claims,title) (solar* or photoelectric*))) not (IPC_F24J* or @title (prober* or detector*) or (IPC_F03G* or IPC_H01L27/032) or @title (((image* or signal*) and photoelectr*) or TFT* or (Thin and Film and Transistor)) or @(abstract,claims,title) (((image* or signal*) and photoelectr*) or TFT* or (thin and film and transistor))))

7.1.6.4　光伏电池材料innovation专利检索表达式

IC=(H01L31/042* or H01L31/045* or H01L31/048* or H01L31/05*) or TI=((solar or photovoltaic or photo-voltaic) and (cell* or battery)) or (CTB=(solar or Photovoltaic or photo-voltaic) and IC=(H01M*)) or (CTB=(cell* or battery) and IC=(H01L*)) or (TI=(si or Silicon) or IC=(C30B29/06* or C01B33/02* or C01B33/03*)) and (IC=(H01L31/042* or H01L31/045* or H01L31/048* or H01L31/05*) or TI=((solar or photovoltaic or photo-voltaic) and (cell* or battery)) or (CTB=(solar or Photovoltaic or photo-voltaic) and IC=(H01M*)) or (CTB=(cell* or battery) and IC=(H01L*))) or (TI=(gaas or cds or cuinse2 or cis or cdte or inas or gan or cdse or znse) or CTB=(gaas or cuinse2 or cis or cdte or inas or gan or cdse or znse) or IC=(C30B29/42* or C30B29/50*)) and (IC=(H01L31/042* or H01L31/045* or H01L31/048* or H01L31/05*) or TI=((solar or Photovoltaic or photo-voltaic) and (cell* or battery)) or (CTB=(solar or Photovoltaic or photo-voltaic) and IC=(H01M*)) or (TI=(cell* or battery) and IC=(H01L*)))

7.2　生产工艺

7.2.1　该领域主要涉及分类号

7.2.1.1　IPC分类号

C23C14/35 真空蒸发法、溅射法或离子注入法的镀覆中利用磁场的，例如磁控溅射的技术

C23G 电解法除外的化学法金属材料清洗及除油

C30B 具有一定结构的均匀多晶材料的制备，晶或具有一定结构的均匀多晶材料之后处理

H01C17/065 厚膜工艺的，例如丝网印刷的

H01L31/18 专门适用于制造或处理将辐射能转换为电能的，或者专门适用

于通过这样的辐射进行电能控制的半导体器件的方法或设备

H01L51/48 专门适用于制造或处理使用有机材料作有源部分或使用有机材料与其他材料的组合作有源部分的固态器件或其部件的方法或设备

7.2.1.2 DWPI手工分类代码

U12A02A3 Characterised by solar cell manufacture

U12A02A4D Covering layers for solar cells

U12A02A4E Packaging aspects for solar cells

U12A02A5 Assemblies of solar cells

U12A02A6 Assemblies of cells on separate substrates

7.2.2 中文关键词

太阳能、电源、光伏、光致电压、电池、光电电池、光电池、光电二极管、太阳能板、发电、储电、充电、供电、电站、光电转换、光电转化、酸洗、喷镀、网印、沉积、被覆、封装、密封、光刻、湿法刻蚀、等离子刻蚀、刻胶、扩散、真空蒸镀

7.2.3 英文关键词

solar、photovoltaic, photo-voltaic, cell, battery, acid cleaning, acid washing, pickle, wet etching, plasma etching, plating, printing, cvd, packaging, covering, assembly, photolithography, diffusion, vacuum evaporation

7.2.4 国内主要申请人

彩虹集团公司、清华大学、南开大学、深圳市创益科技发展有限公司、海洋王照明科技股份有限公司、常州天合光能有限公司、深圳市海洋王照明技术有限公司、电子科技大学、浙江大学、武汉大学、中国科学院物理研究所、深圳市海洋王照明工程有限公司、英利能源(中国)有限公司、吉富新能源科技(上海)有限公司、复旦大学、中国科学院化学研究所、北京大学、上海大学、中国科学院上海硅酸盐研究所、华北电力大学

7.2.5　国外主要申请人

Sharpcorp, Energy Conversiondevices,Inc., Canon Inc, Sanyo Electric Co., Ltd., Applied Materials, Inc., LG Electronics Inc., Canon Kabushiki Kaisha, Sanyo Electric Co. Ltd., Mitsubishi Ekectric Cirp, Kyocera Corp, Sunpower Corporation, Siemens AG, Sharp Kabushiki Kaisha, Energy Conversion Devices Inc, Mitsubishi Heavy Ind Ltd, Primestar Solar, Inc., Mitsubishi Electric Corproation, Hyundai Heavy Industries Co. Ltd., Siemens Aktiengesellschaft, Merck Patent GMBH

7.2.6　生产工艺专利检索表达式范例

7.2.6.1　生产工艺国内专利检索表达式

(名称,摘要,主权项+=(酸洗 or 喷镀 or 网印 or 沉积 or 被覆 or 封装 or 光刻 or 湿法刻蚀 or 等离子刻蚀 or 刻胶 or 扩散 or 真空蒸镀) or 分类号=(H01L51/48 or C23G or H01L21/311 or C23C or C30B or H01C17/065)) and ((分类号=(H01L31/042 or H01L31/045 or H01L31/048 or H02N6/% or H02J7/35) or (名称=电源 and 名称,摘要,主权项+=太阳%) or 名称,摘要,主权项+=(光伏 or 光致电压 or SE电池 or 光电电池 or 光电池 or 太阳能板 or ((光电转换 or 光电电源 or 光电转化) not (图像 or 信号 or 滤波 or 光电二极管 or 光电开关)) or (太阳% and (电池 or 电板 or 发电 or 储电 or 充电 or 供电 or 电站))) or (分类号=(H02J7/% or H02J3/% or H05B37/% or H02N% or H02J% or H01L31%) and 名称,摘要,主权项+=太阳%)) not (分类号=F24J% or 名称=探测 or 分类号=F03G% or 名称,摘要,主权项+=图象 or 名称,摘要,主权项+=图像))

7.2.6.2　生产工艺国外专利检索表达式

(名称,摘要,主权项+=(pickl% or etching% or plating% or Printing% or cvd or Packaging or Covering or assembly or photolithography or diffusion or (vacuum adj evaporate%)) or 分类号=(H01L51/48 or C23G or H01L21/311 or C23C or C30B or H01C17/065)) and ((分类号=(H01L31/042 or H01L31/045 or H01L31/048 or H02N6/% or H02J7/35) or 名称,摘要+=((solar% and panel%) or (solar% and power%) or (solar% and generat%) or (solar% adj array%) or ((solar% or photoelectric% or optoelectronic) and (cell% or batter% or generator% or generation% or charging% or power%))) or 名称,摘要+=(photovoltaic% or (photo% adj voltaic%) or NANO-PHOTOVOLTAIC or (solar% adj module) or (solar% adj panel%) or (solar% adj power%) or (solar% adj generat%)) or (分类号=H01L31/% and 名称,摘要+=solar%) or (分类号=(H02N% or H02J% or H05B37/%) and 名称,摘要+=(solar% or photoelectric%))) not (分类号=F24J% or 名称=(Prober% or detector%) or 分类号=(F03G% or H01L27/32) or 名称=(((image% or signal%) and Photoelectr%) or TFT% or (Thin and Film and Transistor)) or 摘要=(((image% or signal%) and photoelectr%) or TFT% or (thin and film and transistor))))

7.2.6.3 生产工艺innography专利检索表达式

(@(abstract,claims,title) (pickl* or etching* or plating* or printing* or cvd or packaging or covering or assembly or photolithography or diffusion or "vacuum Adj evaporate*") or (IPC_H01L51/048 or IPC_C23G or IPC_H01L21/0311 or IPC_C23C or IPC_C30B or IPC_H01C17/065)) and (((IPC_H01L31/042 or IPC_H01L31/045 or IPC_H01L31/048 or IPC_H02N6* or IPC_H02J7/035) or @(abstract,claims,title) ((solar* and panel*) or (solar* and power*) or (solar* and generat*) or (solar* adj array*) or ((solar* or photoelectric* or optoelectronic) and (cell* or batter* or generator* or generation* or charging* or power*))) or @(abstract,claims,title) (photovoltaic* or (photo* adj voltaic*) or nanophotovoltaic or (solar* adj module) or (solar* adj panel*) or (solar* adj power*) or (solar* adjgenerat*)) or (IPC_H01L31/ and @(abstract,claims,title) solar*) or ((IPC_H02N* or IPC_H02J* or H05B037*) and @(abstract,claims,title) (solar* or photoelectric*))) not (IPC_F24J* or @title (Prober* or detector*) or (IPC_F03G* or IPC_H01L27/032) or @title (((image* or signal*) and photoelectr*) or TFT* or (thin and film and transistor)) or @(abstract,claims,title) (((image* or signal*) and photoelectr*) or TFT* or (thin and film and transistor))))

7.2.6.4 生产工艺innovation专利检索表达式

(CTB=(pickl* or etching* or plating* or Printing* or cvd or Packaging or Covering or assembly or photolithography or diffusion or (vacuum adj evaporate*)) or IC=(H01L51/48 or C23G or H01L21/311 or C23C or C30B or H01C17/065) or MC=(U12A02A3 or U12A02A4D or U12A02A4E or U12A02A5 or U12A02A6)) and ((IC=(H01L31/042 or H01L31/045 or H01L31/048 or H02N6/ or H02J7/35) or CTB=((solar* and panel*) or (solar* and power*) or (solar* and generat*) or (solar* adj array*) or ((solar* or photoelectric* or optoelectronic) and (cell* or batter* or generator* or generation* or charging* or power*))) or CTB=(photovoltaic* or (photo* adj voltaic*) or nanophotovoltaic or (solar* adj module) or (solar* adj panel*) or (solar* adj power*) or (solar* adj generat*)) or (IC=(H01L31/) and CTB=(solar*)) or (IC=(H02N* or H02J* or H05B37/*) and CTB=(solar* or photoelectric*))) not (IC=(F24J*) or TI=(prober* or detector*) or IC=(F03G* or H01L27/32) or TI=(((image* or signal*) and photoelectr*) or TFT* or (thin and film and transistor)) or AB=(((image* or signal*) and photoelectr*) or TFT* or (thin and film and transistor))))

7.3　光伏发电配套设备

7.3.1　该领域主要涉及分类号

7.3.1.1　IPC 分类号

B01 一般的物理或化学的方法或装置

H01M10 二次电池；及其制造

H01M14 在 6/00~12/00 各组中未包括的电化学电流或电压发生器

H02J7 用于电池组的充电或去极化或用于由电池组向负载供电的装置

7.3.1.2　DWPI 手工分类代码

X16G02A Using solar cells(other cell constructional details)

X15A02 Direct conversion photovoltaic paneldetails; solar/photovoltaic cells details

U24H Low power systems

7.3.2 中文关键词

太阳能、电源、光伏、光致电压、蓄电池、二次电池、光电电池、光电池、光电二极管、太阳能板、发电、储电、充电、供电、电站、光电转换、光电转化、EVA膜、封装膜、玻璃、逆变器、防逆流、控制器、汇流箱、配电柜、监控

7.2.3 英文关键词

solar, photovoltaic, photo- voltaic, cell, storage battery, secondary battery, battery, inverter, reverse current, controller, combiner box, monitor system

7.3.4 国内主要申请人

国家电网公司、无锡市新区梅村镇同春太阳能光伏农业种植园、无锡同春新能源科技有限公司、东南大学、广东易事特电源股份有限公司、浙江大学、阳光电源股份有限公司、浙江比华丽电子科技有限公司、中国电力科学研究院、周锡卫、特变电工新疆新能源股份有限公司、特变电工西安电气科技有限公司、江苏省电力公司、江苏大学、常熟开关制造有限公司(原常熟开关厂)、浙江昱能光伏科技集成有限公司、清华大学、上海交通大学、珠海格力电器股份有限公司、西安大昱光电科技有限公司

7.3.5 国外主要申请人

Sharp Corp., Sanyo Electric Co., Ltd., Sma Solar Technology AG, Mitsubishi Electric Corp., Canon Kabushiki Kaisha, General Electric Company, Toshiba Corpanion, Matsushita Electric Ind Co. Ltd., Canon Inc, Sharp Kabushiki Kaisha, Tanigawa Kazunaga, Panasonic Corp, Tanigawa Hiroyasu, Omron Corp, Kyocera Corp, Siemens Aktiengesellschaft, Nissin Electric Co. Ltd., Matsushita Electric Works Ltd., Hitachi Ltd., Robert Bosch GMBH, Sony Corp, Adensis GMBH, Fronius International GMBH, Fuji Electric Co. Ltd., Denso Corp, Panasonic Electric Works Co. Ltd., LG Electronics Inc., Mitsubishi Heavy Ind Ltd., Hitachi Seisakushok. KK

7.3.6　光伏发电配套设备专利检索表达式范例

7.3.6.1　光伏发电配套设备国内专利检索表达式

名称=((逆变% or 防逆流% or 控制器 or 汇流% or 配电% or 监控%) and (太阳% or 光伏 or 光电)) or (摘要,主权项+=((逆变% or 防逆流% or 控制器 or 汇流% or 配电% or 监控%) and (太阳% or 光伏 or 光电)) and 分类号=H02%) or (分类号=(H01M10% or H01M4/14% or H01M4/16% or H01M4/18% or H01M4/20% or H01M4/21% or H01M4/22% or H01M4/23% or H01M4/24% or H01M4/26% or H01M4/28% or H01M4/29% or H01M4/30% or H01M4/32% or H01M4/34% or H01M4/68% or H01M4/73% or H01M4/82% or H01M4/84%) or 名称=(蓄电池% or 二次电池%) or (摘要,主权项+=(蓄电池% or 二次电池%) and 分类号=(H01M% or B01% or C01% or C07% or C08% or C22% or C23% or C25%))) and 名称,摘要,主权项+=(太阳% or 光伏 or 光电)

7.3.6.2　光伏发电配套设备国外专利检索表达式

名称=((inverter% or (reverse and current) or controller% or (combiner and box%) or monitor%) and (solar or photovoltaic or photo-voltaic)) or (摘要,主权项+=(inverter% and (solar or photovoltaic or photo-voltaic)) and 分类号=H02%) or (分类号=(H01M10% or H01M4/14% or H01M4/16% or H01M4/18% or H01M4/20% or H01M4/21% or H01M4/22% or H01M4/23% or H01M4/24% or H01M4/26% or H01M4/28% or H01M4/29% or H01M4/30% or H01M4/32% or H01M4/34% or H01M4/68% or H01M4/73% or H01M4/82% or H01M4/84%) or 名称=((storage adj battery) or (secondary adj battery)) or (摘要,主权项+=(storage adj battery) or (Secondary adj Battery) and 分类号=(H01M% or B01% or C01% or C07% or C08% or C22% or C23% or C25%))) and 名称,摘要,主权项+=(solar or photovoltaic or photo-voltaic)

7.3.6.3　光伏发电配套设备**innography**专利检索表达式

@title ((inverter* or (reverse and current) or controller* or (combiner and box*) or monitor*) and (solar or photovoltaic or photo-voltaic)) or ((@(abstract,claims,title) ((inverter* or (reverse and current) or controller* or (combiner and box*) or monitor*) and (solar or Photovoltaic or photo- voltaic)) and IPC_H02*) or ((IPC_H01M10* or IPC_H01M4/14 or IPC_H01M4/16* or IPC_H01M4/18* or IPC_H01M4/20* or IPC_H01M4/21* or IPC_H01M4/22* or IPC_H01M4/23* or IPC_H01M4/24* or IPC_H01M4/26* or IPC_H01M4/28* or IPC_H01M4/29* or IPC_H01M4/30* or IPC_H01M4/32* or IPC_H01M4/34* or IPC_H01M4/68* or IPC_H01M4/73* or IPC_H01M4/82* or IPC_H01M4/84*) or @title ((storage adj battery) or (Secondary adj Battery)) or (@(abstract,claims,title)(storage adj battery) or (secondary adj battery) and (IPC_H01M* or IPC_B01* or IPC_C01* or IPC_C07* or IPC_C08* or IPC_C22* or IPC_C23* or IPC_C25*))) and @(abstract, claims,title) (solar or Photovoltaic or photo-voltaic)

7.3.6.4 光伏发电配套设备**innovation**专利检索表达式

TI=((inverter* or (reverse and current) or controller* or (combiner and box*) or monitor*) and (solar or Photovoltaic)) or (CTB=(inverter* and (solar or Photovoltaic)) and IC=(H02*)) or (IC=(H01M10* or H01M4/14* or H01M4/16* or H01M4/18* or H01M4/20* or H01M4/21* or H01M4/22* or H01M4/23* or H01M4/24* or H01M4/26* or H01M4/28* or H01M4/29* or H01M4/30* or H01M4/32* or H01M4/34* or H01M4/68* or H01M4/73* or H01M4/82* or H01M4/84*) or TI=((storage ADJ battery) or (secondary adj battery)) or (CTB=((storage adj battery) or (secondary adj battery)) and IC=(H01M or B01* or C01* or C07* or C08* or C22* or C23* or C25*))) and CTB=(solar or photovoltaic)

7.4 光伏产品应用

7.4.1 该领域主要涉及分类号

7.4.1.1 IPC分类号

F21 照明

E01 道路、铁路或桥梁的建筑

H01L31 对红外辐射、光、较短波长的电磁辐射，或微粒辐射敏感的，并且适用于把这样的辐射能转换为电能的，或者适用于通过这样的辐射进行电能控制的半导体器件；制造或处理这些半导体器件或其部件所特有的方法或设备；这些半导体器件的零部件

H04 电通信技术

7.4.1.2　DWPI 手工分类代码

X26E01E Solar-powered lights(Portable lights)

W01C01D3 Mobile radio telephone

W04M01B1 Digital camera

X26U06 Street (Includes street lighting (e.g. lamppost), illuminated traffic bollards, and lighted signs, such as road signs. Road signs are also codedunder X26-U04B. Also includes lightingdetails of traffic lights. Other details of trafficlights are coded under T07 codes only. Includes lighting details in tunnels)

7.4.2　中文关键词

太阳能、电源、光伏、光致电压、电池、光电电池、光电池、发电、储电、充电、供电、电站、光电转换效、照明、灯、车、路牌、交通标志、信号装置、航标灯、标志灯、障碍灯、通讯、通信、路障、警示牌、道钉、指示牌、无人机、无人值守、供电、路由、浮标、光缆维护站、载波电话、中继站、通信机

7.4.3　英文关键词

Solar, power, photovoltaic, battery, photovoltaic cells, power generation, electricity storage, charging, power supply, power plants, photoelectric conversion efficiency, lighting, lights, cars, signs, traffic signs, signal devices, navigation lights, flags lights, obstruction lights, communications, telecommunications, roadblocks, warning signs, spikes, signs, unmanned aerial vehicles, unmanned, power, routing, buoys, cable maintenance stations, carrier telephone, relay stations, communication equipment

7.4.4 国内主要申请人

昆山博文照明科技有限公司、西安博昱新能源有限公司、国家电网公司、海洋王照明科技股份有限公司、无锡同春新能源科技有限公司、江西金泰新能源有限公司、昆山市圣光新能源科技有限公司、昆明理工大学、安徽震阳光能电子有限公司、重庆辉腾光电有限公司、苏州晶雷光电照明科技有限公司、阮树成、浙江大学、深圳市海洋王照明工程有限公司、西安艾力特电子实业有限公司、长安大学、上海交通大学、无锡爱迪信光电科技有限公司

7.4.5 国外主要申请人

Canon Inc, Sony Corp., Matsushita Electric Ind Co. Ltd., Canon Kabushiki Kaisha, Sharp Corp., Toshiba Corp, Sekisui Jushi Co. Ltd., Toyota Motor Corp., LG Electronics Inc., Sanyo Electric Co. Ltd., Denso Corp., Sumitomo Electric Ind Ltd, Sharp Kabushiki Kaisha, Hyundai Motor Compayy, Samsung Electronics Co., Ltd., Mitsubishi Electric Corp., Ricoh Co. Ltd., NEC Corp., Daimler AG, Matsushita Denki Sangyo KK, Fujitsu Ltd, Panasonic Corporation, Sony Corporation, Nippon Denki KK, Webasto AG, Canon KK, Hitachi Ltd, Toyota Jidosha Kabushiki Kaisha, Webasto Vehicle Systems International GMBH, Robert Bosch GMBH

7.4.6 光伏产品应用专利检索表达式范例

7.4.6.1 光伏产品应用国内专利检索表达式

(((分类号=((H01L31% or H02N6% or H02J7/35%) not (H01L31/08% or H01L31/09% or H01L31/10% or H01L31/11%)) or 名称=(太阳% and 电源) or 名称,摘要,主权项+=(光伏 or 光致电压 or SE电池 or 光电电池 or ((太阳能% or ((太阳% or 光电) not 光电二极管 not 光电开关)) and (电池 or 发电 or 储电 or 充电 or 供电 or 电站)) or 光电池 or 光电转换效率) or (分类号=(H02J7% or H02J3% or H05B37%) and 名称,摘要,主权项+=(太阳% or 光电)) or (分类号=(H02N% or H02J%) and 名称,摘要,主权项+=太阳%)) not 分类号=F24J% not 名称=探测器 not 分类号=F03G%)) and (主分类号=F21% or 主分类号=E01% or 主

分类号=H04% or 名称=(灯% or 车% or 路牌 or 交通标志 or 信号装置 or 路障 or 警示牌 or 道钉 or 指示牌 or 无人机 or 路由% or 浮标))

7.4.6.2　光伏产品应用国外专利检索表达式

((((分类号=((H01L31/% or H02N6/% or H02J7/35) not (H01L31/08% or H01L31/09% or H01L31/10% or H01L31/11%))) or 名称=((solar% and panel%) or (solar% and power%) or (solar% and generat%) or (solar% array)) or 名称,摘要,主权项+=(photovoltaic% or photo-voltaic or Nanophotovoltaic or (solar% module) or (solar% panel%) or (solar% power%) or (solar% generat%) or ((solar% or photoelectric% or optoelectronic) and (cell or battery or generator or generation or charging or (power station%) or (power plant%)))) or (分类号=(H02J7/% or H02J3/% or H05B37/%) and 名称,摘要,主权项+=(solar% or photoelectricity)) or (分类号=(H02N% or H02J%) and 名称,摘要,主权项+=solar%)) not 分类号=F24J% not 名称=(Prober% or detector%) not 分类号=F03G%)) and (主分类号=F21% or 主分类号=E01% or 主分类号=H04% or 名称=(lamp% orvehicle% or car or nameplate or traffic or roadblock or (warning adj signs) or spike% or indicator% or drone% or router% or buoy))

7.4.6.3　光伏产品应用**innography**专利检索表达式

(((((IPC_H01L31* or IPC_H02N6* or IPC_H02J7/350) not (IPC_H01L31/08* or IPC_H01L31/09* or IPC_H01L03110* or IPC_H01L31/11*))) or @TITLE ((solar* and panel*) or (solar* and power*) or (solar* and generat*) or (solar* and array)) or @(abstract,claims,title) (Photovoltaic* or Nanophotovoltaic or (solar* and module) or (solar* and panel*) or (solar* and power*) or (solar* and generat*) or ((solar* or photoelectric* or optoelectronic) and (cell or battery or generator or generation or charging or (power and station*) or (power and plant*)))) or ((IPC_H02J7 or IPC_H02J3* or IPC_H05B37) and @(abstract,claims,title) (solar* or photoelectricity)) or ((IPC_H02N* or IPC_H02J) and @(abstract,claims,title) solar*)) not IPC_F24J not @TITLE (Prober* or detector*) not IPC_F03G)) and (IPC_F21 or IPC_E01 or IPC_H04 or @TITLE (lamp* or vehicle* or car or nameplate or traffic or roadblock or (warning adj signs) or spike* or indicator* or drone* or router* or buoy))

7.4.6.4 光伏产品应用innovation专利检索表达式

(((IC=((H01L31/* or H02N6/* or H02J7/35) not (H01L31/08* or H01L31/09* or H01L31/10* or H01L31/11*)) or TI=((solar* and panel*) or (solar* and power*) or (solar* and generat*) or (solar* and array)) or CTB=(photovoltaic* or Nanophotovoltaic or (solar* and module) or (solar* and panel*) or (solar* and power*) or (solar* and generat*) or ((solar* or photoelectric* or optoelectronic) and (cell or battery or generator or generation or charging or (power and station*) or (power and plant*)))) or (IC=(H02J7/* or H02J3/* or H05B37/*) and CTB=(solar* or photoelectricity)) or (IC=(H02N* or H02J*) and CTB=(solar*))) not IC=(F24J*) not TI=(Prober* or detector*) not IC=(F03G*)) and (IC=(F21*) or IC=(E01*) or IC=(H04*) or TI=(lamp* or vehicle* or car or nameplate or traffic or roadblock or (warning adj signs) or spike* or indicator* or drone* or router* or buoy))

第八章　锂电池产业

我国作为世界最大的锂电池生产制造基地、第二大锂电池生产国和出口国，近年来不断颁布如《国务院关于加快培育和发展战略性新兴产业的决定》《节能与新能源汽车产业规划(2011-2020年)》等与锂电池产业相关的政策，更是由于手机、笔记本电脑、数码相机、电动车、电动工具、新能源汽车等产业的发展和锂电池生产厂家在续航能力、安全性等技术上的革新给锂电池带来的需求增长，使得锂电池无论在政策方面，还是在市场方面，在未来的发展潜力都十分巨大。

锂电池大致可分为两类：锂金属电池和锂离子电池。其中，锂金属电池是不可充电的，而锂离子电池不含有金属态的锂，并且是可以充电的，能在较小的体积或自重下，放出较大的电能，放电时电压十分平稳，储存寿命长，且能在较大温度范围内有效工作。

根据宁波市"十二五"期间重点优势产业的发展特点，本书选择锂电池作为研究对象，确定了关键词、分类号主要申请人等检索要素，并根据锂电池的构造组成，编制了锂电池的正(负)极材料、锂电池的隔膜材料及锂电池电解液的专利检索表达式作为范例供读者参考。

8.1　锂电池电极

8.1.1　该领域主要涉及分类号

8.1.1.1　IPC分类号

H01M4 非水电解质蓄电池的电极，例如用于锂蓄电池的；其制造方法

H01M10 摇椅式电池，即其两个电极均插入或嵌入有锂的电池；锂离子电池，插入或嵌入有除了锂以外的其他金属的蓄电池，如镁或铝

C01D 锂的化合物

C07F 锂化合物

8.1.1.2 DWPI手工分类代码

X16-A02A lithium-based cell

X16-B01F1 lithium-based

X16-E03A1 lithium-based non-aqueous electrolyte

X16-E08A lithium-based

8.1.2 中文关键词

锂、锂离子、锂材料、电池、电池组、蓄电池、蓄电装置、正极、阳极、正极材料、阳极材料、负极、阴极、负极材料、阴极材料、隔膜、膜、电解、液、电解液、电解质、聚合物、集流体、制备、封装、盖帽、溶液、碳材料、电极、充电、安全阀、检测、高温、夹持、运转、装置、结构、模组、模块、石墨、薄壳、极片、聚合物、便携式、负压、铝、电源、储备、存储

8.1.3 英文关键词

lithium, Li, lithii, Lithium-ion, cell, battery, accumulator, orelectrical storage device, anode, positive electrode, positive pole, anticathode, cathode, negative electrode, septum, dissepiment, separator, electrolyte, electrolytic, electrolyzation, electrolysis, liquid electrolyte, polymers, collector, preparation, packaging, caps, solution, carbon materials, electrodes, charging, safety, testing, high temperature, holding, operation, equipment, structure, module, modules, graphite, shell, pole piece, portable, vacuum, aluminum, power, reserve, stored

8.1.4 国内主要申请人

江苏环能通环保科技有限公司、浙江戴尔维动力电池系统有限公司、原瑞电池科技股份有限公司、浙江长兴竹园锂电池材料有限公司、惠州市宏盛电子有限公司、杭州金马能源科技有限公司、东莞市雅康精密机械有限公司、湖北宇隆新能源有限公司、湖南德天新能源科技有限公司、安赛锂能(合肥)有限公司、成都鼎恒新能源有限公司、深圳市雄韬电源科技有限公司、无锡晶石新型

能源有限公司、惠州市旭鑫精密电子设备有限公司、焦作市亿星锂电厂、青岛大学、厦门华戎能源科技有限公司、无锡先导自动化设备股份有限公司、湖南立方新能源科技有限责任公司、武汉孚特电子科技有限公司

8.1.5 国外主要申请人

LG Chem Ltd., Panasonic Corporation, Fuji Heavy Industries Ltd., Sony Corporation, Semiconductor Energy Lab, Hitachi, Ltd., Robert Bosch GMBH, Toyota Motor Corporation, Li-Tec Battery GMBH, Massachusetts Institute Of Technology, General Electric Company, NEC Corporation, GS Yuasa Corporation, Applied Materials, Inc., General Motors Corp, Koninklijke Philips NV, Commonwealth Scientific & Industrial Research Organisation, Canon Inc.

8.1.6 锂电池电极专利检索表达式范例

8.1.6.1 锂电池正极材料国内专利检索表达式

分类号=(H01M10% or H01M4% or H01M6% or H01M2%) and 名称,摘要,主权项+=((锂% or 锂离子% or 锂材料%) and (电池% or 电池组% or 蓄电池% or 蓄电装置%) and (正极% or 阳极% or 正极材料% or 阳极材料%)) not 名称=(负极% or 阴极% or 负极材料% or 阴极材料%) or 主分类号=(B28D% or B29C% or B05D% or B41F% or B07C% or B60K% orB65D% or B32B% or B01F% or B01D% or B60L% or B21B%) and 名称,摘要,主权项+=((锂% or 锂离子% or 锂材料%) and (电池% or 电池组% or 蓄电池% or 蓄电装置%) and (正极% or 阳极% or 正极材料% or 阳极材料%)) not 名称=(负极% or 阴极% or 负极材料% or 阴极材料%) or 主分类号=(C01D% or C01G% or C01B% or C02F% or C03F% or C03C% or C04B% or C07F% or C08F% or C22B% or C25D%) and 名称,摘要,主权项+=((锂% or 锂离子% or 锂材料%) and (电池% or 电池组% or 蓄电池% or 蓄电装置%) and (正极% or 阳极% or 正极材料% or 阳极材料%)) not 名称=(负极% or 阴极% or 负极材料% or 阴极材料%) or 主分类号=(H01M% or H02J% or H02H% or F21S% or G01R% or G01K%) and 名称,摘要,主权项+=

((锂% or 锂离子% or 锂材料%) and (电池% or 电池组% or 蓄电池% or 蓄电装置%) and (正极% or 阳极% or 正极材料% or 阳极材料%)) not 名称=(负极% or 阴极% or 负极材料% or 阴极材料%) or 名称,摘要,主权项=((锂% or 锂离子% or 锂材料%) and ((电池% or 电池组% or 蓄电池% or 蓄电装置%) not (电子装置% or 电力装置% or 电子设备 or 充电装置)) and ((正极% or 阳极% or 正极材料% or 阳极材料%) not (负极% or 阴极% or 负极材料% or 阴极材料%)))

8.1.6.2 锂电池正极材料国外专利检索表达式

分类号=(H01M10% or H01M4% or H01M6% or H01M2%) and 名称,摘要+=((lithium% or Li% or lithii% or Lithium-ion%) and (cell% or battery% or accumulator% or electrical storage device%) and (anode% or positive electrode% or positive pole% or anticathode%)) not 名称=(cathode% or negative electrode%) or 主分类号=(B28D% or B29C% or B05D% or B41F% or B07C% or B60K% or B65D% or B32B% or B01F% or B01D% or B60L% or B21B%) and 名称,摘要+=((lithium% or Li% or lithii% or Lithium-ion%) and (cell% or battery% or accumulator% or electrical storage device%) and (anode% or positive electrode% or positive pole% or anticathode%)) not 名称=(cathode% or negative electrode%) or 主分类号=(C01D% or C01G% or C01B% or C02F% or C03F% or C03C% or C04B% or C07F% or C08F% or C22B% or C25D%) and 名称,摘要+=((lithium% or Li% or lithii% or Lithium- ion%) and (cell% or battery% or accumulator% or electrical storage device%) and (anode% or positive electrode% or positive pole% or anticathode%)) not 名称=(cathode% or negative electrode%) or 主分类号=(H01M% or H02J% or H02H% or F21S% or G01R% or G01K%) and 名称,摘要+=((lithium% or Li% or lithii% or Lithium-ion%) and (cell% or battery% or accumulator% or electrical storage device%) and (anode% or positive electrode% or positive pole% or anticathode%)) not 名称=(cathode% or negative electrode%) or 名称,摘要+=((lithium% or Li% or lithii% or Lithium-ion%) and ((cell% or battery% or accumulator% or electrical storage device%) not (electronic device% or electronic equipment% or electronic instrument or charging unit)) and ((anode% or positive electrode% or positive pole% or anticathode%) not (cathode% or negative electrode%)))

8.1.6.3　锂电池正极材料innography专利检索表达式

(IPC_H01M4 or H01M10) and @(abstract,claims,title)(positive% or anode% or positive electrode% or positive pole% or anticathode%) or @(abstract,claims,title) ((lithium% or Li% or lithii% or Lithium-ion%) and ((cell% or battery% or accumulator% or electrical storage device%) not (electronic device% or electronic equipment% or electronic instrument or charging unit)) and (positive% or anode% or positive electrode% or positive pole% or anticathode%))

8.1.6.4　锂电池正极材料innovation专利检索表达式

IC=(H01M4 or H01M10) and CTB=((lithium or Li or lithii or Lithium-ion) and (cell or battery or accumulator or electrical storage device) and (positive or anode or positive electrode or positive pole or anticathode)) or CTB=(((lithium or Li or lithii or Lithium-ion) and ((cell or battery or accumulator or electrical storage device) not (electronic device or electronic equipment or electronic instrument or chargingunit)) and (positive or anode or positive electrode or positive pole or anticathode)))

8.1.6.5　锂电池负极材料国内专利检索表达式

分类号=(H01M10% or H01M4% or H01M6% or H01M2%) and 名称,摘要,主权项+=((锂% or 锂离子% or 锂材料%) and (电池% or 电池组% or 蓄电池% or 蓄电装置%) and (负极% or 阴极% or 负极材料% or 阴极材料%)) not 名称=(正极% or 阳极% or 正极材料% or 阳极材料%) or 主分类号=(B28D% or B29C% or B05D% or B41F% or B07C% or B60K% or B65D% or B32B% or B01F% or B01D% or B60L% or B21B%) and 名称,摘要,主权项+=((锂% or 锂离子% or 锂材料%) and (电池% or 电池组% or 蓄电池% or 蓄电装置%) and (负极% or 阴极% or 负极材料% or 阴极材料%)) not 名称=(正极% or 阳极% or 正极材料% or 阳极材料%) or 主分类号=(C01D% or C01G% or C01B% or C02F% or C03F% or C03C% or C04B% or C07F% or C08F% or C22B% or C25D%) and 名称,摘要,主权项+=((锂% or 锂离子% or 锂材料%) and (电池% or 电池组% or 蓄电池% or 蓄电装置%) and (负极% or 阴极% or 负极材料% or 阴极材料%)) not 名称=

(正极% or 阳极% or 正极材料% or 阳极材料%) or 主分类号=(H01M% or H02J% or H02H% or F21S% or G01R% or G01K%) and 名称,摘要,主权项+=((锂% or 锂离子% or 锂材料%) and (电池% or 电池组% or 蓄电池% or 蓄电装置%) and (负极% or 阴极% or 负极材料% or 阴极材料%)) not 名称=(正极% or 阳极% or 正极材料% or 阳极材料%) or 名称,摘要,主权项+=((锂% or 锂离子% or 锂材料%) and ((电池% or 电池组% or 蓄电池% or 蓄电装置%) not (电子装置% or 电力装置% or 电子设备 or 充电装置)) and ((负极% or 阴极% or 负极材料% or 阴极材料%) not (正极% or 阳极% or 正极材料% or 阳极材料%)))

8.1.6.6 锂电池负极材料国外专利检索表达式

分类号=(H01M10% or H01M4% or H01M6% or H01M2%) and 名称,摘要,主权项+=((lithium% or Li% or lithii% or Lithium-ion%) and (cell% or battery% or accumulator% or electrical storage device%) and (cathode% or negative electrode%)) not 名称=(anode% or positive electrode% or positive pole% or anticathode%) or 主分类号=(B28D% or B29C% or B05D% or B41F% or B07C% or B60K% or B65D% or B32B% or B01F% or B01D% or B60L% or B21B%) and 名称,摘要,主权项+=((lithium% or Li% or lithii% or Lithium-ion%) and (cell% or battery% or accumulator% or electrical storage device%) and (cathode% or negative electrode%)) not 名称=(anode% or positive electrode% or positive pole% or anticathode%) or 主分类号=(C01D% or C01G% or C01B% or C02F% or C03F% or C03C% or C04B% or C07F% or C08F% or C22B% or C25D%) and 名称,摘要,主权项+=((lithium% or Li% or lithii% or Lithium-ion%) and (cell% or battery% or accumulator% or electrical storage device%) and (cathode% or negative electrode%)) not 名称=(anode% or positive electrode% or positive pole% or anticathode%) or 主分类号=(H01M% or H02J% or H02H% or F21S% or G01R% or G01K%) and 名称,摘要,主权项+=((lithium% or Li% or lithii% or Lithium-ion%) and (cell% or battery% or accumulator% or electrical storage device%) and (cathode% or negative electrode%)) not 名称=(anode% or positive electrode% or positive pole% or anticathode%) or 名称,摘要,主权项+=((lithium% or Li% or lithii% or Lithium-ion%) and ((cell% or battery% or accumulator% or electrical storage device%) not (electronic device% or electronic equipment% or electronic instrument or chargin gunit)) and ((cathode% or negative electrode%) not (anode% or positive electrode% or positive pole% or anticathode%)))

8.1.6.7 锂电池负极材料innography专利检索表达式

(IPC_H01M4 or H01M10) and @(abstract,claims,title) (cathode% or negative electrode%) or @(abstract,claims,title) ((lithium% or Li% or lithii% or Lithium-ion%) and ((cell% or battery% or accumulator% or electrical storage device%) not (electronic device% or electronic equipment% or electron icinstrument or char gin-gunit)) and (cathode% or negative electrode%))

8.1.6.8 锂电池负极材料innovation专利检索表达式

IC=(H01M4 or H01M10) AND CTB=((lithium or Li or lithii or Lithium-ion) and (cell or battery or accumulator or electrical storage device) and (cathode% or negative electrode%)) or CTB=(((lithium or Li or lithii or Lithium-ion) and ((cell or battery or accumulator or electrical storage device) not (electronic device or electronic equipment or electronic instrument or chargin gunit)) and (cathode% or negative electrode%)))

8.2 锂电池隔膜

8.2.1 该领域主要涉及分类号

8.2.1.1 IPC分类号

C01D 锂的化合物

H01M10/052 锂蓄电池

H01M10 二次电池及其制造

8.2.1.2 DWPI手工分类代码

X16-A02A lithium-based cell

X16-B01F1 lithium-based

X16-E03A1 lithium-based non-aqueous electrolyte

X16-E08A lithium-based

8.2.2 中文关键词

锂、锂离子、锂材料、电池、电池组、蓄电池、蓄电装置、隔膜、膜、结构、内层、组件、内阻、容量、安全性能、短路、离子、高强度、绝缘、孔径、孔隙、化合物、腐蚀、浸润性、保湿、穿刺、拉伸、稳定、透气、均匀、复合膜、电导率、凝胶、隔离、织造膜、非织造膜、微孔膜、聚乙烯、聚丙烯、聚烯烃、耐高温、输出

8.2.3 英文关键词

Lithium, lithium ion, lithium materials, batteries, battery packs, battery, power storage device, the membrane, the structure, the inner layer, components, resistance, capacity, safety, short circuit, ionic, high strength, insulation, pore size, pore A compound, corrosion, wettability, moisture, puncture, tensile, stable, breathable, uniform, conductivity, gel, isolated, woven film, a nonwoven film, a microporous film, composite film, poly ethylene, polypropylene, polyolefin, high temperature, the output

8.2.4 国内主要申请人

东莞新能源科技有限公司、宁德新能源科技有限公司、比亚迪股份有限公司、天津力神电池股份有限公司、复旦大学、深圳市比克电池有限公司、清华大学、中国电子科技集团公司第十八研究所、深圳市冠力新材料有限公司、万向电动汽车有限公司、东莞新能源电子科技有限公司、深圳市格瑞普电池有限公司、中南大学、浙江大学、华南师范大学、惠州亿伟锂能股份有限公司、海洋王照明科技股份有限公司、奇瑞汽车股份有限公司、鸿富锦精密工业(深圳)有限公司、北京理工大学

8.2.5 国外主要申请人

Panasonic Corporation, Samsung SDI Co., Ltd., Hitachi, Ltd., LG Chem Ltd.,

Sony Corporation, Toshiba Corporation, Toyota Motor Corporation, Sumitomo Chemical Company, Limited, Energizer Holdings, Inc., GS Yuasa Corporation, The Procter & Gamble Company, NGK Insulators, Ltd., Greatbatch Inc., NEC Corporation, Nissan Motor Co., Ltd., Mitsubishi Chemical Holdings Corp., Evonik Industries AG, Toray Industries, Inc., Mitsubishi Electric Corporation

8.2.6 锂电池隔膜专利检索表达式范例

8.2.6.1 锂电池隔膜材料国内专利检索表达式

分类号=(H01M10% or H01M4% or H01M6%or H01M2%) and 名称=((锂% or 锂离子% or 锂材料%) and (电池% or 电池组% or 蓄电池% or 蓄电装置%) and (隔膜% or 膜%)) or 主分类号=(B28D% or B29C% or B05D% or B41F% or B07C% or B60K% or B65D% or B32B% or B01F% or B01D% or B60L% or B21B%) and 名称=((锂% or 锂离子% or 锂材料%) and (电池% or 电池组% or 蓄电池% or 蓄电装置%) and (隔膜% or 膜%)) or 主分类号=(C01D% or C01G% or C01B% or C02F% or C03F% or C03C% or C04B% or C07F% or C08F% or C22B% or C25D%) and 名称=((锂% or 锂离子% or 锂材料%) and (电池% or 电池组% or 蓄电池% or 蓄电装置%) and (隔膜% or 膜%)) or 主分类号=(H01M% or H02J% or H02H% or F21S% or G01R% or G01K%) and 名称=((锂% or 锂离子% or 锂材料%) and (电池% or 电池组% or 蓄电池% or 蓄电装置%) and (隔膜% or 膜%)) or 名称,摘要,主权项+=((锂% or 锂离子% or 锂材料%) and ((电池% or 电池组% or 蓄电池% or 蓄电装置%) not (电子装置% or 电力装置% or 电子设备 or 充电装置)) and (隔膜% or 膜%))

8.2.6.2 锂电池隔膜材料国外专利检索表达式

分类号=(H01M10% or H01M4% or H01M6% or H01M2%) and 名称,摘要+=((lithium% or Li% or lithii% or Lithium-ion%) and (cell% or battery% or accumulator% or electrical storage device%) and (septum% or dissepiment% or separator%)) or 主分类号=(B28D% or B29C% or B05D% or B41F% or B07C% or B60K% or B65D% or B32B% or B01F% or B01D% or B60L% or B21B%) and 名称,摘要+=

((lithium% or Li% or lithii% or Lithium-ion%) and (cell% or battery% or accumulator% or electrical storage device%) and (septum% or dissepiment% or separator%)) or 主分类号=(C01D% or C01G% or C01B% or C02F% or C03F% or C03C% or C04B% or C07F% or C08F% or C22B% or C25D%) and 名称,摘要+=((lithium% or Li% or lithii% or Lithium-ion%) and (cell% or battery% or accumulator% or electrical storage device%) and (septum% or dissepiment% or separator%)) or 主分类号=(H01M% or H02J% or H02H% or F21S% or G01R% or G01K%) and 名称,摘要+=((lithium% or Li% or lithii% or Lithium-ion%) and (cell% or battery% or accumulator% or electrical storage device%) and (septum% or dissepiment% or separator%)) or 名称,摘要+=((lithium% or Li% or lithii% or Lithium-ion%) and ((cell% or battery% or accumulator% or electrical storage device%) not (electronic device% or electronic equipment% or electronic instrument% or charging unit%)) and (septum% or dissepiment% or separator%))

8.2.6.3 锂电池隔膜材料**innography**专利检索表达式

(IPC_H01M4or H01M10) and @(abstract,claims,title) ((lithium% or Li% or lithii% or Lithium-ion%) and (cell% or battery% or accumulator%) and (septum% or dissepiment% or separator%)) or @(abstract,claims,title) ((lithium% or Li% or lithii% or Lithium-ion%) and (cell% or battery% or accumulator% or electrical storage device%) and ((septum% or dissepiment% or separator%)))

8.2.6.4 锂电池隔膜材料**innovation**专利检索表达式

IC=(H01M4 or H01M10) and CTB=((lithium or Li or lithii or Lithium-ion) and (cell or battery or accumulator) and (septum or dissepiment or separator)) or CTB=(((lithium or Li or lithii or Lithium-ion) and ((cell or battery or accumulator) not (electronic device or electronic equipment or electronic instrument or charging unit)) and (septum or dissepiment or separator)))

8.3　锂电池电解液

8.3.1　该领域主要涉及分类号

8.3.1.1　IPC分类号

C01D 锂的化合物

H01M10/052 锂蓄电池

H01M10 二次电池及其制造

8.3.1.2　DWPI手工分类代码

X16-A02A　lithium-based cell

X16-B01F1　lithium-based

X16-E03A1　lithium-based non-aqueous electrolyte

X16-E08A　lithium-based

8.3.2　中文关键词

锂、锂离子、锂材料、电池、电池组、蓄电池、蓄电装置、电解、电解液、液、电解质、结构、组件、传输、载体、离子、锂盐、有机溶剂、结晶、固体、乙醚、丙酮、苯、气味、蒸汽、化学、毒理、阴凉、通风、干燥、碳酸、液体、刺激、污染、呼吸道、高电压、高比能、添加剂、电离、密闭

8.3.3　英文关键词

Lithium, lithium ion, lithium materials, batteries, battery packs, battery, powerstorage device, electrolysis, electrolyte, liquid electrolyte, structure, assembly, transport, carrier, ion, lithium salt, an organic solvent, crystallization, solid, diethyl ether, acetone, benzene, odors, steam, chemistry, toxicology, cool, ventilated, dry, carbonic acid, liquid, irritation, pollution, respiratory tract, high voltage, high specific energy, additives, ionization, closed

8.3.4 国内主要申请人

比亚迪股份有限公司、东莞新能源科技有限公司、宁德新能源科技有限公司、天津力神电池股份有限公司、清华大学、中南大学、深圳市比克电池有限公司、浙江大学、上海交通大学、复旦大学、天津大学、中国电子科技集团公司第十八研究所、海洋王照明科技股份有限公司、四川师范大学、华南师范大学、奇瑞汽车股份有限公司、北京理工大学、哈尔滨工业大学、合肥国轩高科动力能源股份公司、青岛乾运高科新材料股份有限公司

8.3.5 国外主要申请人

Panasonic Corporation, Sony Corporation, Samsung SDI Co., Ltd., Hitachi, Ltd., LG Chem Ltd., Toyota Motor Corporation, Toshiba Corporation, Mitsubishi Chemical Holdings Corp., GS Yuasa Corporation, NEC Corporation, Greatbatch Inc., Nissan Motor Co., Ltd., Ube Industries, Ltd., The Procter & Gamble Company, Energizer Holdings, Inc., Sumitomo Chemical Company, Limited, Berg And Berg Enterprises Inc Limited Liability Company, 3M Company

8.3.6 锂电池电解液专利检索表达式范例

8.3.6.1 锂电池电解液国内专利检索表达式

分类号=(H01M10% or H01M4% or H01M6% or H01M2%) and 名称=((锂% or 锂离子% or 锂材料%) and (电池% or 电池组% or 蓄电池% or 蓄电装置%) and (电解液% or 电解质% or 电解% or 液%)) or 主分类号=(B28D% or B29C% or B05D% or B41F% or B07C% or B60K% or B65D% or B32B% or B01F% or B01D% or B60L% or B21B%) and 名称=((锂% or 锂离子% or 锂材料%) and (电池% or 电池组% or 蓄电池% or 蓄电装置%) and (电解液% or 电解质% or 电解% or 液%)) or 主分类号=(C01D% or C01G% or C01B% or C02F% or C03F% or C03C% or C04B% or C07F% or C08F% or C22B% or C25D%) and 名称=((锂% or 锂离子% or 锂材料%) and (电池% or 电池组% or 蓄电池% or 蓄电装置%) and (电解液% or 电解质% or 电解% or 液%)) or 主分类号=(H01M% or

H02J% or H02H% or F21S% or G01R% or G01K%) and 名称=((锂% or 锂离子% or 锂材料%) and (电池% or 电池组% or 蓄电池% or 蓄电装置%) and (电解液% or 电解质% or 电解% or 液%)) or 名称,摘要,主权项+=((锂% or 锂离子% or 锂材料%) and ((电池% or 电池组% or 蓄电池% or 蓄电装置%) not (电子装置% or 电力装置% or 电子设备 or 充电装置)) and (电解液% or 电解质% or 电解% or 液%))

8.3.6.2 锂电池电解液国外专利检索表达式

分类号=(H01M10% or H01M4% or H01M6% or H01M2%) and 名称,摘要,主权项+=((lithium% or Li% or lithii% or Lithium-ion%) and (cell% or battery% or accumulator% or electrical storage device%) and (electrolyte% or electrolytic% or electrolyzation% or electrolysis% or liquid electrolyte%)) or 主分类号=(B28D% or B29C% or B05D% or B41F% or B07C% or B60K% or B65D% or B32B% or B01F% or B01D% or B60L% or B21B%) and 名称,摘要,主权项+=((lithium% or Li% or lithii% or Lithium-ion%) and (cell% or battery% or accumulator% or electrical storage device%) and (electrolyte% or electrolytic% or electrolyzation% or electrolysis% or liquid electrolyte%)) or 主分类号=(C01D% or C01G% or C01B% or C02F% or C03F% or C03C% or C04B% or C07F% or C08F% or C22B% or C25D%) and 名称,摘要,主权项+=((lithium% or Li% or lithii% or Lithium-ion%) and (cell% or battery% or accumulator% or electricalstoragedevice%) and (electrolyte% or electrolytic% or electrolyzation% or electrolysis% or liquid electrolyte%)) or 主分类号=(H01M% or H02J% or H02H% or F21S% or G01R% or G01K%) and 名称,摘要,主权项+=((lithium% or Li% or lithii% or Lithium-ion%) and (cell% or battery% or accumulator% or electrical storage device%) and (electrolyte% or electrolytic% or electrolyzation% or electrolysis% or liquid electrolyte%)) or 名称,摘要,主权项=((lithium% or Li% or lithii% or Lithium-ion%) and ((cell% or battery% or accumulator% or electrical storage device%) not (electronic device% or electronic equipment% or electronic instrument% or chargin gunit%)) and (electrolyte% or electrolytic% or electrolyzation% or electrolysis% or liquid electrolyte%))

8.3.6.3 锂电池电解液**innography**专利检索表达式

(IPC_H01M4 or H01M10) and @(abstract,claims,title) ((lithium% or Li% or lithii% or Lithium-ion%) and (cell% or battery% or accumulator%) and (electrolyte% or electrolytic% or electrolyzation% or electrolysis% or liquid electrolyte%)) or @(abstract,claims,title) ((lithium% or Li% or lithii% or Lithium-ion%) and (cell% or battery% or accumulator% or electrical storage device%) and (electrolyte% or electrolytic% or electrolyzation% or electrolysis% or liquid electrolyte%))

8.3.6.4 锂电池电解液**innovation**专利检索表达式

IC=(H01M4 or H01M10) and CTB=((lithium or Li or lithii or Lithium-ion) and (cell or battery or accumulator) and (electrolyte% or electrolytic% or electrolyzation% or electrolysis% or liquid electrolyte%)) or CTB=(((lithium or Li or lithii or Lithium-ion) and ((cell or battery or accumulator) not (electronic device or electronic equipment or electronic instrument or charging unit)) and (electrolyte% or electrolytic% or electrolyzation% or electrolysis% or liquid electrolyte%))

第九章　其他新能源产业

新能源，顾名思义是指除传统能源之外的各种能源形式，也就是指目前刚开始开发利用或正在积极研究、有待推广的能源，如太阳能、地热能、风能、潮汐能、生物质能、核能等，又被称为非常规能源。其具有资源丰富、可再生、对环境影响小、分布广以利于小规模分散利用等优点，也具有能量密度低导致开发利用需要较大空间，间断性与波动性导致持续供能不利、开发利用成本普遍较化石能源高的缺点。目前，我国把新能源一方面作为新的能源补充，另一方面作为有效降低环境污染的途径。

“十二五”期间，宁波市将新能源产业列为战略新兴产业予以重点关注和发展。根据宁波市的产业特点和发展规模，本书选择了潮汐能、生物质能、核能作为其他新能源产业，并归在一章中进行研究，确定了关键词、分类号、主要申请人等检索要素，编制了上述三类能源产业的专利检索表达式作为范例供读者参考。

9.1　潮汐能

9.1.1　该领域主要涉及分类号

9.1.1.1　IPC 分类号

E02B9 潮汐或波浪发电站

F03B13/12 以利用波能或潮汐能为特点的

F03B13/26 利用潮汐能

9.1.1.2　DWPI 手工分类代码

X15-C02 tide energy

X15-C02A tide energy plant type

X15-C02A9 other tide energy plant type

9.1.2 中文关键词

潮汐能、潮水、潮能、潮流能、能量、涨潮、落潮、潮差、蓄堤、海湾、水库、堤坝、电站、动能、势能、电能、再生能源、环保、无污染、装置、发电机、转子、单向发电、双向发电、设备、发电、电网、转换、变换、转化、转变、水轮机、涡轮机、叶轮机

9.1.3 英文关键词

tidal energy, tidal power, tidal-energy, tidal-power, energy, power, device, equipment, installation, plant, apparatus, furnish power, power generation, generate electricity, yield electricity, conversion, convert, transform, water turbine, water-turbine, hydroturbine, hydro-turbine, alternator, electric generator, turbomachine, turbo-machine, turbo machine, turbine

9.1.4 国内主要申请人

大连理工大学、国电联合动力技术有限公司、浙江海洋学院、哈尔滨工程大学、中国海洋大学、河海大学、哈尔滨电机厂有限责任公司、浙江大学、山东大学、浙江大学宁波理工学院、宁波市镇海捷登应用技术研究所、广东海洋大学、岱山县科技开发中心、无锡津天阳激光电子有限公司、机械科学研究总院先进制造技术研究中心、宁波市镇海西门专利技术开发有限公司、开放水知识产权有限公司、国家海洋局第二海洋研究所、欧鹏海德洛集团有限公司、清华大学

9.1.5 国外主要申请人

Hitachi, Ltd., Toshiba Corporation, Voith AG, General Electric Company, Ocean Power Technologies, Inc., Alstom SA, Andritz AG, Fuji Electric Holdings Co., Ltd., Siemens AG, Seabased AB, Mitsubishi Heavy Industries, Ltd., Robert Bosch GMBH, Atlantis, Openhydro Group Ltd., United Technologies Corporation, Openhydro IP Limited, Escher Wyss AG, Georg Fischer AG, Schlumberger Limited

9.1.6 潮汐能产业专利检索表达式范例

9.1.6.1 潮汐能产业国内专利检索表达式

名称=(潮汐能% or 潮能% or 潮流能%) and (名称=(装置% or 设备% or 发电% or 转换% or 变换% or 转化% or 转变%) or 摘要=(装置% or 设备% or 发电% or 转换% or 变换% or 转化% or 转变%) or 主权项=(装置% or 设备% or 发电% or 转换% or 变换% or 转化% or 转变%)) or 名称=(水轮机% or 发电机% or 涡轮机% or 叶轮机%) and (名称=(潮汐能% or 潮能% or 潮流能%) or 摘要=(潮汐能% or 潮能% or 潮流能%) or 主权项=(潮汐能% or 潮能% or 潮流能%)) or (名称=(水轮机% or 发电机% or 涡轮机% or 叶轮机%) or 摘要=(水轮机% or 发电机% or 涡轮机% or 叶轮机%) or 主权项=(水轮机% or 发电机% or 涡轮机% or 叶轮机%)) and (名称=(潮汐能% or 潮能% or 潮流能%) or 摘要=(潮汐能% or 潮能% or 潮流能%) or 主权项=(潮汐能% or 潮能% or 潮流能%)) and (主分类号,分类号+=(F03B%)) or (主分类号,分类号+=(F03B13/26%))

9.1.6.2 潮汐能产业国外专利检索表达式

名称=('tidal energy%' or 'tidal power%' or 'tidal-energy%' or 'tidal-power%' or (tidal% or tide%) and (energy% or power%)) and 名称,摘要+=(device% or unit% or equipment% or installation% or plant% or apparatus% or 'furnish power%' or 'power generation%' or 'generate electricity%' or 'yield electricity%' or conversion% or convert% or transform%) or 名称=('water turbine%' or 'water-turbine%' or 'hydroturbine%' or 'hydro-turbine%' or 'alternator%' or 'electric generator%' or 'turbomachine% or 'turbo-machine%' or 'turbo machine%' or 'turbine%') and 名称,摘要+=('tidal energy%' or 'tidal power%' or 'tidal-energy%' or 'tidal-power%' or (tidal% or tide%) and (energy% or power%)) or 名称,摘要+=('water turbine%' or 'water-turbine%' or 'hydroturbine%' or 'hydro-turbine%' or 'alternator%' or 'electric generator%' or 'turbomachine%' or 'turbo-machine%' or 'turbo machine%' or 'turbine%') and 名称,摘要+=('tidal energy%' or 'tidal power%' or 'tidal-energy%' or 'tidal-power%' or (tidal% or tide%) and (energy% or power%)) and 主分类号,分类号+=('F03B%') or 主

分类号,分类号+=('F03B13/26%')

9.1.6.3 潮汐能产业innography专利检索表达式

(IPC_F03B13) or ((IPC_E02B9)and @(abstract,claims,title) ('tidal energy%' or 'tidal power%' or 'tidal-energy%' or 'tidal-power%' or (tidal% or tide%) and (energy% or power%))) or @(abstract,claims,title) ('water turbine%' or 'water-turbine%' or 'hydroturbine%' or 'hydro-turbine%' or 'alternator%' or 'electric generator%' or 'turbomachine%' or 'turbo-machine%' or 'turbo machine%' or 'turbine%')

9.1.6.4 潮汐能产业innovation专利检索表达式

IC=(F03B13) or (IC=(E02B9) and CTB=(tidal energy or tidal power or tidal-energy or tidal-power or (tidal or tide) and (energy or power))) or CTB=(water turbine or water-turbine or hydroturbine or hydro-turbine or alternator or electric generator or turbomachine or turbo-machine or turbo machine or turbine)

9.2 生物质能

9.2.1 该领域主要涉及分类号

9.2.1.1 IPC分类号

B09B 固体废物的处理,固体废物的破坏或将固体废物转变为有用或无害的东西

C02F 水、废水、污水或污泥的处理

C10B 含碳物料的干馏生产煤气、焦炭、焦油或类似物

F02G 热气或燃烧产物的变容式发动机装置

9.2.1.2 DWPI手工分类代码

Q73-A15D biomass fuel

Q74-A25D biomass fuel

X15-E biomass, biofuel and waste fuel combustion power genereation

9.2.2　中文关键词

发电、电能、生物质、农林废物、农林废弃物、秸秆、垃圾、沼气、生物燃料、零散木材、树枝、树叶、木屑、枝丫、锯末、梢头、板皮、糠皮、茅草、灌木枝、木材、截头、果壳、果核、秸、玉米秸、高粱秸、麦秸、稻草、豆秸、棉秆、农业、农林、林业、废弃物、稻壳、能源植物、草本能源作物、油料作物、碳氢化合物植物、水生植物、人、畜、禽、粪便、排泄物、污水、废水、发酵、装置

9.2.3　英文关键词

furnish power, power generation, generate electricity, yield electricity, electric energy, electrical energy, power, energy, BMF, biomass material, xenobiotic, biomass, agricultural, forest, waste, residue, agriculture, product waste, forest product waste, straw, stalk, crop stalk, cornstalk, crop straw, rubbish, garbage, trash, waste, junk, litter, refuse, methane, fire damp, gas, marsh gas, sewage gas, sludge gas, biogas, biofuel, scattered timber, branch, twig, bough, tree branch, tree-branch, leaf, foliage, leafage, leave, sawdust, wood chip, saw powder, shavings, tip of a branch, top log, top-log, skin, saw mill residue, slab, chaff, thatch, twitch-grass, twitch grass, couch grass, couch-grass, esparto, shrub, shell, shuck, husk, nut shell, nut-shell, nutshell, pit, kernel, core, haulm, maize stalk, maize-stalk, stem of maize, sorghum stalk, sorghum-stalk, corn stalk, corn-stalk, straw of wheat, wheat straw, wheat-straw, wheat stalk, wheat-stalk, rice grass, rice-grass, rice straw, rice-straw, haulm, hay, bean stalk, bean-stalk, beanstalk, legume straw, legume-straw, cotton stem, cotton-stem, cotton stalk, cotton-stalk, cotton straw, cotton-straw, rice husk, rice-husk, rice hull, rice-hull, paddy hull, paddy-hull, rice paddies, rice-paddies, energy plant, energy-plant, energy crop, energy-crop, resource plant, resource-plant, switch grass, switch-grass, petroleum plant, petroleum-plant, biofuel plant, biofuel-plant, bio-fuel-plant, oil plant, oil-plant, biofuel, bio fuel, bio-fuel, vegetable oil, vegetable-oil, plant oil, plant-oil, biodiesel, bio diesel, bio-diesel, fuel crop, fuel-crop, oilseed crop, oilseed-crop, oil-bearing crop, hydrophyte, water-plant, aquatic plant, aquatic-plant, aquatic growth, aquatic-growth, underwater vegetation, underwater-vegetation, underwater-plant, underwater plant, aquatic crop, water crop, water-crop, people, human, mankind, humanity, Homo or livestock, domestic animal, domestic-animal, pack animal, pack-animal, livestock, domestic animal, domestic-animal, pack animal, pack-animal, pig, hog, swine, cattle, goat, ram' or 'jumbuck, poultry, fowl, avian, bird, birds and beasts, Rooster, cock, chicken, duck, geese, goose, excrement, urine, night soil, night-soil, nightsoil, ordure, feces, dung, stool, dejection, discharge, excreta, excretion, slop, foul water, foul-water, sewage, waste water, waste-water, wastewater, effluent, polluted water, polluted-water, leaven, ferment, yeast, device, unit, equipment, installation

9.2.4 国内主要申请人

浙江大学、清华大学、上海交通大学、东南大学、无锡明惠通科技有限公司、华南理工大学、哈尔滨工业大学、哈尔滨工程大学、广东富信电子科技有限公司、天津泰达环保有限公司、华北电力大学、深圳市中科力函热声技术工程研究中心有限公司、湖南晟通科技集团有限公司、大连海事大学、天津大学、中国科学院工程热物理研究所、中国科学院理化技术研究所、中国科学院电工研究所

9.5.5 国外主要申请人

E.I. du Pont de Nemours & Company, BASF SE, Evonik Industries AG, Koninklijke DSM NV, XylecoInc, Celanese Corporation, Royal Dutch Shell plc, Kubanskij Gosudarstvennyj Tekhnologicheskij Univer, Kior Inc., Veolia Environnement, Mitsubishi Heavy Industries, Ltd., Honeywell International Inc., Cropdesign NV, General Electric Company, Novo Nordisk Fonden, University of California, Council Of Scientific & Industrial Research, IFP Energies Nouvelles, MEXICHEM SAB de CV

9.2.6 生物质能产业专利检索表达式范例

9.2.6.1 生物质能产业国内专利检索表达式

(名称,摘要,主权项+=('发电%' or '电能%') and ((名称,摘要,主权项+=('生物质%' or '农林废物%' or '农林废弃物%' or '秸秆%' or '垃圾%' or '沼气%' or '生物燃料%' or '零散木材%' or '树枝%' or '树叶%' or '木屑%' or '枝丫%' or '锯末%' or '木屑%' or '梢头%' or '板皮%' or '糠皮%' or '茅草%' or '灌木枝%' or ('木材%' and '截头%') or '果壳%' or '果核%' or '秸%' or '玉米秸%' or '高粱秸%' or '麦秸%' or '稻草%' or '豆秸%' or '棉秆%' or (('农业%' or '农林%' or '林业%') and '废弃物%') or '稻壳%' or '能源植物%' or '草本能源作物%' or '油料作物%' or '碳氢化合物植物%' or '水生植物%' or (('人%' or '畜%' or '禽%') and ('粪便%' or '排泄物%')) or (('污水%' or '废水%') and '发酵%'))) or 主分类号,分类号+=('B09B3/00%' or 'B09B5/00%' or 'C02F9/14%' or 'C02F11/04%' or 'C02F11/06%' or 'C10B53/00%' or 'C10B53/02%' or 'C10J3%' or 'C10J3/18%' or 'C10J3/20%' or 'C10L5/44%' or 'C10L5/46%' or 'C10L5/48%' or 'C12M1/107%' or 'F02B43%' or 'F02B43/00%' or 'F02B43/08%' or 'F02G%' or 'F03G7/00%' or 'F23B%' or 'F23G5%' or 'F23G7%' or 'F23K%' or 'H02N11/00%')) and 名称,摘要,主权项+=(装置% or 设备% or 技术% or 系统% or 机%)) not 主分类号=('C05%')

9.2.6.2 生物质能产业国外专利检索表达式

(名称,摘要+=('furnish power%' or 'power generation%' or 'generate electricity%' or 'yield electricity%' or 'electric energy%' or 'electrical energy%' or 'power%' or 'energy%') and (名称,摘要+=('BMF%' or 'biomass material%' or 'xenobiotic%' or 'biomass%' or ('agricultural%' and 'forest%' and ('waste%' or 'residue%')) or ('rejectamenta%' and 'agriculture%') or 'product waste%' or 'forest product waste%' or 'straw%' or 'stalk%' or 'crop stalk%' or 'cornstalk%' or 'crop straw%' or 'rubbish%' or 'garbage%' or 'trash%' or 'waste%' or 'junk%' or 'litter%' or 'refuse%' or 'trashery%' or 'methane%' or 'fire-damp%' or 'fire damp%' or 'firedamp%' or 'gas%' or 'marsh gas%' or 'marsh-gas%' or 'marshgas%' or 'sewage gas%' or 'sewage-gas%' or 'sewagegas%' or 'sludge gas%' or 'sludge-gas%' or 'sludgegas%' or 'biogas%' or 'biofuel%' or 'biomass fuel%' or 'biomass- fuel%' or 'scattered timber%' or 'scattered- timber%' or 'branch%' or 'twig%' or 'bough%' or 'tree branch%' or 'tree-branch%' or 'leaf%' or 'foliage%' or 'leafage%' or 'leave%' or 'sawdust%' or 'saw dust%' or 'saw-dust%' or 'wood chip%' or 'wood-chip%' or 'woodchip%' or 'saw powder%' or 'saw-powder%' or 'sawpowder%' or 'shavings%' or 'scobs%' or 'tip of a branch%' or 'top log%' or 'top-log%' or 'skin%' or 'saw mill residue%' or 'slab%' or 'chaff%' or 'thatch%' or 'twitch-grass%' or 'twitch grass%' or 'couchgrass%' or 'couch grass%' or 'couch-grass%' or 'esparto%' or 'pikeweed%' or 'shrub%' or 'shell%' or 'shuck%' or 'husk%' or 'nut shell%' or 'nutshell%' or 'nutshell%' or 'pit%' or 'kernel%' or 'nutlet%' or 'core%' or 'noyau%' or 'haulm%' or 'corn stover%' or 'corn-stover%' or 'cornstover%' or 'ghead%' or 'maize stalk%' or 'maize-stalk%' or 'maizestalk%' or 'stem of maize%' or 'sorghum stalk%' or 'sorghum- stalk%' or 'corn stalk%' or 'corn- stalk%' or 'straw of wheat%' or 'wheat straw%' or 'wheat-straw%' or 'wheat stalk%' or 'wheat-stalk%' or 'rice grass%' or 'ricegrass%' or 'ricegrass%' or 'rice straw%' or 'rice- straw%' or 'haulm%' or 'hay%' or 'bean stalk%' or 'bean-stalk%' or 'beanstalk%' or 'legume straw%' or 'legume-straw%' or 'cotton stem%' or 'cotton- stem%' or 'cotton stalk%' or 'cotton- stalk%' or 'cotton straw%' or 'cotton- straw%' or 'rice husk%' or 'rice- husk%' or 'rice hull%' or 'ricehull%' or 'paddy hull%' or 'paddy-hull%' or 'rice paddies%' or 'rice-paddies%' or 'energy plant%' or 'energy- plant%' or 'energy crop%' or 'energy- crop%' or 'resource plant%' or 'resource-plant%' or 'switchgrass%' or 'switch grass%' or 'switch-grass%' or 'petroleum plant%' or 'petroleum- plant%' or 'biofuel plant%' or 'biofuel- plant%' or 'bio-fuel-plant%' or 'oil plant%' or 'oil-plant%' or 'biofuel%' or 'bio fuel%' or 'bio-fuel%' or 'vegetable oil%' or 'vegetable-oil%' or 'plant oil%' or 'plant-oil%' or 'biodiesel%' or 'bio diesel%' or 'bio- diesel%' or 'fuel crop%' or 'fuel- crop%' or 'oilseed crop%' or 'oilseed-crop%' or 'oil crop%' or 'oil-crop%' or 'oil-bearing crop%' or 'hydrocarbons plant%' or 'hydrocarbons- plant%' or 'hydrophyte%' or 'water plant%' or 'water- plant%' or 'waterplant%' or 'aquatic plant%' or 'aquatic- plant%' or 'aquatic growth%' or 'aquatic- growth%' or 'underwater vegetation%' or 'underwater- vegetation%' or 'underwater-plant%' or 'underwater plant%' or 'aquatic crop%' or 'water crop%' or 'water-crop%' or ('people%' or 'human%' or 'man' or 'men' or 'person%' or 'mankind%' or 'humanity%' or 'homo' or 'livestock%' or 'domestic animal%' or 'domestic-animal%' or 'pack animal%' or 'pack-animal%' or 'pig%' or 'hog%' or 'swine%' or 'cattle%' or 'ox' or 'cow' or 'bovine%' or 'sheep%' or 'goat%' or 'ram' or 'jumbuck%' or 'poultry%' or 'fowl%' or 'avian%' or 'bird%' or 'birds and beasts%' or 'rooster%' or 'cock%' or 'chicken%' or 'duck%' or 'geese%' or 'goose%') and ('excrement%' or 'urine%' or 'night soil%' or 'night-soil%' or 'nightsoil%' or 'ordure%' or 'feces%' or 'faeces%' or 'faecal%' or 'dung%' or 'stool%' or 'dejection%' or 'discharge%' or 'egesta%' or 'lapaxis%' or 'excreta%' or 'excretion%') or ('slop%' or 'foul water%' or 'foul-water%' or 'sewage%' or 'waste water%' or 'waste-water%' or 'wastewater%' or 'effluent%' or 'polluted water%' or 'polluted-water%') and ('leaven%' or 'ferment%' or 'yeast%' or 'zymosis%' or 'zymolysis%' or 'zymo%')) or 主分类号,分类号+=('B09B3/00%' or 'B09B5/00%' or 'C02F9/14%' or 'C02F11/04%' or 'C02F11/06%' or 'C10B53/00%' or 'C10B53/02%' or 'C10J3%' or 'C10J3/18%' or 'C10J3/20%' or 'C10L5/44%' or 'C10L5/46%' or 'C10L5/48%' or 'C12M1/107%' or 'F02B43%' or 'F02B43/00%' or 'F02B43/08%' or 'F02G%' or 'F03G7/00%' or 'F23B%' or 'F23G5%' or 'F23G7%' or 'F23K%' or 'H02N11/00%')) and 名称,摘要+=('device%' or 'unit%' or 'equipment%' or 'installation%' or 'plant%' or 'apparatus%' or 'machine%' or 'system%')) not 主分类号=('C05%')

9.2.6.3 生物质能产业innography专利检索表达式

@(abstract,claims,title) ((BMF or biomass material or xenobiotic or biomass) and (furnish power or power generation or generate electricity or yield electricity or electric energy or electrical energy or power or energy or device or unit or equipment or installation or plant or apparatus or machine or system)) or @(abstract,claims,title) (BMF% or biomass material% or xenobiotic% or biomass% or (agricultural% and forest% and (waste% or residue%)) or (rejectamenta% and agriculture%) or product waste% or forest product waste% or straw% or stalk% or crop stalk% or cornstalk% or crop straw% or rubbish% or garbage% or trash% or waste% or junk% or litter%

or refuse% or trashery% or methane% or fire-damp% or fire damp% or firedamp% or gas% or marsh gas% or marsh-gas% or marshgas% or sewage gas% or sewage-gas% or sewagegas% or sludge gas% or sludge-gas% or sludgegas% or biogas% or biofuel% or biomass fuel% or biomass-fuel% or scattered timber% or scattered-timber% or branch% or twig% or bough% or tree branch% or tree-branch% or leaf% or foliage% or leafage% or leave% or sawdust% or saw dust% or saw-dust% or wood chip% or wood-chip% or woodchip% or saw powder% or saw-powder% or sawpowder% or shavings% or scobs% or tip of a branch% or top log% or top-log% or skin% or saw mill residue% or slab% or chaff% or thatch% or twitch-grass% or twitch grass% or couchgrass% or couch grass% or couch-grass% or esparto% or pikeweed% or shrub% or shell% or shuck% or husk% or nut shell% or nut-shell% or nutshell% or pit% or kernel% or nutlet% or core% or noyau% or haulm% or corn stover% or corn-stover% or cornstover% or ghead% or maize stalk% or maize-stalk% or maizestalk% or stem of maize% or sorghum stalk% or sorghum-stalk% or corn stalk% or corn-stalk% or straw of wheat% or wheat straw% or wheat-straw% or wheat stalk% or wheat-stalk% or rice grass% or rice-grass% or ricegrass% or rice straw% or rice-straw% or haulm% or hay% or bean stalk% or bean-stalk% or beanstalk% or legume straw% or legume-straw% or cotton stem% or cotton-stem% or cotton stalk% or cotton-stalk% or cotton straw% or cotton-straw% or rice husk% or rice-husk% or rice hull% or rice-hull% or paddy hull% or paddy-hull% or rice paddies% or rice-paddies% or energy plant% or energy-plant% or energy crop% or energy-crop% or resource plant% or resource-plant% or switchgrass% or switch grass% or switch-grass% or petroleum plant% or petroleum-plant% or biofuel plant% or biofuel-plant% or bio-fuel-plant% or oil plant% or oil-plant% or biofuel% or bio fuel% or bio-fuel% or vegetable oil% or vegetable-oil% or plant oil% or plant-oil% or biodiesel% or bio diesel% or bio-diesel% or fuel crop% or fuel-crop% or oilseed crop% or oilseed-crop% or oil crop% or oil-crop% or oil-bearing crop% or hydrocarbons plant% or hydrocarbons-plant% or hydrophyte% or water plant% or water-plant% or waterplant% or aquatic plant% or aquatic-plant% or aquatic growth% or aquatic-growth% or underwater vegetation% or underwater-vegetation% or underwater-plant% or underwater plant% or aquatic crop% or water crop% or water-crop% or (people% or human% or man or men or person% or mankind% or humanity% or homo or livestock% or domestic animal% or domestic-animal% or pack animal% or pack-animal% or pig% or hog% or swine% or cattle% or ox or cow or bovine% or sheep% or goat% or ram or jumbuck% or poultry% or fowl% or avian% or bird% or birds and beasts% or rooster% or cock% or chicken% or duck% or geese% or goose%) and (excrement% or urine% or night soil% or night-soil% or nightsoil% or ordure% or feces% or faeces% or faecal% or dung% or stool% or dejection% or discharge% or egesta% or lapaxis% or excreta% or excretion%) or (slop% or foul water% or foul-water% or sewage% or waste water% or waste-water% or wastewater% or effluent% or polluted water% or polluted-water%) and (leaven% or ferment% or yeast% or zymosis% or zymolysis% or zymo%))

9.2.6.4 生物质能产业innovation专利检索表达式

CTB=((BMF or biomass material or xenobiotic or biomass) and (furnish power or power generation or generate electricity or yield electricity or electric energy or electrical energy or power or energy or device or unit or equipment or installation or plant or apparatus or machine or system)) or CTB=((BMF or biomass material or xenobiotic or biomass or (agricultural and forest and (waste or residue)) or (rejectamenta and agriculture) or product waste or Forest Product waste or straw or stalk or crop stalk or cornstalk or crop straw or rubbish or garbage or trash or waste or junk or litter or refuse or trashery or methane or fire-damp or fire damp or firedamp or gas or marsh gas or marsh-gas or marshgas or sewage gas or sewage-gas or sewagegas or sludge gas or sludge-gas or sludgegas or biogas or biofuel or biomass fuel or biomass-fuel or scattered timber or scattered-timber or branch or twig or bough or tree branch or tree-branch or leaf or foliage or leafage or leave or sawdust or saw dust or saw-dust or wood chip or wood-chip or woodchip or saw powder or saw-powder or sawpowder or shavings or scobs or tip of a branch or top log or top-log or Skin or saw mill residue or slab or chaff or thatch or twitch-grass or twitch grass or couch-grass or couch grass or couch-grass or esparto or pikeweed or shrub or shell or shuck or husk or nut shell or nut-shell or nutshell or pit or kernel or nutlet or core or noyau or haulm or corn stover or corn-stover or cornstover or ghead or maize stalk or maize-stalk or maizestalk or stem of maize or sorghum stalk or sorghum-stalk or corn stalk or corn-stalk or straw of wheat or wheat straw or wheat-straw or wheat stalk or wheat-stalk or rice grass or rice-grass or ricegrass or rice straw or rice-straw or haulm or hay or bean stalk or bean-stalk or beanstalk or legume straw or legume-straw or cotton stem or cotton-stem or cotton stalk or cotton-stalk or cotton straw or cotton-straw or rice husk or rice-husk or rice hull or rice-hull or paddy hull or paddy-hull or rice paddies or rice-paddies or energy plant or energy-plant or energy crop or energy-crop or Resource plant or resource-plant or switchgrass or switch grass or switch-grass or petroleum plant or petroleum-plant or biofuel plant or biofuel-plant or bio-fuel-plant or oil plant or oil-plant or biofuel or bio fuel or bio-fuel or vegetable oil or vegetable-oil or plant oil or plant-oil or biodiesel or bio diesel or bio-diesel or fuel crop or fuel-crop or oilseed crop or oilseed-crop or oil crop or oil-crop or oil-bearing crop or hydrocarbons plant or hydrocarbons-plant or hydrophyte or water plant or water-plant or waterplant or aquatic plant or aquatic-plant or aquatic growth or aquatic-growth or underwater vegetation or underwater-vegetation or underwater-plant or underwater plant or aquatic crop or water crop or water-crop or (people or human or man or men or person or mankind or humanity or homo or livestock or domestic animal or domestic-animal or pack animal or pack-animal pig or hog or swine or cattle or ox or cow or bovine or sheep or Goat or ram or jumbuck or poultry or fowl or avian or bird or birds and beasts or rooster or cock or chicken or duck or geese or goose) and (excrement or urine or night soil or night-soil or nightsoil or ordure or feces or faeces or faecal or dung or Stool or dejection or discharge or egesta or lapaxis or excreta or excretion) or (slop or foul water or foul-water or sewage or waste water or waste-water or wastewater or effluent or polluted water or polluted-water) and (leaven or ferment or yeast or zymosis or zymolysis or zymo)) and (furnish power or power generation or generate electricity or yield electricity or electric energy or electrical energy or power or energy or device or unit or equipment or installation or plant or apparatus or machine or system))

9.3 核能

9.3.1 该领域主要涉及分类号

9.3.1.1 IPC分类号

G21B1 热核聚变反应堆

G21B3 低温核子聚变反应堆，如所谓的冷聚变反应堆

G21C 核反应堆

G21D 核发电厂

9.3.1.2 DWPI手工分类代码

Q24-E02E using nuclear energy

X14 nuclear power generation

X14-C nuclear power plant and control

X14-C01 control of nuclear reaction

X14-C05X other nuclear power plant aspects

9.3.2 中文关键词

核能、原子能、核裂变、核聚变、核衰变、压水堆、沸水堆、反应堆、聚变堆、核电站、热中子堆、高温气冷堆、快中子堆、超临界水冷堆、熔盐堆、钠冷快堆、铅冷快堆、气冷快堆、重水堆、石墨水冷堆、石墨堆、轻水堆、高温堆、行波堆、泵、稳压器、蒸汽发生器、安全壳、汽轮机、冷却系统、喷淋系统

9.3.3 英文关键词

nuclear power, nuclear-power, energy of nucleus, nuclear energy, nuclear-energy, atomic energy, atomic-energy, nuclear, Nuclear Fission, Nuclear-Fission, atomic power, atomic-power, atomic fission, atomic-fission, nuclear fusion, nuclear-fusion, atomic fusion, atomic-fusion, nucleosynthesis, Atomic Mass, Atomic-Mass, nuclear decay, nuclear-decay, nuclear disintegration, pressurized water reactor, pressurized-water reactor, pressurized-water-reactor, pressurized water-reactor, PWR, boiling water reactor, BWR, SBWR, nuclear reactor, EPR, fusion reactor, fusion-reactor, nuclear power station, nuclear power plant, thermal reactor, thermal-reactor, thermal neutron-reactor, HTGR, HTR, High Temperature Reactor, fast reactor, FBR, LMFBR, FWR, Supercritical Water Cooled Reactor, Supercritical Water-Cooled Reactor, Supercritical Water-Cooled-Reactor, Supercritical Water Reactor, SCWR, CSCWR, Molten-salt Reactor, Molten-salt-Reactor, Molten salt Reactor, Molten salt-Reactor, MSR, fused-salt reactor, fused-salt-reactor, fused salt reactor, Sodium Cooled Fast Reactor, SFR, LMFBR, Cooled Fast Reactor, lead-cooled fast reactor, BREST, LFR, gas cooled fast reactor, GFR, GCFR, heavy water-reactor, PHWR, CANDU, Canadian deuterium uranium, RBMK, LGR, LWGR, water cooled graphite moderated reactor, graphite reactor, graphite pile, graphite coating reactor, GCR, light water reactor, ALWR, LWR, VHTR, HTR, high temperature reactor, Travelling Wave Nuclear Reactor, pump, pressurize, regulator, pressostat, steam generator, vapor generator, vapor-generator, steam producer, boiler, containment, Turbine, steam turbine, cooling system, Spray System, sprinkler system

9.1.4 国内主要申请人

中国广东核电集团有限公司、中国核动力研究设计院、中广核工程有限公司、中国核电工程有限公司、清华大学、大亚湾核电运营管理有限责任公司、中国原子能科学研究院、中科华核电技术研究院有限公司、上海核工程研究设计院、华北电力大学、苏州热工研究院有限公司、上海阿波罗机械股份有限公司、核动力运行研究所、阿海珐核能公司、中国科学院等离子体物理研究所、中核武汉核电运行技术股份有限公司、中国核工业华兴建设有限公司、中国科学院合肥物质科学研究院、江苏核电有限公司、中广核检测技术有限公司

9.3.5 国外主要申请人

Toshiba Corporation, Hitachi, Ltd., Commissariat à l'énergieatomique et aux énergies alternatives, General Electric Company, Bain Capital, LLC, Mitsubishi Heavy Industries, Ltd., Siemens AG, United Kingdom Atomic Energy Authority, Areva SA, ABB Ltd., Babcock & Wilcox Co., Korea Atomic Energy Research, Kraftwerk Union AG, The Tokyo Electric Power Company, Inc., IHI Corporation, Nippon Atomic Ind Group Co., Alstom SA, British Nuclear Fuels Ltd., Sumitomo Mitsui Financial Group, Inc.

9.3.6 核能产业专利检索表达式范例

9.3.6.1 核能产业国内专利检索表达式

(主分类号,分类号+=(G21D% or G21B% or G21C%)) or 名称=(核能% or 原子能% or 核裂变% or 核聚变% or 核衰变% or 压水堆% or 沸水堆% or 反应堆% or 聚变堆% or 核电站% or 热中子堆% or 高温气冷堆% or 快中子堆% or 超临界水冷堆% or 熔盐堆% or 钠冷快堆% or 铅冷快堆% or 气冷快堆% or 重水堆% or 石墨水冷堆% or 石墨堆% or 轻水堆% or 高温堆% or 行波堆%) or (名称=(核能% or 原子能% or 核裂变% or 核聚变% or 核衰变% or 压水堆% or 沸水堆% or 反应堆% or 聚变堆% or 核电站% or 热中子堆% or 高温气冷堆% or 快中子堆% or 超临界水冷堆% or 熔盐堆% or 钠冷快堆% or 铅冷快堆% or 气冷快堆% or 重水堆% or 石墨水冷堆% or 石墨堆% or 轻水堆% or 高温堆% or 行波堆%) or 摘要=(核能% or 原子能% or 核裂变% or 核聚变% or 核衰变% or 压水堆% or 沸水堆% or 反应堆% or 聚变堆% or 核电站% or 热中子堆% or 高温气冷堆% or 快中子堆% or 超临界水冷堆% or 熔盐堆% or 钠冷快堆% or 铅冷快堆% or 气冷快堆% or 重水堆% or 石墨水冷堆% or 石墨堆% or 轻水堆% or 高温堆% or 行波堆%) or 主权项=(核能% or 原子能% or 核裂变% or 核聚变% or 核衰变% or 压水堆% or 沸水堆% or 反应堆% or 聚变堆% or 核电站% or 热中子堆% or 高温气冷堆% or 快中子堆% or 超临界水冷堆% or 熔盐堆% or 钠冷快堆% or 铅冷快堆% or 气冷快堆% or 重水堆%

or 石墨水冷堆% or 石墨堆% or 轻水堆% or 高温堆% or 行波堆%)) and (名称=(泵% or 稳压器% or 蒸汽发生器% or 安全壳% or 汽轮机% or 冷却系统% or 喷淋系统%) or 摘要=(泵% or 稳压器% or 蒸汽发生器% or 安全壳% or 汽轮机% or 冷却系统% or 喷淋系统%) or 主权项=(泵% or 稳压器% or 蒸汽发生器% or 安全壳% or 汽轮机% or 冷却系统% or 喷淋系统%))

9.3.6.2 核能产业国外专利检索表达式

主分类号,分类号+=('G21D%' or 'G21B%' or 'G21C%') or (名称=('nuclear power%' or 'nuclear-power%' or 'energy of nucleus%' or 'nuclear energy%' or 'nuclear-energy%' or 'atomic energy%' or 'atomic-energy%' or 'nuclear%' or 'Nuclear Fission%' or 'Nuclear-Fission%' or 'atomic power%' or 'atomic-power%' or 'atomic fission%' or 'atomic-fission%' or 'nuclear fusion%' or 'nuclear-fusion%' or 'atomic fusion%' or 'atomic-fusion%' or 'nucleosynthesis%' or 'Atomic Mass%' or 'Atomic-Mass%' or 'nuclear decay%' or 'nuclear-decay%' or 'nuclear disintegration%' or 'pressurized water reactor%' or 'pressurized-water reactor%' or 'pressurized-water-reactor%' or 'pressurized water-reactor%' or 'PWR%' or 'boiling water reactor%' or 'boiling-water reactor%' or 'boiling-water-reactor%' or 'boiling water-reactor%' or 'BWR%' or 'SBWR%' or 'nuclear reactor%' or 'nuclear-reactor%' or 'EPR%' or 'fusion reactor%' or 'fusion-reactor%' or 'nuclear power station%' or 'nuclear power plant%' or 'thermal reactor%' or 'thermal-reactor%' or 'thermal neutron-reactor%' or 'HTGR%' or 'HTR%' or 'high temperature gas cooled reactor%' or 'high-temperature gas-cooled reactor%' or 'high-temperature gas cooled reactor%' or 'high temperature gas-cooled reactor%' or 'High Temperature Reactor%' or 'High-Temperature Reactor%' or 'High-Temperature-Reactor%' or 'high-temperature gas reactor%' or 'high temperature gas reactor%' or 'fast reactor%' or 'fast-reactor%' or 'fast neutron reactor%' or 'fast-neutron reactor%' or 'fast-neutron-reactor%' or 'fast neutron-reactor%' or 'fast breeder reactor%' or 'fast-breeder reactor%' or 'fast-breeder-reactor%' or 'fast breeder-reactor%' or 'FBR%' or 'LMFBR%' or 'FWR%' or 'Supercritical Water Cooled Reactor%' or 'Supercritical Water-Cooled Reactor%' or 'Supercritical Water-Cooled-Reactor%' or 'Supercritical Water Reactor%' or 'Supercritical Water-Reactor%' or 'Supercritical-Water-Reactor%' or

'Supercritical-Water Reactor%' or 'SCWR%' or 'CSCWR%' or 'Molten-salt Reactor%' or 'Molten- salt- Reactor% ' or 'Molten salt Reactor% ' or 'Molten salt- Reactor% ' or 'MSR%' or 'fused-salt reactor%' or 'fused-salt-reactor%' or 'fused salt reactor%' or 'Sodium Cooled Fast Reactor%' or 'Sodium-Cooled Fast Reactor%' or 'Sodium-Cooled-Fast-Reactor%' or 'Sodium-Cooled-Fast Reactor%' or 'Sodium Cooled-Fast-Reactor%' or 'Sodium Cooled-Fast Reactor%' or 'Sodium Cooled Fast-Reactor%' or 'SFR%' or 'LMFBR%' or 'Cooled Fast Reactor%' or 'Lead-cooled fast reactor%' or 'Lead cooled fast reactor% ' or 'lead- cooled- fast- reactor% ' or 'lead- cooled fast- reactor% ' or 'BREST%' or 'LFR%' or 'gas cooled fast reactor%' or 'gas-cooled fast reactor%' or 'gas-cooled-fast-reactor%' or 'gas-cooled fast-reactor%' or 'gas cooled fast-reactor%' or 'GFR% ' or 'GCFR% ' or 'heavy water reactor% ' or 'heavy- water reactor% ' or 'heavy-water-reactor%' or 'heavy water-reactor%' or 'PHWR%' or 'CANDU%' or 'Canadian deuterium uranium%' or 'RBMK%' or 'LGR%' or 'LWGR%' or 'water cooled graphite moderated reactor%' or 'graphite reactor%' or 'graphite-reactor%' or 'graphite pile%' or 'graphite-pile%' or 'graphite coating reactor%' or 'GCR%' or 'light water reactor%' or 'light-water reactor%' or 'light-water-reactor%' or 'light water-reactor%' or 'ALWR%' or 'LWR%' or 'VHTR%' or 'HTR%' or 'high temperature reactor%' or 'high-temperature reactor%' or 'high-temperature-reactor%' or 'high temperature-reactor%' or 'Traveling Wave Reactor%' or 'Traveling-Wave Reactor%' or 'Traveling-Wave-Reactor%' or 'Travelling Wave Nuclear Reactor%') or 名称,摘要+=('nuclear power%' or 'nuclear-power%' or 'energy of nucleus%' or 'nuclear energy%' or 'nuclear-energy%' or 'atomic energy%' or 'atomic-energy%' or 'nuclear%' or 'Nuclear Fission%' or 'Nuclear-Fission%' or 'atomic power%' or 'atomic-power%' or 'atomic fission%' or 'atomic-fission%' or 'nuclear fusion%' or 'nuclear-fusion%' or 'atomic fusion%' or 'atomic-fusion%' or 'nucleosynthesis%' or 'Atomic Mass%' or 'Atomic-Mass%' or 'nuclear decay%' or 'nuclear-decay%' or 'nuclear disintegration%' or 'pressurized water reactor%' or 'pressurized-water reactor%' or 'pressurized-water-reactor%' or 'pressurized water-reactor%' or 'PWR%' or 'boiling water reactor%' or 'boiling-water reactor%' or 'boiling-water-reactor%' or 'boiling water-reactor%' or 'BWR%' or 'SBWR%' or 'nuclear reactor%' or 'nuclear-reactor%' or 'EPR%' or 'fusion reactor%' or 'fusion-reactor%' or 'nuclear power station%' or 'nuclear power plant%' or 'thermal reactor%' or 'thermal-reactor%' or 'thermal neutron-reactor%' or 'HTGR%' or 'HTR%' or 'high temperature gas cooled reactor%' or 'high-temperature gas-cooled reactor%' or 'high-temperature gas cooled reactor%' or 'high temperature gas-cooled reactor%' or 'High Temperature Reactor%' or 'High-Temperature Reactor%' or 'High-Temperature-Reactor%' or 'high-temperature gas reactor%' or 'high temperature gas reactor%' or 'fast reactor%' or 'fast-reactor%' or 'fast neutron reactor%' or 'fast-neutron reactor%' or 'fast-neutron-reactor%' or 'fast neutron-reactor%' or 'fast breeder reactor%' or 'fast-breeder reactor%' or 'fast-breeder-reactor%' or 'fast breeder-reactor%' or 'FBR%' or 'LMFBR%' or 'FWR%' or 'Supercritical Water Cooled Reactor%' or 'Supercritical Water-Cooled Reactor%' or 'Supercritical Water-Cooled-Reactor%' or 'Supercritical Water Reactor%' or 'Supercritical Water-Reactor%' or 'Supercritical-Water-Reactor%' or 'Supercritical-Water Reactor%' or 'SCWR%' or 'CSCWR%' or 'Molten-salt Reactor%' or 'Molten-salt-Reactor%' or 'Molten salt Reactor%' or 'Molten salt-Reactor%' or 'MSR%' or 'fused-salt reactor%' or 'fused-salt-reactor%' or 'fused salt reactor%' or 'Sodium Cooled Fast Reactor%' or 'Sodium-Cooled Fast Reactor%' or 'Sodium-Cooled-Fast-Reactor%' or 'Sodium-Cooled-Fast Reactor%' or 'Sodium Cooled-Fast-Reactor%' or 'Sodium Cooled-Fast Reactor%' or 'Sodium Cooled Fast- Reactor%' or 'SFR%' or 'LMFBR%' or 'Cooled Fast Reactor%' or 'Lead-cooled fast reactor%' or 'Lead cooled fast reactor%' or 'lead-cooled-fast-reactor%' or 'lead-cooled fast-reactor%' or 'BREST%' or 'LFR%' or 'gas cooled fast reactor%' or 'gas-cooled fast reactor%' or 'gas-cooled-fast-reactor%' or 'gas-cooled fast-reactor%' or 'gas cooled fast-reactor%' or 'GFR%' or 'GCFR%' or 'heavy water reactor%' or 'heavy-water reactor%' or 'heavy-water-reactor%' or 'heavy water-reactor%' or 'PHWR%' or 'CANDU%' or 'Canadian deuterium uranium%' or 'RBMK%' or 'LGR%' or 'LWGR%' or 'water cooled graphite moderated reactor%' or 'graphite reactor%' or 'graphite-reactor%' or 'graphite pile%' or 'graphite-pile%' or 'graphite coating reactor%' or 'GCR%' or 'light water reactor%' or 'light-water reactor%' or 'light-water-reactor%' or 'light water-reactor%' or 'ALWR%' or 'LWR%' or

'VHTR%' or 'HTR%' or 'high temperature reactor%' or 'high-temperature reactor%' or 'high-temperature-reactor%' or 'high temperature-reactor%' or 'Traveling Wave Reactor%' or 'Traveling- Wave Reactor%' or 'Traveling- Wave- Reactor%' or 'Travelling Wave Nuclear Reactor%') and 名称,摘要+=('pump%' or 'pressurize%' or 'regulator%' or 'pressostat%' or 'steam generator%' or 'steam-generator%' or 'vapor generator%' or 'vapor-generator%' or 'steam producer%' or 'steam-producer%' or 'boiler%' or 'containment%' or 'Turbine%' or 'steam turbine%' or 'steam-turbine%' or 'cooling system%' or 'Spray System%' or 'spraying system%' or 'sprinkler system%' or 'Spray-System%' or 'spraying- system%' or 'sprinkler- system%')) not 主分类号,分类号+=('A61%' or 'A01%' or 'B29c%' or 'C07C%' or 'C07k%' or 'C10b%')

9.3.6.3 核能产业innography专利检索表达式

(IPC_G21B% or G21C% or G21D%) or @(abstract,claims,title)(nuclear power% or nuclear-power% or energy of nucleus% or nuclear energy% or nuclear-energy% or atomic energy% or atomic-energy% or nuclear% or Nuclear Fission% or Nuclear-Fission% or atomic power% or atomic-power% or atomic fission% or atomic-fission% or nuclear fusion% or nuclear- fusion% or atomic fusion% or atomic- fusion% or nucleosynthesis% or Atomic Mass% or Atomic-Mass% or nuclear decay% or nuclear-decay% or nuclear disintegration% or pressurized water reactor% or pressurized-water reactor% or pressurized-water-reactor% or pressurized water-reactor% or PWR% or boiling water reactor% or boiling-water reactor% or boiling-water-reactor% or boiling water-reactor% or BWR% or SBWR% or nuclear reactor% or nuclear-reactor% or EPR% or fusion reactor% or fusion-reactor% or nuclear power station% or nuclear power plant% or thermal reactor% or thermal-reactor% or thermal neutron-reactor% or HTGR% or HTR% or high temperature gas cooled reactor% or high- temperature gas- cooled reactor% or high- temperature gas cooled reactor% or high temperature gas-cooled reactor% or High Temperature Reactor% or High-Temperature Reactor% or High-Temperature-Reactor% or high-temperature gas reactor% or high temperature as reactor% or fast reactor% or fast-reactor% or fast neutron reactor% or fast-neutron reactor% or fast-neutron-reactor% or fast neutron-reactor% or fast breeder reactor% or fast-breeder reactor% or fast-breeder-reactor% or fast breeder-reactor% or FBR% or LMFBR% or FWR% or Supercritical Water Cooled Reactor% or Supercritical Water-Cooled Reactor% or Supercritical Water-Cooled-Reactor% or Supercritical Water Reactor% or Supercritical Water-Reactor% or Supercritical-Water-Reactor% or Supercritical-Water Reactor% or SCWR% or CSCWR% or Molten-salt Reactor% or Molten-salt-Reactor% or Molten salt Reactor% or Molten salt-Reactor% or MSR% or fused-salt reactor% or fused-salt-reactor% or fused salt reactor% or Sodium Cooled Fast Reactor% or Sodium-Cooled Fast Reactor% or Sodium-Cooled-Fast-Reactor% or Sodium-Cooled-Fast Reactor% or Sodium Cooled-Fast-Reactor% or Sodium Cooled-Fast Reactor% or Sodium Cooled Fast-Reactor% or SFR% or LMFBR% or Cooled Fast Reactor% or lead-cooled fast reactor% or lead cooled fast reactor% or lead-cooled-fast-reactor% or lead-cooled fast-reactor% or BREST% or LFR% or gas cooled fast reactor% or gas-cooled fast reactor% or gas-cooled-fast-reactor% or gas-cooled fast-reactor% or gas cooled fast-reactor% or GFR% or GCFR% or heavy water reactor% or heavy-water reactor% or heavy-water-reactor% or heavy water-reactor% or PHWR% or CANDU% or Canadian deuterium uranium% or RBMK% or LGR% or LWGR% or water cooled graphite moderated reactor% or graphite reactor% or graphite-reactor% or graphite pile% or graphite-pile% or graphite coating reactor% or GCR% or light water reactor% or light-water reactor% or light-water-reactor% or light water-reactor% or ALWR% or LWR% or VHTR% or HTR% or high temperature reactor% or high-temperature reactor% or high-temperature-reactor% or high temperature-reactor% or Traveling Wave Reactor% or Traveling-Wave Reactor% or Traveling-Wave-Reactor% or Travelling Wave Nuclear Reactor%)

9.3.6.4 核能产业**innovation**专利检索表达式

IC=(G21B or G21C or G21D) and CTB=(nuclear power or nuclear-power or energy of nucleus or nuclear energy or nuclear-energy or atomic energy or atomic-energy or nuclear or Nuclear Fission or Nuclear-Fission or atomic power or atomic-power or atomic fission or atomic-fission or nuclear fusion or nuclear-fusion or atomic fusion or atomic-fusion or nucleosynthesis or Atomic Mass or Atomic-Mass or nuclear decay or nuclear-decay or nuclear disintegration or pressurized water reactor or pressurized- water reactor or pressurized- water- reactor or pressurized water- reactor or PWR or boiling water reactor or boiling- water reactor or boiling- water- reactor or boiling water-reactor or BWR or SBWR or nuclear reactor or nuclear-reactor or EPR or fusion reactor or fusion-reactor or nuclear power station or nuclear power plant or thermal reactor or thermal- reactor or thermal neutron- reactor or HTGR or HTR or high temperature gas cooled reactor or high-temperature gas-cooled reactor or high-temperature gas cooled reactor or high temperature gas-cooled reactor or High Temperature Reactor or High-Temperature Reactor or High-Temperature-Reactor or high-temperature gas reactor or high temperature gas reactor or fast reactor or fast-reactor or fast neutron reactor or fast-neutron reactor or fast-neutron-reactor or fast neutron-reactor or fast breeder reactor or fast- breeder reactor or fast- breeder- reactor or fast breeder-reactor or FBR or LMFBR or FWR or Supercritical Water Cooled Reactor or Supercritical Water-Cooled Reactor or Supercritical Water-Cooled-Reactor or Supercritical Water Reactor or Supercritical Water-Reactor or Supercritical- Water- Reactor or Supercritical-Water Reactor or SCWR or CSCWR or Molten-salt Reactor or Molten-salt-Reactor or Molten salt Reactor or Molten salt-Reactor or MSR or fused-salt reactor or fused-salt-reactor or fused salt reactor or Sodium Cooled Fast Reactor or Sodium-Cooled Fast Reactor or Sodium-Cooled-Fast-Reactor or Sodium-Cooled-Fast Reactor or Sodium Cooled-Fast-Reactor or Sodium Cooled-Fast Reactor or Sodium Cooled Fast-Reactor or SFR or LMFBR or Cooled Fast Reactor or lead-cooled fast reactor or lead cooled fast reactor or lead-cooled-fast-reactor or lead-cooled fast-reactor or BREST or LFR or gas cooled fast reactor or gas-cooled fast reactor or gas-cooled-fast-reactor or gas-cooled fast-reactor or gas cooled fast-reactor or GFR or GCFR or heavy water reactor or heavy-water reactor or heavy-water-reactor or heavy water-reactor or PHWR or CANDU or Canadian deuterium uranium or RBMK or LGR or LWGR or water cooled graphite moderated reactor or graphite reactor or graphite-reactor or graphite pile or graphite-pile or graphite coating reactor or GCR or light water reactor or light-water reactor or light-water-reactor or light water-reactor or ALWR or LWR or VHTR or HTR or high temperature reactor or high-temperature reactor or high- temperature- reactor or high temperature- reactor or Traveling Wave Reactor or Traveling- Wave Reactor or Traveling- Wave- Reactor or Travelling Wave Nuclear Reactor)

第四部分　新装备产业

第十章　数控设备产业

数控设备是应用了数控技术的一种高效能自动化加工设备。与普通设备相比，数控设备具有适应性强、精度高、质量稳定、生产率高的特点，除此之外，数控设备还能完成复杂型面的加工、减轻劳动者的劳动强度并改善其劳动条件，同时还有利于企业的生产管理。数控技术也叫计算机数控技术，包括第四代计算机数控系统CNC（Computer Numerical Control）与第五代微型机数控系统MNC（Micro-computer Numerical Control）。计算机数控技术是采用计算机实现数字程序控制的技术。这种技术利用计算机按事先存储的控制程序来执行对设备的运动轨迹和外设的操作时序逻辑控制功能。由于采用计算机替代原先用硬件逻辑电路组成的数控装置，使输入操作指令的存储、处理、运算、逻辑判断等各种控制机能的实现均可通过计算机软件来完成，处理生成的微观指令传送给伺服驱动装置驱动电动机或液压执行元件带动设备运行。

数控机床则是数控设备的典型代表，与传统的车、铣、钻、磨、齿轮加工相对应的数控机床有数控车床、数控铣床、数控钻床、数控磨床、数控齿轮加工机床等。尽管这些数控机床在加工工艺方法上存在很大差别，具体的控制方式也各不相同，但机床的动作和运动都是通过数控技术控制的，具有高性能、高精度和高自动化的“三高”特点，为单件、小批量生产，特别是为复杂型面零件提供了自动化加工手段。

新装备产业被列入宁波市“十二五”期间的战略新兴产业，而数控设备是新装备中重点发展的技术领域，故本书将其作为研究对象，确定了数控机床的关键词、分类号、主要申请人等检索要素，编制了数控压力机、数控切割机、数控齿轮加工机的专利检索表达式作为范例供读者参考。

10.1 数控设备

10.1.1 该领域主要涉及分类号

10.1.1.1 IPC分类号

B21基本上无切削的金属机械加工;金属冲压

B23机床;未列入其他类的金属加工

B24磨削;抛光

B25手动工具;轻便机动工具;手动器械的手柄;车间设备;机械手

B26D切割;用于切断,例如切割、打孔、冲孔、冲裁的机器的通用零件

B26F打孔;冲孔;切下;冲裁;除切割外的切断

B29塑料的加工;一般处于塑性状态物质的加工

B30压力机

G05B一般的控制或调节系统;这种系统的功能单元;用于这种系统或单元的监视或测试装置

10.1.1.2 DWPI手工分类代码

T01- J07B computer control of manufacturing/industrial machines and quality control(QC)

S03-E15A automatic analysis equipment control

T01-H05 computer peripheral control/general request handing/bus accessing

U24-C05B digital control details, E.G. by computer

10.1.2 中文关键词

数控设备、数控装置、数控机、数控系统、CNC、加工中心、柔性制造、数控、阀、床、锯机、电火花、切割机、点焊机、滚齿机、插齿机、磨齿机、铲刨、坐标机、钻孔机、雕铣机、穿孔机、送料机、齿机、弯管机、弯板机、压力机、冲剪机、折弯机、旋压机、弯箍机、冲压机、绕线机、等离子、圆柱机、对刀仪、剪板机、激光、包板机、光刻机、滚光机、切削机、车床、铣床、钻床、磨床、镗床、齿轮、激光、压力、

雕刻、折弯、加工

10.1.3　英文关键词

CNC equipment, CNC machines, CNC system, CNC, machining centers, flexible manufacturing, valves, bed, saw, EDM, cutting machine, spot welding machine, hobbing machine, slotting machine, grinding machine, shovel planing, coordinate machines, cutting machines, drilling machines, engraving and milling machine, punching machine, feeder, gear machines, bending machines, presses, punching machines, spinning machines, bending hoop machine, winding machine, plasma, cylindrical machine, on the knife, shears, laser, including board machines, lithography, tumbling machines, lathes, milling, drilling, grinding, boring, gear, cutting, pressure, carving, bending, machining

10.1.4　国内主要申请人

无锡桥联数控机床有限公司、无锡华联精工机械有限公司、华中科技大学、江苏金方圆数控机床有限公司、天津第一机床总厂、上海交通大学、沈阳飞机工业（集团）有限公司、上海三一精机有限公司、南京航空航天大学、西北工业大学、大连创达技术交易市场有限公司、西安交通大学、齐重数控装备股份有限公司、北京航空航天大学、上海电气集团股份有限公司、哈尔冰工业大学、浙江大学、重庆大学、哈尔滨汽轮机厂有限责任公司、苏州市福迈精密机械有限公司

10.1.5　国外主要申请人

Hitachi, Ltd., Siemens AG, Emerson Electric Co., Toshiba Corporation, Toyota Motor Corporation, Panasonic Corporation, Mitsubishi Electric Corporation, NEC Corporation, Honda Motor Co., Ltd., Fujitsu Limited, ABB Ltd., Nippon Steel & Sumitomo Metal Corporation, OMRON Corporation, Tokyo Electron Limited, Schneider Electric SA, Fanuc Ltd., International Business Machines Corp., Nissan Motor Co., Ltd., Rockwell Automation

10.1.6 数控设备专利检索表达式范例

10.1.6.1 数控压力机国内专利检索表达式

(主分类号=(B21 or B23 or B24 or B25 or B26D or B26F or B27 or B28 or B29 or B30 or B31F or B44B or 15-09) and 名称,摘要,主权项+=(数控 or CNC or 加工中心 or 柔性制造) or 主分类号=G05B and 名称,摘要,主权项+=(数控设备 or 数控装置 or 数控机 or 数控系统 or CNC or 加工中心 or 柔性制造) or 主分类号=G01B and 名称,摘要,主权项+=(数控 or CNC or 加工中心) or (主分类号=F15B and 名称,摘要,主权项+=(数控 or CNC or 加工中心) not 名称=阀) or 名称=(床% or 锯机% or 电火花 or 切割机% or 点焊机% or 滚齿机% or 插齿机% or 磨齿机% or 铲刨% or 坐标%机 or 切削机 or 钻孔机 or 雕铣机 or 穿孔机 or 送料机 or 齿%机 or 弯管机 or 弯板机 or 压力机 or 冲剪机 or 折弯机 or 旋压机 or 弯箍机 or 冲压机 or 绕线机 or 等离子 or 圆柱%机 or 对刀仪 or 剪板机 or 激光 or 包板机 or 光刻机 or 滚光机) and 名称,摘要,主权项+=(数控 or CNC or 加工中心 or 柔性制造)) and 名称,摘要,主权项+=压力机

10.1.6.2 数控压力机国外专利检索表达式

(主分类号=(B21 or B23 or B24 or B25 or B26D or B26F or B27 or B28 or B29 or B30 or B31F or B44B or 15-09) and 名称,摘要,主权项+=(CNC or Machin% Center or processing center or FANUC or turning center or Computerized Numerical Control Machine or Flexible Manufacturing or Flexible Manufacture) or 主分类号=G05B and 名称,摘要,主权项+=(CNC equipment or Digital Equipmentor or numerical control equipment or CNC machinery or numerical control% or CNC or Machin% Center or processing center or FANUC or turning center or Computerized Numerical Control Machine or Flexible Manufacturing or Flexible Manufacture) or 主分类号=G01B and 名称,摘要,主权项+=(CNC or Machin% Center or processing center or FANUC or turning center or Computerized Numerical Control Machine) or (主分类号=F15B and 名称,摘要,主权项+=(CNC or Machin% Center or processing center or FANUC or turning center or

Computerized Numerical Control Machine) not 名称= numerical control valve%) or 名称=((machine tool%) or (lathe% or (turning machine%) or (turning and mill)) or ((machine% or lathe%) and boring or jig and (borer or boring)) or ((drill press) or (drill% and machine%) or driller%) or ((grinding machine%) or grinder%) or ((milling machine%) or miller% or (milling and planer%)) or ((facing machine%) or (planing machine%) or planer% or (mechanical slicer%) or shaper or (shaping machine%) or (shaping mechanism%) or (planning mechanism)) or ((saw% and machine%) or (wire saw) or (hacksaw machine%)) or ((slotting machine%) or slotter) or ((broaching machine%)) or (CNC or (machining center%) or (processing center) or (machine center%)) or (gear% and machine%) or ((electr% and machine) or EDM machine) or cutting machine or Laser% and Machine% or (press% machine or punch% machine) or (Engrav% and Machin%) or plate shear% or (bender or bending machine)) and 名称,摘要,主权项+=(CNC or Machin% Center or processing center or FANUC or turning center or Computerized Numerical Control Machine or Flexible Manufacturing or Flexible Manufacture)) and 名称,摘要,主权项+=(press% machine or punch% machine)

10.1.6.3　数控压力机innography专利检索表达式

((IPC_B21 or B23 or B24 or B25 or B26D or B26F or B27 or B28 or B29 or B30 or B31F or B44B) and @(abstract,claims,title) ((CNC or Machin% Center or processing center or FANUC or turning center or Computerized Numerical Control Machine or Flexible Manufacturing or Flexible Manufacture) and (press% machine or punch% machine))) or @title ((CNC or Machin% Center or processing center or FANUC or turning center or Computerized Numerical Control Machine or Flexible Manufacturing or Flexible Manufacture) and (press% machine or punch% machine))

10.1.6.4　数控压力机innovation专利检索表达式

(IC=(B21 or B23 or B24 or B25 or B26D or B26F or B27 or B28 or B29 or B30 or B31F or B44B) and CTB=((CNC or Machin% Center or processing center or FANUC or turning center or Computerized Numerical Control Machine or Flexible Manufacturing or Flexible Manufacture) and (press% machine or punch% machine))) or CTB=((CNC or Machin% Center or processing center or FANUC or turning center or Computerized Numerical Control Machine or Flexible Manufacturing or Flexible Manufacture) and (press% machine or punch% machine))

10.1.6.5 数控切割机国内专利检索表达式

(主分类号=(B21 or B23 or B24 or B25 or B26D or B26F or B27 or B28 or B29 or B30 or B31F or B44B or 15-09) and 名称,摘要,主权项+=(数控 or CNC or 加工中心 or 柔性制造) or 主分类号=G05B and 名称,摘要,主权项+=(数控设备 or 数控装置 or 数控机 or 数控系统 or CNC or 加工中心 or 柔性制造) or 主分类号=G01B and 名称,摘要,主权项+=(数控 or CNC or 加工中心) or (主分类号=F15B and 名称,摘要,主权项+=(数控 or CNC or 加工中心) not 名称=阀) or 名称=(床% or 锯机% or 电火花 or 切割机% or 点焊机% or 滚齿机% or 插齿机% or 磨齿机% or 铲刨% or 坐标%机 or 切削机 or 钻孔机 or 雕铣机 or 穿孔机 or 送料机 or 齿%机 or 弯管机 or 弯板机 or 压力机 or 冲剪机 or 折弯机 or 旋压机 or 弯箍机 or 冲压机 or 绕线机 or 等离子 or 圆柱%机 or 对刀仪 or 剪板机 or 激光 or 包板机 or 光刻机 or 滚光机) and 名称,摘要,主权项+=(数控 or CNC or 加工中心 or 柔性制造)) and 名称,摘要,主权项+=切割

10.1.6.6 数控切割机国外专利检索表达式

(主分类号=(B21 or B23 or B24 or B25 or B26D or B26F or B27 or B28 or B29 or B30 or B31F or B44B or 15-09) and 名称,摘要,主权项+=(CNC or Machin% Center or processing center or FANUC or turning center or Computerized Numerical Control Machine or Flexible Manufacturing or Flexible Manufacture) or 主分类号=G05B and 名称,摘要,主权项+=(CNC equipment or Digital Equipmentor or numerical control equipment or CNC machinery or numerical control% or CNC or Machin% Center or processing center or FANUC or turning center or Computerized Numerical Control Machine or Flexible Manufacturing or Flexible Manufacture) or 主分类号=G01B and 名称,摘要,主权项+=(CNC or

Machin% Center or processing center or FANUC or turning center or Computerized Numerical Control Machine) or (主分类号=F15B and 名称,摘要,主权项+=(CNC or Machin% Center or processing center or FANUC or turning center or Computerized Numerical Control Machine) not 名称= numerical control valve%) or 名称=((machine tool%) or (lathe% or (turning machine%) or (turning and mill)) or ((machine% or lathe%) and boring or jig and (borer or boring)) or ((drill press) or (drill% and machine%) or driller%) or ((grinding machine%) or grinder%) or ((milling machine%) or miller% or (milling and planer%)) or ((facing machine%) or (planing machine%) or planer% or (mechanical slicer%) or shaper or (shaping machine%) or (shaping mechanism%) or (planning mechanism)) or ((saw% and machine%) or (wire saw) or (hacksaw machine%)) or ((slotting machine%) or slotter) or ((broaching machine%)) or (CNC or (machining center%) or (processing center) or (machine center%)) or (gear% and machine%) or ((electr% and machine) or EDM machine) or cutting machine or Laser% and Machine% or (press% machine or punch% machine) or (Engrav% and Machin%) or plate shear% or (bender or bending machine)) and 名称,摘要,主权项+=(CNC or Machin% Center or processing center or FANUC or turning center or Computerized Numerical Control Machine or Flexible Manufacturing or Flexible Manufacture)) and 名称,摘要,主权项+=cutting machine

10.1.6.7 数控切割机innography专利检索表达式

(IPC_G05B19/18 or G05B19/418) or ((IPC_G05B or G01B or F15B) and @(abstract,claims,title) (cutting machine)) or ((IPC_ B21 or B23 or B24 or B25 or B26D or B26F or B27 or B28 or B29 or B30 or B31F or B44B) and @(abstract,claims,title) (CNC or Machin% Center or processing center or FANUC or turning center or Computerized Numerical Control Machine or Flexible Manufacturing or Flexible Manufacture))

10.1.6.8 数控切割机innovation专利检索表达式

IC=(G05B19/18 or G05B19/418) or (IC=(G05B or G01B or F15B) and CTB=

(cutting machine)) or (IC=(B21 or B23 or B24 or B25 or B26D or B26F or B27 or B28 or B29 or B30 or B31F or B44B) and CTB=(CNC or Machin% Center or processing center or FANUC or turning center or Computerized Numerical Control Machine or Flexible Manufacturing or Flexible Manufacture))

10.1.6.9 数控齿轮加工机国外专利检索表达式

(主分类号=(B21 or B23 or B24 or B25 or B26D or B26F or B27 or B28 or B29 or B30 or B31F or B44B or 15- 09) and 名称,摘要,主权项+=(CNC or Machin% Center or processing center or FANUC or turning center or Computerized Numerical Control Machine or Flexible Manufacturing or Flexible Manufacture) or 主分类号=G05B and 名称,摘要,主权项+=(CNC equipment or Digital Equipmentor or numerical control equipment or CNC machinery or numerical control% or CNC or Machin% Center or processing center or FANUC or turning center or Computerized Numerical Control Machine or Flexible Manufacturing or Flexible Manufacture) or 主分类号=G01B and 名称,摘要,主权项+=(CNC or Machin% Center or processing center or FANUC or turning center or Computerized Numerical Control Machine) or (主分类号=F15B and 名称,摘要,主权项+=(CNC or Machin% Center or processing center or FANUC or turning center or Computerized Numerical Control Machine) not 名称= numerical control valve%) or 名称=((machine tool%) or (lathe% or (turning machine%) or (turning and mill)) or ((machine% or lathe%) and boring or jig and (borer or boring)) or ((drill press) or (drill% and machine%) or driller%) or ((grinding machine%) or grinder%) or ((milling machine%) or miller% or (milling and planer%)) or ((facing machine%) or (planing machine%) or planer% or (mechanical slicer%) or shaper or (shaping machine%) or (shaping mechanism%) or (planning mechanism)) or ((saw% and machine%) or (wire saw) or (hacksaw machine%)) or ((slotting machine%) or slotter) or ((broaching machine%)) or (CNC or (machining center%) or (processing center) or (machine center%)) or (gear% and machine%) or ((electr% and machine) or EDM machine) or cutting machine or Laser% and Machine% or (press% machine or punch% machine) or (Engrav% and Machin%) or plate shear% or (bender or bending machine)) and 名称,摘要,主权项+=(CNC or Machin% Center or processing center or FANUC or turning center or Computerized Numerical Control Machine or Flexible Manufacturing or Flexible Manufacture)) and 名称,摘要,主权项+=(gear% and machine%)

10.1.6.10 数控齿轮加工机innography专利检索表达式

(IPC_G05B19/18 or G05B19/418) or ((IPC_G05B or G01B or F15B) and @(abstract,claims,title) (gear% and machine%)) or ((IPC_ B21 or B23 or B24 or B25 or B26D or B26F or B27 or B28 or B29 or B30 or B31F or B44B) and @(abstract, claims,title) (CNC or Machin% Center or processing center or FANUC or turning center or Computerized Numerical Control Machine or Flexible Manufacturing or Flexible Manufacture))

10.1.6.11 数控齿轮加工机innovation专利检索表达式

IC=(G05B19/18 or G05B19/418) or (IC=(G05B or G01B or F15B) and CTB=(gear% and machine%)) or (IC=(B21 or B23 or B24 or B25 or B26D or B26F or B27 or B28 or B29 or B30 or B31F or B44B) and CTB=(CNC or Machin% Center or processing center or FANUC or turning center or Computerized Numerical Control Machine or Flexible Manufacturing or Flexible Manufacture))

第十一章　环保设备产业

环保设备产业是指在国民经济结构中，以防治环境污染、改善生态环境、保护自然资源为目的，由生产单位制造机械产品或建筑安装单位建造构筑物及系统等活动的总称。它是一个跨产业、跨领域、跨地域，与其他经济部门相互交叉、相互渗透的综合性新兴产业。环保是当今世界的主题，是所有工业的发展均需要解决的核心问题，作为环保产业领域中的环保设备产业，在国家各类环保政策的推动下，在产业链上下游供需的刺激下，在技术引进、技术开发的影响下，将会保持高速发展的态势，前景十分乐观。

依据《环境保护设备分类与命名 HJ/T 11—1996》行业标准，我们按所控制的污染对象将环保设备分为五种类别：①水污染治理设备，利用物理法、化学法、生物法及各种方法组合对生活污水、工业废水等进行净化处理；②空气污染治理设备，运用除尘、除雾、气态污染物净化及颗粒物—气态污染物综合治理等技术，通过回收或去除减少排放尾气的有害成分以净化空气；③固体废弃物处理处置设备，通过物理、化学、生物、物化及生化方法使固体废物适于运输、贮存、利用或处置；④噪声与振动控制设备，通过吸声、隔声、消声或隔振、减振以降低噪声或振动的排放；⑤放射性与电磁波污染防护设备，针对放射性与电磁波污染源的防护、处置，以杜绝或减少它们对外界环境的影响。

节能环保产业是宁波市“十二五”期间大力实施的战略性新兴产业之一，故本书将其作为研究对象，并根据宁波市的产业特点，确定了水污染治理设备、空气污染治理设备、固体污染物治理设备、噪声污染治理设备、放射性污染治理设备的关键词、分类号、主要申请人等检索要素，编制了上述五种设备的专利检索表达式作为范例供读者参考。

11.1　水污染治理设备

11.1.1　该领域主要涉及分类号

11.1.1.1　IPC分类号

C02F1/00~103/44 水、废水、污水或污泥的处理

B01D1/00~71/06 分离

G01N1/00~37/00 借助于测定材料的化学或物理性质来测试或分析材料

11.1.1.2　DWPI手工分类代码

Q24-B10 waste water/sewage treatment plants

Q72-T07 arrangements for facilitating fluid circulation (air, water, etc)

U11-C15 water purification

11.1.2　中文关键词

污水、水污染、水体污染、水质污染、处理、治理、防治、设备、装置、器、机、塔、栅、网、盘、刷、沉砂、粗粒化、沉淀、澄清、分离、隔油、气浮、筛滤、筛网、格栅、捞毛机、过滤、蒸发、萃取、筛板塔、氧化还原、消毒、混凝、萃取、汽提、吹脱、吸附、离子交换、超滤、电渗析、扩散渗析、反渗透、电解、微滤、处理、氧化、转盘、生物、滤塔、活性炭、供氧、曝气、氧、污泥处理、组合式

11.1.3　英文关键词

water, water pollution, pollution water, manage, dispose, administer, control, govern, rule, protect, handle, deal with, purify, depurate, equipment, device, facility, implementor, machine, apparatus, Tower, net, sand setting, coarse graining, precipitation, clarification, separation, oil separation, flotation, sieve, screen mesh, grille, filter, evaporation, extraction, disinfection, coagulation, stripping, blow off, adsorbent, ion exchange, ultrafiltration, dialysis, Infiltration, electrolysis, microfiltration, oxidation, turntable, biological, filter tower, activated carbon, oxygen, aeration, sludge treatment, combined

11.1.4 国内主要申请人

北京工业大学、中国石油化工股份有限公司、同济大学、哈尔滨工业大学、清华大学、重庆大学、常州大学、浙江大学、中国石油天然气股份有限公司、山东大学、南京大学、中国科学院生态环境研究中心、华南理工大学、中国石油化工股份有限公司如顺石油化工研究院、北京城市排水集团有限责任公司、北京能拓高科技有限公司、大连理工大学、河海大学、中国环境科学研究院、江苏大学

11.1.5 国外主要申请人

Ecolab, AEA investor, General Electric Company, Veolia Environment, Kurita Water industries, Alticor, panasonic corporation, BASF SE, 3M company, Hitachi, The Dow Chemical Company, Ashland, Aanaher Corporation, Zenon Technology Partnership, Toshiba Corporation, Organo Corporation, Toray industries, Berkshire Hethaway, Ebara Corporation

11.1.6 水污染治理设备专利检索表达式范例

11.1.6.1 水污染治理设备国内专利检索表达式

分类号=C02F% or 名称=((污水% or 水污染% or 水体污染% or 水质污染%) and (处理% or 治理% or 防治%) and (设备% or 装置% or 器% or 机% or 塔% or 栅% or 网% or 盘% or 刷%)) or (分类号=(B01D or G01N) and 名称,摘要,主权项+=((污水% or 水污染% or 水体污染% or 水质污染%) and (处理% or 治理% or 防治%) and (沉砂% or 粗粒化% or 沉淀% or 澄清% or 分离% or 隔油% or 气浮% or 筛滤% or 筛网% or 格栅% or 捞毛机% or 过滤% or 蒸发% or 萃取% or 筛板塔% or 氧化还原% or 消毒% or 混凝% or 萃取% or 汽提% or 吹脱% or 吸附% or 离子交换% or 超滤% or 电渗析% or 扩散渗析% or 反渗透% or 电解% or 微滤% or 处理% or 氧化% or 转盘% or 生物% or 滤塔% or 活性

炭% or 供氧% or 曝气% or 氧% or 污泥处理% or 组合式%) and (设备% or 装置% or 器% or 机% or 塔% or 栅% or 网% or 盘% or 刷%)))

11.1.6.2　水污染治理设备国外专利检索表达式

分类号=C02F% or (分类号=(B01D or G01N) and 名称,摘要,主权项+=((water% or water pollution% or pollution water) and (manage% or dispose% or administer% or control% or govern% or rule% or protect% or handle% or deal with% or purify% or depurate%) and (equipment% or device% or facility% or implementor% or machine% or apparatus% or tower% or net%))) or 名称=((water or water pollution or pollution water) and (manage or treat or dispose or administer or control or govern or rule or protect or handle or deal with or purify or depurate) and (equipment or device or facility or implementor or machine or apparatus or tower or net))

11.1.6.3　水污染治理设备innography专利检索表达式

(IPC_C02F) or (IPC_(B01D or G01N) and @(abstract,claims,title) ((water or water pollution or pollution water) and (manage or treat or dispose or administer or control or govern or rule or protect or handle or deal with or purify or depurate) and (equipment or device or facility or implementor or machine or apparatus or tower or net))) or (@title ((water or water pollution or pollution water) and (manage or treat or dispose or administer or control or govern or rule or protect or handle or deal with or purify or depurate) and (equipment or device or facility or implementor or machine or apparatus or tower or net)))

11.1.6.4　水污染治理设备innovation专利检索表达式

IC=(C02F) or IC=(B01D or G01N) and CTB=((water or water pollution or pollution water) and (manage or treat or dispose or administer or control or govern or rule or protect or handle or deal with or purify or depurate) and (equipment or device or facility or implementor or machine or apparatus or tower or net)) or TI=((water or water pollution or pollution water) and (manage or treat or dispose or administer or control or govern or rule or protect or handle or deal with or purify or depurate) and (equipment or device or facility or implementor or machine or apparatus or tower or net))

11.2 空气污染治理设备

11.2.1 该领域主要涉及分类号

11.2.1.1 IPC分类号

B01D 分离(专门用于把弥散粒子从气体或蒸气中分离出来的经过改进的过滤器和过滤方法)

F24F 空气调节;空气增湿;通风;空气流作为屏蔽的应用

A61L 材料或消毒的一般方法或装置;空气的灭菌、消毒或除臭;绷带、敷料、吸收垫或外科用品的化学方面;绷带、敷料、吸收垫或外科用品的材料

11.2.1.2 DWPI手工分类代码

T03-H02C cleaning equipment, including air filters

V04-T03K air filtering/cleaning

X22-A06 air treatment; air fliters

X22-J02E3 air treatment agreement

11.2.2 中文关键词

空气、空气污染、气体污染、大气污染、处理、治理、除尘、除雾、净化、沉降、过滤、吸附、吸收、氧化还原、通风、催化、消毒、超滤、电渗析、扩散渗析、反渗透、氧化、滤塔、活性炭、供氧、设备、装置、器、机、塔、栅、网

11.2.3 英文关键词

air, air pollution, gas pollution, manage, dispose, administer, control, govern, rule, protect, handle, deal with, dust, demisting, purify, depurate, sand setting, coarse graining, precipitation, clarification, separation, oil separation, flotation, sieve, screen mesh, grille, filter, evaporation, extraction, disinfection, coagulation, stripping, blow off, adsorbent, ion exchange, ultrafiltration, dialysis, infiltration, electrolysis, microfiltration, oxidation, turntable, biological, filter tower, activated carbon, oxygen, aeration, sludge treatment, combined, equipment, device, facility, implementor, machine, apparatus, tower, net

11.2.4 国内主要申请人

浙江大学、乐金电子(天津)电气有限公司、清华大学、中国石油化工股份有限公司、珠海格力电器股份有限公司、上海交通大学、宁波大学、青岛海尔空调器有限总公司、东南大学、海尔集团公司、华南理工大学、天津大学、北京工业大学、哈尔滨工业大学、昆明理工大学、大连理工大学、同济大学、北京科技大学

11.2.5 国外主要申请人

Johnson & Johnson, The Procter & Gamble Company, Medtronic, Inc., Boston, Scientific Corporation, Kimberly- Clark Corporation, Abbott Laboratories, Novartis AG, 3M Company, Panasonic Corporation, BASF SE, Baxter International Inc., S. C., Johnson & Son, Inc., Smith & Nephew plc, Bayer AG, SvenskaCellulosa AB SCA, Terumo Corporation, Sanofi SA, Steris Corporation, Reckitt Benckiser Group Plc

11.2.6 空气污染治理设备专利检索表达式范例

11.2.6.1 空气污染治理设备国内专利检索表达式

分类号=A61L% or 名称=((空气% or 空气污染% or 气体污染% or 大气污染%) and (处理% or 治理% or 除尘% or 除雾% or 净化%) and (设备% or 装置% or 器% or 机% or 塔% or 栅% or 网%)) or 名称,摘要,主权项+=((空气% or 空气污染% or 气体污染% or 大气污染%) and (处理% or 治理% or 除尘% or 除雾% or 净化%) and (沉降% or 过滤% or 吸附% or 吸收% or 氧化还原% or 通

风% or 催化% or 消毒% or 超滤% or 电渗析% or 扩散渗析% or 反渗透% or 氧化% or 滤塔% or 活性炭% or 供氧%) and (设备% or 装置% or 器% or 机% or 塔% or 栅% or 网%))

11.2.6.2 空气污染治理设备国外专利检索表达式

分类号=A61L% or 名称,摘要,主权项+=((air% or air pollution% or gas pollution%) and (manage% or dispose%or administer% or control% or govern% or rule% or protect% or handle% or deal with% or dust% or demisting% or purify% or depurate%)and (sand setting% or coarse graining% or precipitation% or clarification% or separation% or oil separation% or flotation% or sieve% or screen mesh% or grille% or filter% or evaporation% or extraction% or disinfection% or coagulation% or stripping% or blow off% or adsorbent% or Ion exchange% or ultrafiltration% or dialysis% or infiltration% or electrolysis% or microfiltration% or oxidation% or turntable% or biological% or filter tower% or activated carbon% or oxygen% or aeration% or sludge treatment% or combined%) and (equipment% or device% or facility% or implementor% or machine% or apparatus% or tower% or net%))

11.2.6.3 空气污染治理设备**innography**专利检索表达式

(IPC_A61L) or ((IPC_B01D or F24F) and @(abstract,claims,title) (manage% or dispose% or administer% or control% or govern% or rule% or protect% or handle% or deal with% or dust% or demisting% or purify% or depurate%) and (equipment% or device% or facility% or implementor% or machine% or apparatus% or tower% or net%))

11.2.6.3 空气污染治理设备**innovation**专利检索表达式

IC=(A61L) or IC=(B01D or F24F) and CTB=((manage% or dispose% or administer% or control% or govern% or rule% or protect% or handle% or deal with% or dust% or demisting% or purify% or depurate%) and (equipment% or device% or facility% or implementor% or machine% or apparatus% or tower% or net%))

11.3 固体污染物治理设备

11.3.1 该领域主要涉及分类号

11.3.1.1 IPC分类号

B09B 固体废物的处理

C05F 不包含在C05B、C05C小类中的有机肥料，如用废物或垃圾制成的肥料

F23G 焚化炉；废物或低品位燃料的焚毁

C04B 石灰；氧化镁；矿渣；水泥；其组合物，如砂浆、混凝土或类似的建筑材料；人造石；陶瓷

B01D 分离

11.3.1.2 DWPI手工分类代码

P35-U20 waste disposal, waste treatment, pollution control and recycling

P43 generating and using mechanical vibrations, cleaning, waste disposal

P61-U20 waste disposal, waste treatment, recycling

Q73-U20 waste disposal, waste treatment and recycling

V01-A04R resistor manufacture process waste disposal and recycling

11.3.2 中文关键词

固体废弃物、固体污染、固体废物、固体杂物、废弃物、固态废弃物、固态污染、固态废物、固态杂物、处理、治理、处置、输送、分拣、破碎、焚烧、再利用、运送、存储、储存、分选、压缩、无害化、堆肥、填埋、固化、消毒、转化、回收、熔融、设备、装置、器、机、塔、炉、网

11.3.3 英文关键词

solid , solid waste , solid contamination , solid debris , litter , solid pollution , manage , dispose , administer , control , govern , rule , protect , handle , deal with , delivery , transport , sorting , broken , incineration , reuse , storage , sorting , compression , harmless , compost , landfill , solidify , disinfection , conversion , recover , melt , equipment , device , facility , implementor , machine , apparatus , tower , net

11.3.4 国内主要申请人

浙江大学、清华大学、昆明理工大学、同济大学、上海交通大学、栖霞中泰环保设备有限公司、中国科学院广州能源研究所、华南理工大学、北京科技大学、盱眙县东强新型建材厂、北京化工大学、北京机电院高技术股份有限公司、大连理工大学、哈尔滨工业大学、天津大学、济南大学、镇江蓓蕾基质科技发展有限公司、江南大学、东北大学、山东华绿餐处科技股份有限公司

11.3.5 国外主要申请人

Panasonic Corporation, Hitachi, Ltd., Mitsubishi Heavy Industries, Ltd., Ebara Corporation, Nippon Steel & Sumitomo Metal Corporation, Hitachi Zosen Corporation, Kubota Corporation, IHI Corporation, Nkk Corp, Toshiba Corporation, JFE Holdings, Inc., Takuma Co., Ltd., Kawasaki Heavy Industries, Ltd., Mitsui Engineering & Shipbuilding Co. Ltd., Taiheiyo Cement Corporation, Koch Industries, Siemens AG, Kobe Steel, Ltd., Babcock & Wilcox Co.

11.3.6 固体污染治理设备专利检索表达式范例

11.3.6.1 固体污染治理设备国内专利检索表达式

分类号=(B09B or F23G) or 名称=((固体废弃物% or 固体污染% or 固体废物% or 固体杂物% or 废弃物% or 固态废弃物% or 固态污染% or 固态废物% or 固态杂物%) and (处理% or 治理% or 处置% or 输送% or 分拣% or 破碎% or 焚烧% or 再利用% or 运送% or 存储% or 储存% or 分选% or 压缩% or 无害化% or 堆肥% or 填埋% or 固化% or 消毒% or 转化% or 回收% or 熔融%) and (设备% or 装置% or 器% or 机% or 塔% or 炉% or 网%)) or 名称,摘要,主权项+=((固体废弃物% or 固体污染% or 固体废物% or 固体杂物% or 废弃物%

or 固态废弃物% or 固态污染% or 固态废物% or 固态杂物%) and (处理% or 治理% or 处置% or 输送% or 分拣% or 破碎% or 焚烧% or 再利用%) and (设备% or 装置% or 器% or 机% or 塔% or 炉% or 网%))

11.3.6.2 固体污染治理设备国外专利检索表达式

分类号=(B09B or F23G) or 名称,摘要,主权项+=((solid% or solid waste% or solid contamination% or solid debris% or litter% or solid pollution%) and (manage% or dispose%or administer% or control% or govern% or rule% or protect% or handle% or deal with% or delivery% or transport% or sorting% or broken% or incineration% or reuse% or storage% or sorting% or compression% or harmless%or compost% or landfill% or solidify% or disinfection% or conversion% or recover% or melt%) and (equipment% or device% or facility% or implementor% or machine% or apparatus% or tower% or net%)) or 名称,摘要,主权项+=(solid% or solid waste% or solid contamination'% or solid debris% or litter% or solid pollution%) and ((manage% or dispose%or administer% or control% or govern% or rule% or protect% or handle% or deal with% or delivery% or transport% or sorting% or broken% or incineration% or reuse%) and (equipment% or device% or facility% or implementor% or machine% or apparatus% or tower% or net%))

11.3.6.3 固体污染治理设备innography专利检索表达式

(IPC_B09B or F23G) or ((IPC_C05F) and @(abstract,claims,title) (manage% or dispose% or administer% or control% or govern% or rule% or protect% or handle% or deal with% or dust% or demisting% or purify% or depurate%) and (equipment% or device% or facility% or implementor% or Machine% or apparatus% or Tower% or net%)) or ((@title (manage% or dispose% or administer% or control% or govern% or rule% or protect% or handle% or deal with% or dust% or demisting% or purify% or depurate%) and (equipment% or device% or facility% or implementor% or machine% or apparatus% or tower% or net%))

11.3.6.3 固体污染治理设备**innovation**专利检索表达式

IC=(B09B or F23G) or IC=(C05F) and CTB=(("manage%" or "dispose%" or "administer%" or "control%" or "govern%" or "rule%" or "protect%" or "handle%" or deal adj "with%" or "dust%" or "demisting%" or "purify%" or "depurate%") and ("equipment%" or "device%" or "facility%" or "implementor%" or "machine%" or "apparatus%" or "tower%" or "net%")) or TI=(("manage%" or "dispose%" or "aminister%" or "control%" or "govern%" or "rule%" or "protect%" or "handle%" or deal adj "with%" or "dust%" or "demisting%" or "purify%" or "depurate%") and ("equipment%" or "device%" or "facility%" or "implementor%" or "machine%" or "apparatus%" or "tower%" or "net%"))

11.4 噪声污染治理设备

11.4.1 该领域主要涉及分类号

11.4.1.1 IPC分类号

G10K 发声器械,声音的发送、传导或定向的一般方法或装置;防止或减小噪声或其他声波的一般方法或装置

F24F 空气调节;空气增湿;通风;空气流作为屏蔽的应用

F01N 一般机器或发动机的气流消声器或排气装置;内燃机的气流消声器或排气装置

11.4.1.2 DWPI手工分类代码

Q17/N~Q51/N noise/vibration /harshness reduction arrangements

S01 noise power; noise figure for electronic amplifier

T01-T04 noise reduction

U21-U24 noise/distortion reduction

W01-W04 noise suppression/compensation

X21-X22 noise/vibration/harshness reduction

11.4.2　中文关键词

噪声、杂声污染、声音污染、噪声污染、噪音、杂音、处理、治理、控制、防护、吸声、隔声、消声、隔振、减振、设备、装置、器、机、栅、网、去除、监测、滤波、阻尼、降噪、消除、回风、检测、传感、屏障、箱体、模拟、试验、风管、相位、隔音、单频、吸音、发生器、喷射式、节能、高频、透射、频段、耳罩、智能分布、泄露、平衡、调节

11.4.3　英文关键词

noise, miscellaneous sound pollution, sound pollution, noise pollution, urmur, manage, dispose, administer, control, govern, rule, protect, handle, deal with, sound absorption, insulation, noise elimination, isolation, damping, equipment, device, facility, implementor, machine, apparatus, tower, net, removal, monitoring, filtering, damping, noise reduction, elimination, return air, testing, sensing, barrier, box, simulation, testing, duct, phase noise, single frequency, acoustic, generators, jet, energy, high frequency, transmission, bands, earmuffs, intelligent distribution, disclosure, balance, regulate

11.4.4　国内主要申请人

浙江大学、北京航空航天大学、清华大学、华为技术有限公司、西安电子科技大学、电子科技大学、东南大学、中兴通讯股份有限公司、上海交通大学、哈尔滨工程大学、乐金电子(天津)电气有限公司、天津大学、国家电网公司、西安交通大学、哈尔滨工业大学、杭州电子科技大学、北京理工大学、西北工业大学、北京工业大学、南京大学

11.4.5　国外主要申请人

Panasonic Corporation, Yamaha Corporation, Sony Corporation, Siemens AG, Hitachi, Ltd., Koninklijke Philips NV, Toshiba Corporation, Daiichikosho Co., Ltd., Brother Industries, Ltd., Toyota Motor Corporation, General Electric Company, Pioneer Corporation, Fujitsu Limited, JVC KENWOOD Holdings Inc., Nissan Motor Co., Ltd., Robert Bosch GMBH, Hubert Burda Media Holding GMBH, Mitsubishi Electric Corporation, Samsung Group

11.4.6 噪声污染治理设备专利检索表达式范例

11.4.6.1 噪声污染治理设备国内专利检索表达式

分类号=G10K or 名称=((噪声% or 杂声污染% or 声音污染% or 噪声污染% or 噪音% or 杂音%) and (处理% or 治理% or 控制% or 防护%) and (设备% or 装置% or 器% or 机% or 栅% or 网%)) or 名称,摘要,主权项+=((噪声% or 杂声污染% or 声音污染% or 噪声污染% or 噪音% or 杂音%) and (处理% or 治理% or 控制% or 防护% or 吸声% or 隔声% or 消声% or 隔振% or 减振%) and (设备% or 装置% or 器% or 机% or 栅% or 网%))

11.4.6.2 噪声污染治理设备国外专利检索表达式

分类号=G10K or 名称,摘要,主权项+=((noise% or miscellaneous sound pollution% or sound pollution% or noise pollution% or murmur%) and (manage% or dispose%or administer% or control% or govern% or rule% or protect% or handle% or deal with%or sound absorption% or insulation% or noise elimination% or isolation% or damping%) and (equipment% or device% or facility% or implementor% or machine% or apparatus% or tower% or net%)) or 名称,摘要,主权项+=((noise% or miscellaneous sound pollution% or sound pollution% or noise pollution% or murmur%) and (manage% or dispose%or administer% or control% or govern% or rule% or protect% or handle% or deal with% or sound absorption% or insulation% or noise elimination% or isolation% or damping%) and (equipment% or device% or facility% or implementor% or machine% or apparatus% or tower% or net%))

11.4.6.3 噪声污染治理设备**innography**专利检索表达式

(IPC_G10K) or ((IPC_F24F or F01N) and @(abstract,claims,title) (manage% or dispose% or administer% or control% or govern% or rule% or protect% or handle%

or deal with% or dust% or demisting% or purify% or depurate%) and (equipment% or device% or facility% or implementor% or machine% or apparatus% or tower% or net%)) or (@title (noise% or miscellaneous sound pollution% or sound pollution% or noise pollution% or murmur%) and (manage% or dispose% or administer% or control% or govern% or rule% or protect% or handle% or deal with% or sound absorption% or insulation% or noise elimination% or isolation% or damping%) and (equipment% or device% or facility% or implementor% or machine% or apparatus% or tower% or net%))

11.4.6.3 噪声污染治理设备innovation专利检索表达式

IC=(G10K) or IC=(F24F or F01N) and CTB=((manage% or dispose% or administer% or (manage% or dispose% or administer% or control% or govern% or rule% or protect% or handle% or deal with% or dust% or demisting% or purify% or depurate%) and (equipment% or device% or facility% or implementor% or machine% or apparatus% or tower% or net%)) or TI=((noise% or miscellaneous sound pollution% or sound pollution% or noise pollution% or murmur%) and (manage% or dispose% or administer% or control% or govern% or rule% or protect% or handle% or deal with% or sound absorption% or insulation% or noise elimination% or isolation% or damping%) and (equipment% or device% or facility% or implementor% or machine% or apparatus% or tower% or net%))

11.5 放射性污染治理设备

11.5.1 该领域主要涉及分类号

11.5.1.1 IPC分类号

G21F X射线，γ射线、微粒射线或粒子轰击的防护；处理放射性污染材料；及其去污染装置

G01T 核辐射或X射线辐射的测量

G01N 借助于测定材料的化学或物理性质来测试或分析材料

11.5.1.2 DWPI手工分类代码

Q25-S06A protection against radiation

U11-D01 package protection against radiation

W02-B08 protection against radiation

11.5.2 中文关键词

放射性、放射性污染、射线污染、电磁、电磁污染、电磁波污染、处理、治理、控制、防护、设备、装置、器、机、网、洗消、净化、测量、清楚、去除、清洗、制备、激光、清洁、系统、反应堆、电解、安全、标记、药物、检测、监测、诊断、显像、合成、同位素、屏蔽、存放、贮存

11.5.3 英文关键词

radioactivity, radioactive contamination, radiation contamination, electromagnetic, electromagnetic pollution, manage, dispose, administer, control, govern, rule, protect, handle, deal with, equipment, device, facility, implementor, machine, apparatus, tower, net, decontamination, cleaning, measurement, clear, removal, cleaning, preparation, laser, cleaning system, the reactor, electrolysis, security, marking, drugs, detection, monitoring, diagnosis, imaging, synthesis, isotope, shielding, storage

11.5.4 国内主要申请人

清华大学、中国原子能科学研究院、中国核电工程有限公司、中国广核集团有限公司、中国辐射防护研究院、中国广东核电集团有限公司、中广核工程有限公司、中国工程物理研究院核物理与化学研究所、苏州热工研究院有限公司、西南科技大学、山东新华医疗器械股份有限公司、同方威视技术股份有限公司、中国核动力研究设计院、成都理工大学、中科华核电技术有限公司、西北核技术研究所、宁波君安药物科技有限公司、核工业理化工程研究院华核心技

术开发公司

11.5.5　国外主要申请人

Toshiba Corporation, Commissariat à l'énergieatomique et aux énergies alternatives, Hitachi, Ltd., Mitsubishi Heavy Industries, Ltd., Areva SA, IHI Corporation, General Electric Company, Siemens AG, British Nuclear Fuels Ltd., Kernforschungszentrum Karlsruhe Gesellschaft Mit Beschrankter, RWE Systems AG, Korea Atomic Energy Research, Kraftwerk Union AG, Doryokuro Kakunenryo, United Kingdom Atomic Energy Authority, Kobe Steel, Ltd., NGK Insulators, Ltd., ForschungszentrumJülich GMBH, ABB Ltd

11.5.6　放射性污染治理设备专利检索表达式范例

11.5.6.1　放射性污染治理设备国内专利检索表达式

分类号=G21F or 名称,摘要,主权项+=((放射性% or 放射性污染% or 射线污染% or 电磁% or 电磁污染% or 电磁波污染%) and (处理% or 治理% or 控制% or 防护%) and (设备% or 装置% or 器% or 机% or 网%))

11.5.6.2　放射性污染治理设备国外专利检索表达式

分类号=G21F or 名称,摘要,主权项+=((radioactivity% or radioactive contamination% or Radiation contamination% or electromagnetic% or electromagnetic pollution%) and (manage% or dispose%or administer% or control% or govern% or rule% or protect% or handle% or deal with%) and (equipment% or device% or facility% or implementor% or machine% or apparatus% or tower% or net%))

11.5.6.3　放射性污染治理设备innography专利检索表达式

(IPC_G21F) or ((IPC_G01T or G01N) and @(abstract,claims,title) (manage% or dispose% or administer% or control% or govern% or rule% or protect% or handle% or deal with%) and (equipment% or device% or facility% or implementor% or Machine% or apparatus% or Tower% or net%)) or (@title (manage% or dispose%or administer% or control% or govern% or rule% or protect% or handle% or deal with%) and (equipment% or device% or facility% or implementor% or machine% or apparatus% or tower% or net%))

11.5.6.3 放射性污染治理设备 innovation 专利检索表达式

IC=(G21F) or IC=(G01T or G01N) and CTB=(("manage%" or "dispose%" or "administer%" or "control%" or "govern%" or "rule%" or "protect%" or "handle%" or deal adj "with%") and ("equipment%" or "device%" or "facility%" or "implementor%" or "Machine%" or "apparatus%" or "Tower%" or "net%")) or TI=(("manage%" or "dispose%" or "administer%" or "control%" or "govern%" or "rule%" or "protect%" or "handle%" or deal adj "with%") and ("equipment%" or "device%" or "facility%" or "implementor%" or "machine%" or "apparatus%" or "tower%" or "net%"))

第五部分　汽车及零部件产业

第十二章　汽车及零部件产业

汽车在我国市场上受到普遍欢迎,其不仅为普通大众的生活带来了极大的便利,也改变了我国以往的生产和生活方式。汽车行业这几年在我国的发展也越来越快,不仅拉动了我国经济的快速发展,同时也带动了我国产业结构的转型升级。

宁波市的汽车保有量在近几年实现了井喷式的发展,据初步统计,截止2012年宁波市汽车保有量共为123.83万辆,相较于2011年增加了23万辆;而私家车有89.52万辆,相较于2011年增长了15万辆。而宁波市汽车产业的发展也呈现出如火如荼的局面,梅山保税港汽车整车进口口岸的设立,为快速发展的浙江省汽车产业及汽车整车出口提供了很大便利,使汽车整车进口口岸的资源效率得到了充分发挥;杭州湾新区吉利和大众的强势崛起,有利地带动了整个杭州湾新区的整车产业产值。在这些整车项目的吸引下,法国弗吉亚、美国伟世通、日本岛津等高端汽车核心零部件企业纷纷落户新区。整车和汽车零部件行业齐头并进,共同推进了宁波整个汽车行业向前发展。

根据宁波市的产业特点和企业规模,本章将对汽车的动力装置、底盘、车身及附件和电器仪表及相关配件四个部分进行研究,确定了这些部件的关键词、分类号、主要申请人等检索要素,编制了相应的专利检索表达式作为范例供读者参考。

12.1　动力装置

12.1.1　该领域主要涉及分类号

12.1.1.1　IPC分类号

F01 一般机器或发动机;一般的发动机装置;蒸汽机

F02 燃烧发动机；热气火燃烧生成物的发动机装置

F03 液力机械或液力发动机；风力、弹力或重力发动机；其他类目中不包括的产生机械动力或反推力的发动机

12.1.1.2 DWPI手工分类代码

X22-A for internal combustion engines

X22-A03 control

X22-A05 engine related measurements and sensors

X22-A08 starters, ignition switches, relays

12.1.2 中文关键词

汽车、机动车、车辆、车用、轿车、客车、货车、卡车、乘用车、商用车、电动车、发动机、内燃机、汽油机、柴油机、机体、缸体、气缸、汽缸、油底壳、曲轴箱、主轴承盖、曲轴、压缩机、活塞、连杆、飞轮、曲柄连杆、凸轮轴、挺杆、挺柱、推杆、摇臂、气门、气门弹簧、气门导管、气门座、化油器、汽油泵、喷油器、输油泵、油水分离器、调速器、滤清器、油箱、机油收集器、机油收集装置、断油、燃油、汽油、柴油、燃料、传感器、喷射、燃油泵、燃油供给、燃料供给、增压系统、进气增压、涡轮增压、气波增压、进气管、进气歧管、节气门、空气滤清器、空滤器、空气流量计、排气、管、消声器、消声器、排气净化、催化转换器、氧传感器、微粒过滤器、废气再循环、曲轴箱通风、传感器、散热器、水箱、膨胀箱、散热器格栅、散热器面罩、水泵、风扇、离合器、冷却水套、冷却管路、冷却水管、水温传感器、机油泵、机油滤清器、机滤、润滑油滤清器、机油过滤器、机油粗滤、机油细滤、机油冷却、润滑油冷却、机油集滤器、润滑限压阀、机油限压阀、机油、润滑油、润滑脂、润滑剂、点火、开关、线圈、火花塞、分电器、断电器、配电器、电容器、点火提前、蓄电池、起动电机、起动机、启动机、启动电机、起动预热、低温起动、启动预热、低温启动、进气预热、火焰预热、预热塞、电热塞、起动液、启动液

12.1.3 英文关键词

car, vehicle, vehicles, cars, buses, vans, trucks, passenger cars, commercial vehicles, electric vehicles, engines, internal combustion engines, gasoline engines, diesel engines, body, cylinder, oil pan, crankshaft boxes, main bearing caps, crank, compressors, piston, connecting rod, flywheel, crank and connecting rod, camshaft, tappets, tappet, putting, rocker arm, valves, valve springs, valve guides, valve seats, oils filter, fuel pump, fuel injectors, water separator, governor, filters, fuel tank, oil collector, oil collection device off the oil, fuel oil, gasoline, diesel fuel, sensors, jet fuel pump, fuel supply, pressurization systems, intake supercharger, turbo, air wave supercharger, intake manifold, throttle, air filter, air flow meter, Pai gas pipe, the muffler, the exhaust gas purification catalytic converter, an oxygen sensor, the particulate filter, exhaust gas recirculation, crankcase ventilation, exhaust, sensors, radiator, expansion tank, radiator grille, radiator cover, water pump, fan clutch, cooling water jacket cooling circuit, cooling pipes, water temperature sensor, oil pump, oil filter, filters, oil coarse filter, oil fine filter, oil cooling, oil strainer, pressure limiting valve lubrication, oil pressure limiting valve, oil, lubricants, greases, ignition switch, coil, spark plugs, distributor, breaker, with appliances, capacitors, ignition advance, battery, starter motor, starter, start preheating, cold starting, start preheating, cold start, air preheating, preheat flame, glow plugs, glow plugs starter fluid, start liquid

12.1.4　国内主要申请人

奇瑞汽车股份有限公司、福特环球技术公司、重庆长安汽车股份有限公司、中国第一汽车集团公司、通用汽车环球科技运作有限责任公司、清华大学、浙江吉利控股集团有限公司、北汽福田汽车股份有限公司、浙江吉利汽车研究院有限公司、广西玉柴机器股份有限公司、比亚迪股份有限公司、浙江大学、无锡开普动力有限公司、上海交通大学、力帆实业(集团)股份有限公司、天津市公博科技开发有限公司、北京理工大学、重庆长安新能源汽车有限公司、北京理工大学、东风朝阳柴油机有限责任公司

12.1.5　国外主要申请人

Toyota Motor Corporation, Federal-Mogul Corporation, Ishikawa Gasket Company Limited, Honda Motor Co., Ltd., Dana Holding Corporation, Nissan Motor Co., Ltd., ElringKlinger AG, Porsche Automobil Holding SE, Gasket International SpA, Freudenberg & Co. Kommanditgesellschaft, Nok Corporation, Yamaha Corporation, Daimler AG, Suzuki Motor Corporation, General Motors Corp, Mazda Motor Corporation, Caterpillar Inc., Uchiyama Mfg Corp-Rubber, Ford Motor Company

12.1.6 动力装置专利检索表达式范例

12.1.6.1 机体组国内专利检索表达式

(名称=((发动机 or 内燃机 or 汽油机 or 柴油机) and (机体 or 缸体 or 气缸 or 汽缸 or 油底壳 or 曲轴箱 or 主轴承盖))) or (分类号=('F02F1%' or 'F02F7%' or 'F16J10%' or 'F02B77/10' or 'F02F11/00')) or (名称,摘要,主权项+=(((发动机 or 内燃机 or 汽油机 or 柴油机 or 汽车) and 机体) or 缸体 or 气缸 or 汽缸 or 油底壳 or 曲轴箱 or 主轴承盖) and 分类号=('F01M%' or 'F02%' or 'F16J%' or 'F16C%' or 'F16B%' or 'F16M%' or '15-01%' or '12-16%' or '08-08%' or 'C21%' or '22%' or 'C23%' or 'G01%' or 'B21%' or 'B23%' or 'B22%' or 'B24%'))

12.1.6.2 机体组国外专利检索表达式

(分类号=('F02F1%' or 'F02F7%' or 'F16J10%' or 'F02B77/10' or 'F02F11/00')) or (名称,摘要,主权项+=('engine body%' or 'engine block%' or 'cylinder%' or 'main bearing cap%' or 'engine oil pan%' or 'engine oil sump%' or 'engine sump tank%' or 'crankcase%') and 分类号=('F01M%' or 'F02%' or 'F16J%' or 'F16C%' or 'F16B%' or 'F16M%' or '15-01%' or '12-16%' or '08-08%' or 'C21%' or '22%' or 'C23%' or 'G01%' or 'B21%' or 'B23%' or 'B22%' or 'B24%'))

12.1.6.3 机体组**innography**专利检索表达式

(IPC_F02F1 or F02F7 or F16J10 or F02B77/10 or F02F11/00) or ((IPC_F01M or F02 or F16J or F16C or F16B or F16M or 15-01 or 12-16 or 08-08 or C21 or 22 or C23 or G01 or B21 or B23 or B22 or B24) and @(abstract,claims,title) (engine body or engine block or cylinder or main bearing cap or engine oil pan or engine oil sump or engine sump tank or crankcase))

12.1.6.4 机体组innovation专利检索表达式

IC=(F02F1 or F02F7 or F16J 10 or F02B77/10 or F02F11/00) or IC=(F01M or F02 or F16J or F16C or F16B or F16M or 15-01 or 12-16 or 08-08 or C21 or 22 or C23 or G01 or B21 or B23 or B22 or B24) and CTB=(engine body or engine block or cylinder or main bearing cap or engine oil pan or engine oil sump or engine sump tank or crankcase)

12.1.6.5 曲柄连杆机构国内专利检索表达式

(分类号=('F16C3/06' or 'F16C3/08' or 'F16C3/10' or 'F16C3/12' or 'F16C3/14' or 'F16C3/16' or 'F16J1%' or 'F02F3%' or 'F16J9%' or 'F02F5%' or 'F16C7%' or 'F16C9%' or 'F16F15/30%' or 'F16F15/31%')) or (名称,摘要,主权项+=(曲轴 not (曲轴箱 or 压缩机%曲轴)) and 分类号=('F16C%' or 'F16D%' or 'F16H55%' or 'F02%' or 'B60S%' or 'B60K%' or '12-16%' or '15-01%' or '15-99%')) or (名称=(曲轴 not (曲轴箱 or 压缩机%曲轴)) and 分类号=('B22%' or 'B23%' or 'G01%' or 'C21%' or 'C22%' or 'C23%' or 'C25%')) or (名称,摘要,主权项+=(活塞) and 分类号=('F02F%' or 'F16J%' or 'F01M%' or '15-01%' or '15-99%')) or (名称=(活塞) and 分类号=('B21%' or 'B22%' or 'B23%' or 'C21%' or 'C22%' or 'C23%' or 'C25D%' or 'C04B%' or 'C09%' or 'C08L%')) or (名称,摘要,主权项+=(连杆) and 分类号=('F16H%' or 'F16C%' or 'F02B%' or '15-99%' or '15-01%')) or (名称=(连杆) and 分类号=('G01%' or 'C22%' or 'B21%' or 'B22%' or 'B23%')) or (名称,摘要,主权项+=(飞轮) and 分类号=('F16F%' or 'F02%' or 'F16D%' or 'B23%' or '12-16%' or '15-01%' or '15-99%')) or (名称=(曲柄连杆) and 分类号=('F16F%' or 'F16H%' or 'F02B%' or 'F01l%' or 'F16C%'))

12.1.6.6 曲柄连杆机构国外专利检索表达式

(分类号=('F16C3/06' or 'F16C3/08' or 'F16C3/10' or 'F16C3/12' or 'F16C3/14' or 'F16C3/16' or 'F16J1%' or 'F02F3%' or 'F16J9%' or 'F02F5%' or 'F16C7%' or 'F16C9%' or 'F16F15/30%' or 'F16F15/31%')) or (名称,摘要,主权项+=('crankshaft%' or 'crank shaft%' or 'bent axle%' not 'compressor%') and 分类号=('F16C%' or 'F16D%' or 'F16H55%' or 'F02%' or 'B60S%' or 'B60K%')) or (名称=('crank-shaft%' or 'crank shaft%' or 'bent axle%' not 'compressor%') and 分类号=('B22%' or 'B23%' or 'G01%' or 'C21%' or 'C22%' or 'C23%' or 'C25%')) or (名称,摘要,主权项+=(piston%) and 分类号=('F02F%' or 'F16J%' or 'F01M%')) or (名称=(piston%) and 分类号=('B21%' or 'B22%' or 'B23%' or 'C21%' or 'C22%' or 'C23%' or 'C25D%' or 'C04B%' or 'C09%' or 'C08L%')) or (名称,摘要,主权项+=('connecting rod%' or 'connecting-rod%' or 'connecting bar%') and 分类号=('F16H%' or 'F16C%' or 'F02B%')) or (名称=('connecting rod%' or 'connecting-rod%' or 'connecting bar%') and 分类号=('G01%' or 'C22%' or 'B21%' or 'B22%' or 'B23%')) or (名称,摘要,主权项+=('flywheel%' or 'fly-wheel%') and 分类号=('F16F%' or 'F02%' or 'F16D%' or 'B23%')) or (名称=('crank-connecting rod%' or 'crank and connecting rod%') and 分类号=('F16F%' or 'F16H%' or 'F02B%' or 'F01l%' or 'F16C%'))

12.1.6.7 曲柄连杆机构innography专利检索表达式

(IPC_F16C3/06 or F16C3/08 or F16C3/10 or F16C3/12 or F16C3/14 or F16C3/16 or F16J1 or F02F3 or F16J9 or F02F5 or F16C7 or F16C9 or F16F15/30 or F16F15/31) or ((IPC_F16C or F16D or F16H55 or F02 or B60S or B60K) and @(abstract,claims,title) (crankshaft or crank shaft or bent axle not compressor)) or ((IPC_B22 or B23 or G01 or C21 or C22 or C23 or C25) and @title (crankshaft or crank shaft or bent axle not compressor)) or ((IPC_B21 or B22 or B23 or C21 or C22 or C23 or C25D or C04B or C09 or C08L) and @(abstract,claims,title) (piston)) or ((IPC_G01 or C22 or B21 or B22 or B23) and @(abstract,claims,title) (connecting rod or connecting-rod or connecting bar)) or ((IPC_F16F or F02 or F16D or B23) and @(abstract,claims,title) (flywheel or fly-wheel)) or ((IPC_F16F or F16H or F02B or F01L or F16C) and @(abstract,claims,title) (crank- connecting rod or crank and connecting rod))

12.1.6.8　曲柄连杆机构innovation专利检索表达式

IC=(F16C3/06 or F16C3/08 or F16C3/10 or F16C3/12 or F16C3/14 or F16C3/16 or F16J1 or F02F3 or F16J9 or F02F5 or F16C7 or F16C9 or F16F15/30 or F16F15/31) or (IC=(F16C or F16D or F16H55 or F02 or B60S or B60K) and CTB=(crankshaft or crank shaft or bent axle not compressor)) or (IC=(B22 or B23 or G01 or C21 or C22 or C23 or C25) and TI=(crankshaft or crank shaft or bent axle not compressor)) or (IC=(B21 or B22 or B23 or C21 or C22 or C23 or C25D or C04B or C09 or C08L) and CTB=(piston)) or (IC=(G01 or C22 or B21 or B22 or B23) and CTB=(connecting rod or connecting-rod or connecting bar)) or (IC=(F16F or F02 or F16D or B23) and CTB=(flywheel or fly-wheel)) or (IC=(F16F or F16H or F02B or F01L or F16C) and CTB=(crank-connecting rod or crank and connecting rod))

12.2　底盘

12.2.1　该领域主要涉及分类号

12.2.1.1　IPC分类号

B60K 车辆动力装置或传动装置的布置或安装；两个以上不同的原动机的布置或安装；辅助驱动装置，车辆用仪表或仪表板；与车辆动力装置的冷却、进气、排气或燃料供给结合的布置

B62D55/116 通过对悬架装置作用来控制底盘的姿势和位置，例如用于坡度补偿

F16M11/20 带有或不带有轮子的底盘

F16M11/32 具有3个或多个伸缩支柱的支撑用的底盘

12.2.1.2　DWPI手工分类代码

X22-G03 powertrain/transmission control system

X21-A electric propulsion and braking

T01-J07 for industrial process control

12.2.2 中文关键词

离合器、离合助力器、离合踏板、离合主缸、离合总泵、汽车、机动车、车辆、车用、轿车、客车、货车、卡车、乘用车、商用车、变速箱、变速器、同步器、变速操纵、变速换挡、变速传动、变速齿轮、变矩器、CVT、分动器、万向节、联轴器、万向接头、万向传动、传动轴、驱动轴、驱动桥、减速器、差速机构、差速器、差速、半轴、桥壳、车架、大梁、纵梁、横梁、护板、车桥、前桥、后桥、中间桥、转向桥、转向驱动桥、支持桥、车轮、轮辋、轮辐、轮毂、钢圈、轮胎、悬架、悬挂、减振器、减震器、导向器、导向座、导向套、横向稳定器、钢板弹簧、气弹簧、气体弹簧、螺旋弹簧、扭杆弹簧、橡胶弹簧、稳定杆、推力杆、转向轴、转向管柱、转向柱、转向操纵、方向盘、转向盘、转向器、转向机、方向机、转向摇臂、转向拉杆、转向直拉杆、转向节、转向减振、转向减震、助力转向、动力转向、线控转向、主动转向、制动、刹车、制动踏板、刹车踏板、手刹、脚刹、真空助力器、制动助力器、制动总泵、制动分泵、制动主缸、制动轮缸、制动总泵、刹车泵、制动油缸、鼓式制动器、盘式制动器、制动液、防滑控制、电子稳定

12.2.3 英文关键词

Clutch, clutch booster, clutch pedal, clutch master cylinder, vehicles, vehicle, car, cars, buses, vans, trucks, passenger cars, commercial vehicles, gearboxes, transmissions, synchronizer, speed control, transmission shift, variable speed drives, transmission gears, torque converter, CVT, splitter, universal joints, couplings, universal joints, universal transmission, drive shaft, drive axle, reducer, differential mechanism, differential, axle, frame, beams, stringers, boards, axles, front axle, rear axle, middle axle, steering axle, Support Bridge, spokes, wheels, rims, wheels enough, tires, suspension, shock absorbers, guide, guide seat, guide sleeve, horizontal stabilizer, steel springs, gas springs, coil springs, torsion bar springs, rubber springs, stabilizer bar, thrust rod, thrust rod, dampers, steering shaft, steering column, steering, steering wheel, steering gear, steering arm, tie rods, steering straight rod, steering knuckle, steering vibration, shock-absorbing steering, power steering, remote control steering, active steering, brake, brake pedal, hand brake, foot brake vacuum booster, brake booster, brake wheel cylinders brake master cylinder, brake pumps, brake cylinder, drum brakes, disc brakes, brake fluid, anti-skid control, electronic stability

12.2.4 国内主要申请人

浙江吉利控股集团有限公司、安徽江淮汽车股份有限公司、奇瑞汽车股份有限公司、重庆长安汽车股份有限公司、中国重汽集团济南动力有限公司、北京三星汽车有限公司、威海广泰空港设备股份有限公司、芜湖禾田汽车工业有限公司、北汽福田汽车股份有限公司、通化石油化工机械制造有限责任公司、山东理工大学、吉林大学、随州市东正专用汽车有限公司、鞍山森远路桥股份有限公司、徐州徐工随车起重机有限公司、中国重型汽车集团有限公司、中汽商用汽车有限公司、中原特种车辆有限公司、北京汽车股份有限公司、通海绿盾汽车配件有限公司

12.2.5 国外主要申请人

Zeppelin GMBH , Toyota Motor Corporation , INA-Holding Schaeffler KG , Nissan Motor Co., Ltd. , Honda Motor Co., Ltd. , Aisin Seiki Co., Ltd. , Hyundai Motor Company , General Motors Corp oration , Porsche Automobil Holding SE , Valeo SA , Ford Motor Company , Daimler AG , Robert Bosch GMBH , Eaton Corporation , Fuji Heavy Industries Ltd. , BorgWarner Inc. , Hitachi, Ltd. , Mazda Motor Corporation

12.2.6 底盘专利检索表达式范例

12.2.6.1 传动系统国内专利检索表达式

(分类号=('B60K6/36%' or 'B60K6/38%' or 'B60K17%' or 'B60K20%' or 'B60K23%' or 'B60W10/02%' or 'B60W10/10%' or 'B60W10/12%' or 'B60B35/14%')) or (名称,摘要,主权项+=(离合器 or 离合助力器 or 离合踏板 or 离合主缸 or 离合总泵) and 分类号=('B60%' or 'B62D%' or '12-16%' or '12-08%')) or (名称,摘要,主权项+=((离合器 or 离合助力器 or 离合踏板 or 离合主缸 or 离合总泵) and

(汽车 or 机动车 or 车辆 or 车用 or 轿车 or 客车 or 货车 or 卡车 or 乘用车 or 商用车)) and 分类号=(F16C% or F16D% or F16H% or F04B% or H02K% or B21% or C23% or B29% or G01%)) or (名称,摘要,主权项+=(变速箱 or 变速器 or 同步器 or 变速操纵 or 变速换挡 or 变速传动 or 变速齿轮 or 变矩器 or CVT) and 分类号=('B60%' or 'B62D%' or '12-16%' or '15-01%' or '15-99%')) or (名称,摘要,主权项+=((变速箱 or 变速器 or 同步器 or 变速操纵 or 变速换挡 or 变速传动 or 变速齿轮 or 变矩器 or CVT) and (汽车 or 机动车 or 车辆 or 车用 or 轿车 or 客车 or 货车 or 卡车 or 乘用车 or 商用车)) and 分类号=(F16H% or F16J% or F16C% or F16F% or F16K% or F04B% or C10M% or C22% or C23% or G01% or B21% or B22% or B23% or H02K% or H05K% or C08L%)) or (名称,摘要,主权项+=(分动器) and 分类号=('B60%' or '12-16%')) or (名称,摘要,主权项+=(分动器 and (汽车 or 机动车 or 车辆 or 车用 or 轿车 or 客车 or 货车 or 卡车 or 乘用车 or 商用车 or 四轮驱动车 or 四驱 or MPV)) and 分类号=(F16H% or F16D%)) or (名称,摘要,主权项+=(万向节 or 联轴器 or 万向接头 or 万向传动) and 分类号=('B60K%' or 'B62D%' or 'F16D%' or '12-16%' or '23-01%' or '15-99%')) or (名称,摘要,主权项+=((万向节 or 联轴器 or 万向接头 or 万向传动) and (汽车 or 机动车 or 车辆 or 车用 or 轿车 or 客车 or 货车 or 卡车 or 乘用车 or 商用车)) and 分类号=(B21% or B23% or F16C% or C08L% or C10M% or G01%)) or (名称,摘要,主权项+=((传动轴 or 驱动轴) and (汽车 or 机动车 or 车辆 or 车用 or 轿车 or 客车 or 货车 or 卡车 or 乘用车 or 商用车)) and 分类号=(B21% or B05% or F16%)) or (名称,摘要,主权项+=(传动轴 or 驱动轴) and 分类号=('B60K%' or 'B60B%' or 'B60R%' or '15-99%' or '12-16%')) or (名称,摘要,主权项+=(驱动桥) and 分类号=('B60%' or 'B62D%' or 'F16H%' or '12-16%')) or (名称,摘要,主权项+=(驱动桥 and (汽车 or 机动车 or 车辆 or 车用 or 轿车 or 客车 or 货车 or 卡车 or 乘用车 or 商用车)) and 分类号=(B21% or B23% or C21% or C22% or C23% or G01%)) or (名称,摘要,主权项+=(减速器) and 分类号=('B60%' or 'B62D%' or 'F16H%' or '12-16%')) or (名称,摘要,主权项+=(减速器 and (汽车 or 机动车 or 车辆 or 车用 or 轿车 or 客车 or 货车 or 卡车 or 乘用车 or 商用车)) and 分类号=(G01% or F16J% or B23%)) or (名称,摘要,主权项+=(差速机构 or 差速器 or 差速%装置)

and 分类号=('B60%' or 'F16D%' or 'F16H%' or '12-16%' or '15-01%' or '15-99%')) or (名称,摘要,主权项+=((差速机构 or 差速器 or 差速%装置) and (汽车 or 机动车 or 车辆 or 车用 or 轿车 or 客车 or 货车 or 卡车 or 乘用车 or 商用车)) and 分类号=(B21% or B23% or C23% or G01%)) or (名称,摘要,主权项+=(半轴) and 分类号=('B60B%' or 'F16H%' or '12-16%' or '12-99%')) or (名称,摘要,主权项+=(半轴 and (汽车 or 机动车 or 车辆 or 车用 or 轿车 or 客车 or 货车 or 卡车 or 乘用车 or 商用车)) and 分类号=(B21% or B23% or C21% or G01%)) or (名称,摘要,主权项+=(桥壳) and 分类号=('B60B%' or 'B60K%' or '12-08%' or '12-16%')) or (名称,摘要,主权项+=(桥壳 and (汽车 or 机动车 or 车辆 or 车用 or 轿车 or 客车 or 货车 or 卡车 or 乘用车 or 商用车)) and 分类号=(B21% or B23% or B30B% or C21% or C22%))

12.2.6.2　传动系统国外专利检索表达式

(分类号=('B60K6/36%' or 'B60K6/38%' or 'B60K17%' or 'B60K20%' or 'B60K23%' or 'B60W10/02%' or 'B60W10/10%' or 'B60W10/12%' or 'B60B35/14%')) or (名称,摘要,主权项+=(clutch%) and 分类号=('B60%' or 'B62D%')) or (名称,摘要,主权项+=(clutch% and (vehicle% or car or cars or truck% or automobile% or auto or automotive)) and 分类号=(F16C% or F16D% or F16H% or F04B% or H02K% or B21% or C23% or B29% or G01%)) or (名称,摘要,主权项+=('transmission%' or 'gearbox%' or 'gear box%' or 'synchronizer%' or 'torque converter%' or 'CVT') and 分类号=('B60%' or 'B62D%')) or (名称,摘要,主权项+=(('transmission%' or 'gearbox%' or 'gear box%' or 'synchronizer%' or 'torque converter%' or 'CVT') and (vehicle% or car or cars or truck% or automobile% or auto or automotive)) and 分类号=(F16H% or F16J% or F16C% or F16F% or F16K% or F04B% or C10M% or C22% or C23% or G01% or B21% or B22% or B23% or H02K% or H05K% or C08L%)) or (名称,摘要,主权项+=('transfer case%' or 'transfer box%') and 分类号=(B60%)) or (名称,摘要,主权项+=(('transfer case%' or 'transfer box%') and (vehicle% or car or cars or truck% or automobile% or auto or automotive)) and 分类号=(F16H% or F16D%)) or (名称,摘要,主权项+=('universal joint%' or 'u-joint%' or 'coupling%') and 分类号=('B60K%' or 'B62D%' or 'F16D%')) or (名称,摘要,主权项+=(('universal joint%'

or 'u-joint%' or 'coupling%') and (vehicle% or car or cars or truck% or automobile% or auto or automotive)) and 分类号=(B21% or B23% or F16C% or C08L% or C10M% or G01%)) or (名称,摘要,主权项+=(('propeller shaft%' or 'propeller-shaft%' or 'transmission shaft%' or 'drive shaft%' or 'drive-shaft%') and (vehicle% or car or cars or truck% or automobile% or auto or automotive)) and 分类号=(B21% or B05% or F16%)) or (名称,摘要,主权项+=('propeller shaft%' or 'transmission shaft%' or 'drive shaft%') and 分类号=('B60K%' or 'B60B%' or 'B60r%')) or (名称,摘要,主权项+=('drive axle%' or 'transaxle%' or 'driving axle%' or 'rear axle%') and 分类号=('B60%' or 'B62D%' or 'F16H%')) or (名称,摘要,主权项+=(('drive axle%' or 'transaxle%' or 'driving axle%' or 'rear axle%') and (vehicle% or car or cars or truck% or automobile% or auto or automotive)) and 分类号=(B21% or B23% or C21% or C22% or C23% or G01%)) or (名称,摘要,主权项+=('final drive%' or 'single reduction%' or 'double reduction%' or 'wheel reduction%') and 分类号=('B60%' or 'B62D%' or 'F16H%')) or (名称,摘要,主权项+=(('final drive%' or 'single reduction%' or 'double reduction%' or 'wheel reduction%') and (vehicle% or car or cars or truck% or automobile% or auto or automotive)) and 分类号=(G01% or F16j% or B23%)) or (名称,摘要,主权项+=(differential%) and 分类号=('B60%' or 'F16D%' or 'F16H%')) or (名称,摘要,主权项+=(differential% and (vehicle% or car or cars or truck% or automobile% or auto or automotive)) and 分类号=(B21% or B23% or C23% or G01%)) or (名称,摘要,主权项+=('axle shaft%' or 'half-axle%' or 'half axle%') and 分类号=('B60B%' or 'F16H%')) or (名称,摘要,主权项+=(('axle shaft%' or 'half-axle%' or 'half axle%') and (vehicle% or car or cars or truck% or automobile% or auto or automotive)) and 分类号=(B21% or B23% or C21% or G01%)) or (名称,摘要,主权项+=('axle housing%') and 分类号=('B60B%' or 'B60K%')) or (名称,摘要,主权项+=('axle housing%' and (vehicle% or car or cars or truck% or automobile% or auto or automotive)) and 分类号=(B21% or B23% or B30B% or C21% or C22%))

12.2.6.3 传动系统innography专利检索表达式

(IPC_B60K6/36 or B60K6/38 or B60K17 or B60K20 or B60K23 or B60W10/02 or B60W10/10 or B60W10/12 or B60B35/14) or ((IPC_F16C or F16D or F16H or F04B or H02K or B21 or C23 or B29 or G01) and @(abstract,claims,title) (clutch and (vehicle or car or cars or truck or automobile or auto or automotive))) or ((IPC_B60 or B62D) and @(abstract,claims,title) (transmission or gearbox or gear box or synchronizer or torque converter or CVT)) or ((IPC_F16H or F16J or F16C or F16F or F16K or F04B or C10M or C22 or C23 or G01 or B21 or B22 or B23 or H02K or H05K or C08L) and @(abstract,claims,title) (engine body or engine block or cylinder or main bearing cap or engine oil pan or engine oil sump or engine sump tank or crankcase)) or ((IPC_F01M or F02 or F16J or F16C or F16B or F16M or C21 or C22 or C23 or G01 or B21 or B23 or B22 or B24) and @(abstract,claims,title) ((transmission or gearbox or gear box or synchronizer or torque converter or CVT) and (vehicle or car or cars or truck or automobile or auto or automotive))) or (IPC_B21 or B23 or F16C or C08L or C10M or G01) and @(abstract,claims,title) ((drive axle or transaxle or driving axle or rear axle) and (vehicle or car or cars or truck or automobile or auto or automotive))) or ((IPC_B21 or B23 or C21 or G01) and @(abstract,claims,title) ((axle shaft or half-axle or half axle) and (vehicle or car or cars or truck or automobile or auto or automotive))) or ((IPC_B21 or B23 or B30B or C21 or C22) and @(abstract,claims,title) (axle housing and (vehicle or car or cars or truck or automobile or auto or automotive)))

12.2.6.4 传动系统innovation专利检索表达式

IC=(B60K6/36 or B60K6/38 or B60K17 or B60K20 or B60K23 or B60W10/02 or B60W10/10 or B60W10/12 or B60B35/14) or (IC=(F16C or F16D or F16H or F04B or H02K or B21 or C23 or B29 or G01) and CTB=(clutch and (vehicle or car or cars or truck or automobile or auto or automotive))) or (IC=(B60 or B62D) and CTB=(transmission or gearbox or gear box or synchronizer or torque converter or CVT)) or (IC=(F16H or F16J or F16C or F16F or F16K or F04B or C10m or C22 or C23 or G01 or B21 or B22 or B23 or H02K or H05K or C08L) and CTB=(engine body or engine block or cylinder or main bearing cap or engine oil pan or engine oil sump or engine sump tank or crankcase)) or (IC=(F01M or F02 or F16J or F16C or F16B or F16M or C21 or C22 or C23 or G01 or B21 or B23 or B22 or B24) and

CTB=((transmission or gearbox or gear box or synchronizer or torque converter or CVT) and (vehicle or car or cars or truck or automobile or auto or automotive))) or (IC=(B21 or B23 or F16C or C08L or C10M or G01) and CTB=((drive axle or trans-axle or driving axle or rear axle) and (vehicle or car or cars or truck or automobile or auto or automotive))) or (IC=(B21 or B23 or B30B or C21 or C22) and CTB=(axle housing and (vehicle or car or cars or truck or automobile or auto or automotive)))

12.2.6.5 行驶系统国内专利检索表达式

(分类号=('F16C3/06' or 'F16C3/08' or 'F16C3/10' or 'F16C3/12' or 'F16C3/14' or 'F16C3/16' or 'F16J1%' or 'F02F3%' or 'F16J9%' or 'F02F5%' or 'F16C7%' or 'F16C9%' or 'F16F15/30%' or 'F16F15/31%')) or (名称,摘要,主权项+=(曲轴 not (曲轴箱 or 压缩机%曲轴)) and 分类号=('F16C%' or 'F16D%' or 'F16H55%' or 'F02%' or 'B60S%' or 'B60K%' or '12-16%' or '15-01%' or '15-99%')) or (名称=(曲轴 not (曲轴箱 or 压缩机%曲轴)) and 分类号=('B22%' or 'B23%' or 'G01%' or 'C21%' or 'C22%' or 'C23%' or 'C25%')) or (名称,摘要,主权项+=(活塞) and 分类号=('F02F%' or 'F16J%' or 'F01M%' or '15-01%' or '15-99%')) or (名称=(活塞) and 分类号=('B21%' or 'B22%' or 'B23%' or 'C21%' or 'C22%' or 'C23%' or 'C25D%' or 'C04B%' or 'C09%' or 'C08L%')) or (名称,摘要,主权项+=(连杆) and 分类号=('F16H%' or 'F16C%' or 'F02B%' or '15-99%' or '15-01%')) or (名称=(连杆) and 分类号=('G01%' or 'C22%' or 'B21%' or 'B22%' or 'B23%')) or (名称,摘要,主权项+=(飞轮) and 分类号=('F16F%' or 'F02%' or 'F16D%' or 'B23%' or '12-16%' or '15-01%' or '15-99%')) or (名称=(曲柄连杆) and 分类号=('F16F%' or 'F16H%' or 'F02B%' or 'F01L%' or 'F16C%'))

12.2.6.6 行驶系统国外专利检索表达式

(分类号=('F16C3/06' or 'F16C3/08' or 'F16C3/10' or 'F16C3/12' or 'F16C3/14' or 'F16C3/16' or 'F16J1%' or 'F02F3%' or 'F16J9%' or 'F02F5%' or 'F16C7%' or 'F16C9%' or 'F16F15/30%' or 'F16F15/31%')) or (名称,摘要,主权项+=('frame%' or 'chassis%' or 'monocoque%' or 'cross member%' or 'side-member%' or 'side member%' or 'beam%') and 分类号=('B60%' or 'B62D%')) or (名称=(('frame%' or 'chassis%' or 'monocoque%' or 'cross member%' or 'side-member%' or 'side member%' or 'beam% ') and (vehicle% or car or cars or truck% or automobile% or auto or automotive)) and 分类号=(B21% or B23% or C22% or C21% or G01%)) or (名称=(engine and protection) and 分类号=('F16M%' or 'B60K%' or 'B60R%' or 'F02B%')) or (名称,摘要,主权项+=(axle%) and 分类号=('B60%' or 'B62D%')) or (名称=(axle%) and 分类号=(B21% or G01% or B23% or C22%)) or (名称=('wheel%' or 'hub%' or 'wheel boss%' or 'spoke%' or 'tire rim%') and 分类号=('B60%' or 'B62D%' or 'B21%' or 'B22%' or 'B23P%' or 'C22%' or 'C23%' or 'C21D%' or 'f16C%' or 'G01%')) not (名称=(bicycle% or bike% or motorcycle% or tractor%)) or (名称=(tire% or tyre% or radial%) and 分类号=('C08L%' or 'B29%' or 'B60%' or 'G01%' or 'D02%')) or (名称,摘要,主权项+=(vehicle% or car or cars or truck% or automobile% or auto or automotive) and 分类号=(F16F%)) or (名称,摘要,主权项+=('suspensionor%' or 'absorber% ' or 'damper%' or 'guide%' or 'stabilizer' or 'steel plate spring%' or 'leaf spring%' or 'leaf- spring%' or 'gas spring%' or 'gas- spring%' or 'coil spring%' or 'torsion- bar spring%' or 'air spring%' or 'torsional pole spring%' or 'rubber spring%' or 'spiral spring%' or 'lateral rod%' or 'longitudinal rod%') and 分类号=('B60R%' or 'B62D%')) or (名称,摘要,主权项+=(('steel plate spring%' or 'leaf spring%' or 'leaf-spring%' or 'gas spring%' or 'gas- spring%' or 'coil spring%' or 'torsion- bar spring%' or 'air spring%' or 'torsional pole spring%' or 'rubber spring%' or 'spiral spring%') and (vehicle% or car or cars or truck% or automobile% or auto or automotive)) and 分类号=('C21%' or 'B21%')) or (名称,摘要,主权项+=('stabilizer' or 'lateral rod%' or 'longitudinal rod%') and 分类号=(B23% or B24F%)) or (名称,摘要,主权项+=(('absorber%' or 'damper%') and (vehicle% or car or cars or truck% or automobile% or auto or automotive)) and 分类号=('F16C%' or 'F16J%' or 'B22F%')) or (名称=(guide%) and 分类号=('F16F%' or 'B22F%')) not (分类号=(A47% or H01% or B28% or E05% or B30%))

12.2.6.7 行驶系统innography专利检索表达式

(IPC_B62D21 or B62D23 or B62D24 or B60B or B60C or B29D30 or B60G or B60W10/22 or B62D43 or G01M17/013 or G01M17/02 or G01M17/04) or

((IPC_B60 or B62D) and @(abstract,claims,title) (frame or chassis or monocoque or cross member or side-member or side member or beam)) or ((IPC_B21 or B23 or C22 or C21 or G01) and @(abstract,claims,title) ((frame or chassis or monocoque or cross member or side-member or side member or beam) and (vehicle or car or cars or truck or automobile or auto or automotive))) or ((IPC_B60R or B62D) and @(abstract,claims,title) (wheel or hub or wheel boss or spoke or tire rim)) or ((IPC_F16F) and @(abstract,claims,title) (vehicle or car or cars or truck or automobile or auto or automotive)) or ((IPC_B21 or B23 or F16C or C08L or C10M or G01) and @(abstract,claims,title) ((drive axle or transaxle or driving axle or rear axle) and (vehicle or car or cars or truck or automobile or auto or automotive))) or ((IPC_F16C or F16J or B22F) and @(abstract,claims,title) ((absorber or damper) and (vehicle or car or cars or truck or automobile or auto or automotive))) or ((IPC_F16F or B22F) and @(abstract,claims,title) (guide))

12.2.6.8 行驶系统innovation专利检索表达式

IC=(B62D21 or B62D23 or B62D24 or B60B or B60C or B29D30 or B60G or B60W10/22 or B62D43 or G01M17/013 or G01M17/02 or G01M17/04) and CTB=(frame or chassis or monocoque or cross member or side-member or side member or beam)) or (IC=(B21 or B23 or C22 or C21 or G01) and CTB=((frame or chassis or monocoque or cross member or side-member or side member or beam) and (vehicle or car or cars or truck or automobile or auto or automotive))) or (IC=(B60R or B62D) and CTB=(wheel or hub or wheel boss or spoke or tire rim)) or (IC=(F16F) and CTB=(vehicle or car or cars or truck or automobile or auto or automotive)) or (IC=(B21 or B23 or F16C or C08L or C10M or G01) and CTB=((drive axle or transaxle or driving axle or rear axle) and (vehicle or car or cars or truck or automobile or auto or automotive)))or(IC=(F16C or F16J or B22F) and CTB=((absorber or damper) and (vehicle or car or cars or truck or automobile or auto or automotive))) or (IC=(F16F or B22F) and CTB=(guide))

12.3　车身及附件

12.3.1　该领域主要涉及分类号

12.3.1.1　IPC分类号

B62D23 组合的上部结构和车架,即承载式车身结构

B62D24 车身与车架之间的连接

B62D25 上部结构分总成;其和其他类目不包含的部件或零件

B62D27 上部结构分总成之间的连接

12-16 未在别处列入的车辆的零件、设备和附件

12-08 汽车、公共汽车和火车

12-13 专用车辆

12.3.1.2　DWPI手工分类代码

Q17 vehicle servicing; maintenance, cleaning equipment; vehicle design and manufacture

Q16 vehicle construction; fittings; propulsion arrangements

Q15 transporting special loads

12.3.2　中文关键词

车身、裙板、侧裙、定风翼、行李箱盖、行李舱盖、发动机舱盖、发动机盖、引擎盖、翼子板、叶子板、车窗、门窗、风窗、角窗、侧窗、顶窗、天窗、玻璃窗、电动窗、前窗、后窗、百叶窗、纱窗、通风窗、汽车、机动车、车辆、车用、轿车、客车、货车、卡车、乘用车、商用车、保险杠、保险杆、安全带、气囊、气帘、气体发生器、头枕、玻璃、地板、底板、顶盖、车顶、顶板、篷盖、车篷、车棚、厢棚、顶棚、顶篷、侧围、侧板、倾斜、倾卸、门锁、门铰链、刮水、雨刷、雨刮、除雨、风挡、洗涤、喷水、清洗、除霜、清霜、除雾、消雾、防雾、升降、点烟、密封、空调、通风、空气、暖风、暖通、暖器、暖气、采暖、加热、制冷、致冷、冷气、加湿、芳香、香薰、香味、香气、

12.3.3 英文关键词

body, apron, side skirts, wing, trunk lid, engine cover, hood, fenders, fender, windows, doors, shutters, angle and side windows , roof windows, skylights, electric windows, front windows, rear window blinds, screens, hopper windows, vehicles, vehicle, car, cars, buses, vans, trucks, passenger cars, commercial vehicles, bumpers, seat belts, airbags, curtain airbags, gas generators, headrests, glass, floor, roof, canopy cover, canopy, carport, car shed, roof, side Wai, side panels, tilt, dump, locks, hinges, wiper, in addition to rain, windshield washing, water, cleaning, defrost, Qingshuang, demisting, anti-fogging, anti-fog, lift, cigarette lighter, seals, ventilation, air heaters, HVAC, radiators, heating, cooling, refrigeration, air conditioning, humidification, fragrance, flavor, aroma

12.3.4 国内主要申请人

重庆长安汽车股份有限公司、奇瑞汽车股份有限公司、浙江吉利控股集团有限公司、芜湖博耐尔汽车电器系统有限公司、长城汽车股份有限公司、比亚迪股份有限公司、北京汽车股份有限公司、安徽江淮汽车股份有限公司、上海三点汽车空调有限公司、浙江吉利汽车研究院有限公司杭州分公司、上海德尔福汽车空调系统有限公司、泛亚汽车技术中心有限公司、力帆实业(集团)股份有限公司、重庆市永宏陈记实业有限公司、法雷奥汽车空调湖北有限公司、杭州三花研究院有限公司、上海加冷松芝汽车空调股份有限公司、北汽福田汽车股份有限公司、安徽昊方机电股份有限公司、江苏亚太轻合金科技股份有限公司

12.3.5 国外主要申请人

Honda Motor Co., Ltd. , Toyota Motor Corporation , Porsche Automobil Holding SE , Daimler AG , Nissan Motor Co., Ltd. , Hyundai Motor Company , Zeppelin GMBH , General Motors Corp , PSA Peugeot Citroen S.A. , JTEKT Corporation , Mazda Motor Corporation , Kubota Corporation , Yanmar Co., Ltd., Hitachi, Ltd., Caterpillar Inc., Robert Bosch GMBH, Zhejiang Geely Holding Group Co., Ltd., NSK Ltd., Suzuki Motor Corporation

12.3.6　底盘专利检索表达式范例

12.3.6.1　车身壳体国内专利检索表达式

(分类号=(B62D23% or B62D25% or B62D27% or B62D29% or B62D31% or B62D33% or B62D35% or B62D37% or B62D39%)) or (名称=(车身 or 裙板 or 侧裙 or 定风翼 or 行李箱盖 or 行李舱盖 or 发动机舱盖 or 发动机盖 or 引擎盖 or 翼子板 or 叶子板) and 分类号=('B60%' or 'B62D%' or 'B32B%' or 'B29C%' or 'B21D%' or 'B23K%' or 'C22%' or 'C23%' or 'C25%' or 'C08%' or 'C09%' or '12-16%' or '12-08%' or '12-13%' or '15-01%'))

12.3.6.2　车身壳体国外专利检索表达式

(分类号=(B62D23% or B62D25% or B62D27% or B62D29% or B62D31% or B62D33% or B62D35% or B62D37% or B62D39%)) or (名称=((('body' or 'skirt plate%' or 'side skirt%' or 'rear skirt%' or 'rear wing%' or 'front wing%' or 'trunk lid%' or 'fender%') and (vehicle% or car or cars or truck% or automobile% or auto or automotive)) or 'engine hood%' or 'engine cover%') and 分类号=('B60%' or 'B62D%' or 'B32B%' or 'B29C%' or 'B21D%' or 'B23K%' or 'C22%' or 'C23%' or 'C25%' or 'C08%' or 'C09%'))

12.3.6.3　车身壳体**innography**专利检索表达式

(IPC_B62D23 or B62D25 or B62D27 or B62D29 or B62D31 or B62D33 or B62D35 or B62D37 or B62D39) or ((IPC_B60 or B62D or B32B or B29C or B21D or B23K or C22 or C23 or C25 or C08 or C09) and @(abstract,claims,title) (((body or skirt plate or side skirt or rear skirt or rear wing or front wing or trunk lid or fender) and (vehicle or car or cars or truck or automobile or auto or automotive)) or engine hood or engine cover))

12.3.6.4 车身壳体innovation专利检索表达式

IC=(B62D23 or B62D25 or B62D27 or B62D29 or B62D31 or B62D33 or B62D35 or B62D37 or B62D39) or (IC=(B60 or B62D or B32B or B29C or B21D or B23K or C22 or C23 or C25 or C08 or C09) and CTB=(((body or skirt plate or side skirt or rear skirt or rear wing or front wing or trunk lid or fender) and (vehicle or car or cars or truck or automobile or auto or automotive)) or engine hood or engine cover))

12.3.6.5 车窗国内专利检索表达式

(分类号=('B60J1%')) or (名称,摘要,主权项+=(车窗 or 门窗 or 风窗 or 角窗 or 侧窗 or 顶窗 or 天窗 or 玻璃窗 or 电动窗 or 前窗 or 后窗 or 百叶窗 or 纱窗 or 通风窗) and 分类号=('B60S1%' or 'B60J%' or 'B60H%' or '12%-16%')) or (名称,摘要,主权项+=((门窗 or 风窗 or 角窗 or 侧窗 or 顶窗 or 天窗 or 玻璃窗 or 电动窗 or 前窗 or 后窗 or 百叶窗 or 纱窗 or 通风窗) and (汽车 or 机动车 or 车辆 or 车用 or 轿车 or 客车 or 货车 or 卡车 or 乘用车 or 商用车)) and 分类号=(E05%)) or (名称,摘要,主权项+=(车窗) and 分类号=(E05%))

12.3.6.6 车窗国外专利检索表达式

(分类号=('B60J1%')) or (名称,摘要,主权项+=('window%' or 'sun-roof%' or 'sunroof%' or 'sun roof%') and 分类号=('B60S1/%' or 'B60J%' or 'B60H%')) or (名称,摘要,主权项+=(('window%' or 'sun-roof%' or 'sunroof%' or 'sun roof%') and (vehicle% or car or cars or truck% or automobile% or auto or automotive)) and 分类号=(E05%))

12.3.6.7 车窗innography专利检索表达式

(IPC_B60J1) or ((IPC_B60S1 or B60J or B60H) and @(abstract,claims,title) (window or sun-roof or sunroof or sun roof)) or ((IPC_E05) and @(abstract,claims,title) ((window or sun-roof or sunroof or sunr oof) and (vehicle or car or cars or truck or automobile or auto or automotive)))

12.3.6.8　车窗innovation专利检索表达式

IC=(B60J1) or (IC=(B60S1 or B60J or B60H) and CTB=(window or sun-roof or sunroof or sun roof)) or (IC=(E05) and CTB=((window or sun-roof or sunroof or sun roof) and (vehicle or car or cars or truck or automobile or auto or automotive)))

12.4　电器仪表及相关配件

12.4.1　该领域主要涉及分类号

12.4.1.1　IPC分类号

B60R16 专门适用于车辆并且其他类目不包含的电路或流体管路；专门适用于车辆并且其他类目中不包含的电路或流体管路元件的布置

B60Q 一般车辆的照明或信号装置的布置及其安装或支承或其电路

B60K35 仪表的布置或配置

B60K37 仪表板

12.4.1.2　DWPI手工分类代码

X22 automotive electrics

X22-E instrumentation for dashboard

X22-F power supplies; batteries; alternators; charging

X22-A for internal combustion engines

12.4.2　中文关键词

汽车、机动车、车辆、车用、轿车、客车、货车、卡车、车载、乘用车、商用车、防夹、蓄电池、发动机、内燃机、汽油机、柴油机、发电机、收音机、天线、无线电、照明、灯、闪光器、蜂鸣器、信号装置、报警、警报、防盗、电动机、电机、马达、起动电机、起动机、启动机、启动电机、起动马达、启动马达、仪表盘、里程表、燃油表、汽油表、水温表、机油压力表、油压表、转速表、组合仪表、燃油、汽油、柴油、燃料、喷射、防抱死、防滑控制、制动辅助、电子制动力分配、电子稳定、电子控制制动、电子驻车、牵引力控制、电子、电控、悬架、变速器、变速箱、行车电脑、车载电脑、电控单元、电子控制单元、ECU、导航、DPS、音响、影音、多媒体、播放器、播放机、CD、VCD、DVD、MP3、MP4、收音机、天线、收放机、扬声器、喇叭、功放、娱乐系统、娱乐设备、电视、蓝牙、通讯系统、通信系统、电话、电台、免提系统、上网设备、倒车雷达、传感器、继电器、仪表板、仪表台、控制台、仪表罩

12.4.3 英文关键词

vehicle, vehicles, car, cars, buses, trucks, truck, passenger cars, commercial vehicles, pinch, batteries, engines, internal combustion engines, gasoline engines, diesel engines, generators, radios, antennas radio, lighting, lights, flasher, buzzer, signaling devices, alarm, anti- theft, motor, starter motor, starter, starter, instrument panel, odometer, fuel gauge, water temperature gauge, oil pressure gauge, tachometer, a combination of instruments, fuel oil, gasoline, diesel fuel, jet, anti-lock braking, skid control, brake assist, electronic brake force distribution, electronic stability, electronically controlled braking, electronic parking, traction control, electronic, electric control, suspension, transmission, gearbox, trip computer, car computer, electronic control unit, the electronic control unit, ecu, navigation, gps, audio, video, multimedia, player, CD, VCD, DVD, MP3, MP4, radio, antenna, cassette players, speaker, speakers, amplifiers, entertainment systems, entertainment, TV, Bluetooth, communication systems, communication system, telephone, radio, hands-free systems, Internet equipment, reversing radar, sensors, relays, dashboard, instrument panel, console, instrument cover

12.4.4 国内主要申请人

奇瑞汽车股份有限公司、昆山市圣光新能源科技有限公司、浙江吉利控股集团有限公司、重庆长安汽车股份有限公司、比亚迪股份有限该公司、清华大学、北汽福田汽车股份有限公司、上海汽车集团股份有限公司、吉林大学、重庆长安新能源汽车有限公司、大众汽车有限公司、安徽宜万丰电器有限公司、安徽江淮汽车股份有限公司、埃泰克汽车电子(芜湖)有限公司、西安申科电子研

究所、湖南华强电气有限公司、武汉理工大学、昌辉汽车电器(黄山)股份有限公司、国家电网公司、山东理工大学

12.4.5　国外主要申请人

Toyota Motor Corporation, Denso Corporation, Nissan Motor Co., Ltd., Honda Motor Co., Ltd., Mitsubishi Electric Corporation, Hitachi, Ltd., Robert Bosch GMBH, General Motors Corp oration, Zeppelin GMBH, Aisin Seiki Co., Ltd., Hyundai Motor Company, Ford Motor Company, Valeo Equipements Electriques Moteur, Porsche Automobil Holding SE, INA-Holding Schaeffler KG, Mazda Motor Corporation, Daimler AG, General Electric Company, United Technologies Corporation

12.4.6　电器仪表及相关配件专利检索表达式范例

12.4.6.1　电气设备国内专利检索表达式

(分类号=('B60R16%' or 'H05K11/02' or 'B60Q%' or '26-06%' or '13-01%' or 'B62D41%' or 'B60R25%' or 'F02P11/04%')) or (名称,摘要,主权项+=(喇叭 or 扬声器) and 分类号=('B60Q5/00' or '12-16%')) or (名称,摘要,主权项+=((喇叭 or 扬声器) and (汽车 or 机动车 or 车辆 or 车用 or 轿车 or 客车 or 货车 or 卡车 or 车载 or 乘用车 or 商用车)) and 分类号=('G10K%' or 'H04R%' or '10-06%' or '14-01%')) or (名称,摘要,主权项+=(防夹) and 分类号=(B60J%)) or (名称,摘要,主权项+=((防夹) and (车窗 or 车门 or 汽车 or 机动车 or 车辆 or 车用 or 轿车 or 客车 or 货车 or 卡车 or 乘用车 or 商用车)) and 分类号=(E05F%)) or (名称,摘要,主权项+=(蓄电池) and 分类号=(F02P% or B60K% or B60L% or F02N%)) or (名称,摘要,主权项+=(汽车 or 机动车 or 车辆 or 车用 or 轿车 or 客车 or 电动车 or 发动机 or 内燃机 or 汽油机 or 柴油机) and 分类号=('H01M10%')) or (名称,摘要,主权项+=((蓄电池) and (汽车 or 机动车 or 车辆 or 车用 or 轿车 or 客车 or 电动车 or 发动机 or 内燃机 or 汽油机 or 柴油机)) and 分类号=('13-02%')) or (名称,摘要,主权项+=(发电机) and 分类号=('F02P%' or 'B60R%' or 'B60K%' or '12-16%' or '12-99%')) or (名称,摘要,主权项+=((发电机) and (汽车 or 机动车 or 车辆 or 车

用 or 轿车 or 客车 or 电动车 or 发动机 or 内燃机 or 汽油机 or 柴油机)) and 分类号=('H02P%' or 'H02K%' or 'H01R%' or '13-01%' or 'B21K%' or 'B23P%' or 'F16H%' or '15-01%')) or (名称,摘要,主权项+=(收音机 or 天线 or 无线电) and 分类号=('B60%' or '12-16%')) or (名称,摘要,主权项+=((收音机 or 天线 or 无线电) and (汽车 or 机动车 or 车辆 or 车用 or 轿车 or 客车 or 货车 or 卡车 or 乘用车 or 商用车 or 车载)) and 分类号=('H01%' or 'H03%' or 'H04%' or 'H05%' or 'G06%' or 'G08%' or 'G10K%' or 'G11%' or '14-03%' or '14-01%' or '13-03%')) or (名称,摘要,主权项+=(照明 or 灯) and 分类号=('12-16%')) or (名称,摘要,主权项+=((照明 or 灯) and (汽车 or 机动车 or 车辆 or 车用 or 轿车 or 客车 or 货车 or 卡车 or 乘用车 or 商用车 or 车载)) and 分类号=('B60%' or 'F21%' or '10-06%' or '26-05%' or 'H01K%' or 'H01J%' or 'H05B%' or 'H01L%')) or (名称,摘要,主权项+=(闪光器) and 分类号=('B60Q%' or '12-16%' or '10-06%' or '26-06%')) or (名称,摘要,主权项+=((闪光器) and (汽车 or 机动车 or 车辆 or 车用 or 轿车 or 客车 or 货车 or 卡车 or 乘用车 or 商用车)) and 分类号=('H05B%' or 'F21Q%' or 'G08%')) or (名称,摘要,主权项+=(蜂鸣器) and 分类号=('B60Q%' or '12-16%')) or (名称,摘要,主权项+=((蜂鸣器) and (汽车 or 机动车 or 车辆 or 车用 or 轿车 or 客车 or 货车 or 卡车 or 乘用车 or 商用车)) and 分类号=(G08%)) or (名称,摘要,主权项+=(信号装置) and 分类号=(B60%)) or (名称,摘要,主权项+=(报警 or 警报) and 分类号=('B60%' or '12-16%' or 'F01%' or 'F02%')) or (名称,摘要,主权项+=((报警 or 警报) and (汽车 or 机动车 or 车辆 or 车用 or 轿车 or 客车 or 货车 or 卡车 or 乘用车 or 商用车 or 电动车 or 发动机 or 内燃机 or 汽油机 or 柴油机)) and 分类号=('F16D%' or 'G08%' or 'G01%' or 'H04%' or 'H02%' or 'H05%' or '10-06%' or '10-05%' or '13-03%' or '14-03%')) or (名称,摘要,主权项+=(防盗) and 分类号=('B60%' or '12-16%' or '12-08%' or 'F02%')) or (名称,摘要,主权项+=(防盗 and (汽车 or 机动车 or 车辆 or 车用 or 轿车 or 客车 or 货车 or 卡车 or 乘用车 or 商用车 or 电动车 or 发动机 or 内燃机 or 汽油机 or 柴油机)) and 分类号=('E05B%' or '14-03%' or '10-05%')) or (名称,摘要,主权项+=(电动机 or 电机 or 马达) and 分类号=('B60%' or '12-16%')) or (名称,摘要,主权项+=((电动机 or 电机 or 马达) and (汽车 or 机动车 or 车辆 or 车用 or 轿车 or 客车 or 货车 or 卡车 or

乘用车 or 商用车 or 电动车 or 发动机 or 内燃机 or 汽油机 or 柴油机)) and 分类号=(H02K% or H02P% or E05B% or F01% or F02%)) or (名称,摘要,主权项+=(起动电机 or 起动机 or 启动机 or 启动电机 or 起动马达 or 启动马达) and 分类号=('F02N%' or 'F02P%' or 'B60K%' or 'H02K%' or 'H02P%' or 'G01%' or 'F16D%' or 'F16H%' or 'H01H%' or 'B23K%' or '15-01%' or '12-16%'))

12.4.6.2　电气设备国外专利检索表达式

(分类号=('B60R16%' or 'H05K11/02' or 'B60Q%' or 'B62D41%' or 'B60R25%' or 'F02P11/04%')) or (名称,摘要,主权项+=(horn% or trumpet% or speaker%) and 分类号=('B60Q5/00')) or (名称,摘要,主权项+=((horn% or trumpet% or speaker%) and (vehicle% or car or cars or truck% or automobile% or auto or automotive)) and 分类号=(G10K% or H04R%)) or (名称,摘要,主权项+=('anti-pinch%' or 'antipinch%' or 'antitrap%' or 'anti-trap%' or 'clamp-proof%') and 分类号=(B60J%)) or (名称,摘要,主权项+=(('anti-pinch%' or 'antipinch%' or 'antitrap%' or 'anti-trap%' or 'clamp-proof%') and (vehicle% or car or cars or truck% or automobile% or auto or automotive)) and 分类号=(E05F%)) or (名称,摘要,主权项+=(battery or batteries) and 分类号=(F02P% or B60K% or B60L% or F02N%)) or (名称,摘要,主权项+=(vehicle% or car or cars or truck% or automobile% or auto or automotive or engine%) and 分类号=(H01M10%)) or (名称,摘要,主权项+=(generator% or alternator%) and 分类号=(F02P% or B60R% or B60K%)) or (名称,摘要,主权项+=((generator% or alternator%) and (vehicle% or car or cars or truck% or automobile% or auto or automotive or engine%)) and 分类号=('H02P%' or 'H02K%' or 'H01R%' or 'B21K%' or 'B23P%' or 'F16H%')) or (名称,摘要,主权项+=(radio% or antenna% or wireless%) and 分类号=(B60%)) or (名称,摘要,主权项+=((radio% or antenna% or wireless%) and (vehicle% or car or cars or truck% or automobile% or auto or automotive or engine%)) and 分类号=('H01%' or 'H03%' or 'H04%' or 'H05%' or 'G06%' or 'G08%' or 'G10K%' or 'G11%')) or (名称,摘要,主权项+=((lamp% or light%) and (vehicle% or car or cars or truck% or automobile% or auto or automotive)) and 分类号=('B60%' or 'F21%' or 'H01K%' or 'H01J%' or 'H05B%' or 'H01L%')) or (名称,摘要,主权项+=(flasher% or buzzer%) and 分类号=(B60Q%)) or (名称,摘要,主权

项+=((flasher% or buzzer%) and (vehicle% or car or cars or truck% or automobile% or auto or automotive)) and 分类号=('H05B%' or 'F21Q%' or 'G08%')) or (名称,摘要,主权项+=('signal% equipment%' or 'signal% device%' or 'motor%') and 分类号=(B60%)) or (名称,摘要,主权项+=(alarm or warning) and 分类号=('B60%' or 'F01%' or 'F02%')) or (名称,摘要,主权项+=((alarm or warning) and (vehicle% or car or cars or truck% or automobile% or auto or automotive or engine%)) and 分类号=('F16D%' or 'G08%' or 'G01%' or 'H04%' or 'H02%' or 'H05%')) or (名称,摘要,主权项+=('anti-theft%' or 'antitheft%' or 'anti theft%' or 'theftproof%' or 'theft-proof%' or 'theft proof%') and 分类号=('B60%' or 'F02%')) or (名称,摘要,主权项+=(('anti-theft%' or 'antitheft%' or 'anti theft%' or 'theftproof%' or 'theft- proof%' or 'theft proof%') and (vehicle% or car or cars or truck% or automobile% or auto or automotive or engine%)) and 分类号=(E05B%)) or (名称,摘要,主权项+=(motor% and (vehicle% or car or cars or truck% or automobile% or auto or automotive or engine%)) and 分类号=(H02K% or H02P% or E05B% or F01% or F02%))

12.4.6.3 电气设备innography专利检索表达式

(IPC_B60R16 or H05K11/02 or B60Q or B62D41 or B60R 25 or F02P11/04) or ((IPC_B60Q5/00 or G10K or H04R) and @(abstract,claims,title) ((horn or trumpet or speaker) and (vehicle or car or cars or truck or automobile or auto or automotive))) or ((IPC_B60J or E05F) and @(abstract,claims,title) ((anti-pinch or antipinch or anti-trap or anti-trap or clamp-proof) and (vehicle or car or cars or truck or automobile or auto or automotive))) or ((IPC_ F02P or B60K or B60L or F02N) and @(abstract, claims,title) (battery or batteries)) or ((IPC_ H01M10) and @(abstract,claims,title) (vehicle or car or cars or truck or automobile or auto or automotive or engine)) or ((IPC_H02P or H02K or H01R or B21K or B23P or F16H) and @(abstract,claims,title) ((generator or alternator) and (vehicle or car or cars or truck or automobile or auto or automotive or engine))) or ((IPC_B60 or F02 or E05B) and @(abstract,claims,title) (anti-theft or antitheft or anti theft or theftproof or theft-proof or theft proof)) or ((IPC_ H02K or H02P or E05B or F01 or F02) and @(abstract,claims,title) (motor and (vehicle or car or cars or truck or automobile or auto or automotive or engine)))

12.4.6.4　电气设备innovation专利检索表达式

IC=(B60R16 or H05K11/02 or B60Q or B62D 41 or B60R 25 or F02P11/04) or (IC=(B60Q5/00 or G10K or H04R) and CTB=((horn or trumpet or speaker) and (vehicle or car or cars or truck or automobile or auto or automotive))) or (IC=(B60J or E05F) and CTB=((anti-pinch or antipinch or antitrap or anti-trap or clamp-proof) and (vehicle or car or cars or truck or automobile or auto or automotive))) or (IC=(F02P or B60K or B60L or F02N) and CTB=(battery or batteries)) or (IC=(H01M10) and CTB=(vehicle or car or cars or truck or automobile or auto or automotive or engine)) or (IC=(H02P or H02K or H01R or B21K or B23P or F16H) and CTB=((generator or alternator) and (vehicle or car or cars or truck or automobile or auto or automotive or engine))) or (IC=(B60 or F02 or E05B) and CTB=(anti-theft or antitheft or anti theft or theftproof or theft-proof or theft proof)) or (IC=(H02K or H02P or E05B or F01 or F02) and CTB=(motor and (vehicle or car or cars or truck or automobile or auto or automotive or engine)))

12.4.6.5　仪器仪表国内专利检索表达式

(分类号=(B60K35% or B60K37%)) or (名称=(仪表盘) and 分类号=('B60R%' or '12-16%')) or (名称,摘要,主权项+=(仪表盘 and (汽车 or 机动车 or 车辆 or 车用 or 轿车 or 客车 or 货车 or 卡车 or 乘用车 or 商用车 or 电动车)) and 分类号=('G12B%' or 'G01D%' or '10-07%' or '10-04%' or '15-01%')) or (名称,摘要,主权项+=(里程表 or 燃油表 or 汽油表) and 分类号=('B60%' or '12-16%' or 'G01%' or ' 10-04%')) or (名称,摘要,主权项+=(水温表) and 分类号=('F01P%' or 'G01K%' or ' 10-04%' or '10-05%')) or (名称,摘要,主权项+=(机油压力表 or 油压表) and 分类号=('G01L%' or 'F01M%' or '10-04%')) or (名称,摘要,主权项+=(转速表) and 分类号=('B60%' or 'G01P%' or 'G01M%' or '10-02%' or '10-04%' or '10-07%')) or (名称,摘要,主权项+=(组合仪表) and 分类号=('B60%' or 'G01%' or 'G05%' or 'H04l%' or '10-04%' or '10-07%' or '10-03%' or '12-16%')) not (名称=(仪表板 or 仪表台 or 控制台 or 仪表罩) and 分类号=(B60K37%))

12.4.6.6 仪器仪表国外专利检索表达式

(分类号=(B60K35% or B60K37%)) or (名称,摘要,主权项+=('combination meter%' or 'combined meter%') and 分类号=(B60% or G01% or G05% or H04L%)) or (名称,摘要,主权项+=((gauge% or meter% or instrument%) and (vehicle% or car or cars or truck% or automobile% or auto or automotive or engine%)) and 分类号=(B60% or G01% or F01P% or F01M%)) not (名称=('instrument panel%'))

12.4.6.7 仪器仪表innography专利检索表达式

(IPC_B60K35 or B60K37) or ((IPC_B60 or G01 or G05 or H04l) and @(abstract,claims,title) ('combination meter' or 'combined meter')) or ((IPC_B60 or G01 or F01P or F01M) and @(abstract,claims,title) ((gauge or meter or instrument) and (vehicle or car or cars or truck or automobile or auto or automotive or engine)))

12.4.6.8 仪器仪表innovation专利检索表达式

IC=(B60K35 or B60K37) or (IC=(B60 or G01 or G05 or H04L) and CTB=(combination meter or combined meter)) or (IC=(B60 or G01 or F01P or F01M) and CTB=((gauge or meter or instrument) and (vehicle or car or cars or truck or automobile or auto or automotive or engine)))

第六部分　生命与健康产业

第十三章　植物提取产业

植物提取是指以植物为原料，根据需要提取的最终产品的用途或性质，使用物理、化学的提取分离方式，定向获取和浓集植物中的某一种或多种有效成分，而不改变其有效成分结构的过程。目前，中药提取仍然是国内中药现代化的瓶颈之一。世界天然植物药市场已达300亿美元，且以每年20%的速度增长，很有可能在近几年内快速增长到1000亿美元以上。2013年植物提取物占中药类产品的出口份额增加到30.16%，已超过中成药，成为我国中药出口的第二大类商品。植物提取领域发展潜力巨大，前景看好，因此，投资少、生产成本低、安全程度高的提取方法越来越为人们所重视。未来几年，植物提取品种和数量将大大增加，十年内将有数量级的飞跃。

植物提取产业主要包括：①植物提取技术，即从植物中提取其有效成分的方式或技术手段；②植物提取物，即从植物中提取或加工而成的物质。作为生命与健康产业的一个重要组成部分，植物提取产业也是宁波市"十二五"期间重点关注和发展的新兴产业之一，故本书将其作为研究对象，罗列了提取技术和提取物的关键词、分类号、主要申请人等检索要素，编制了中英文检索表达式作为范例供读者参考。

13.1　重要提取技术

13.1.1　该领域主要涉及分类号

13.1.1.1　IPC分类号

G01N30 利用吸附作用、吸收作用或类似现象，或者利用离子交换，例如色谱法将材料分离成各个组分，来测试或分析材料

B01D61 利用半透膜分离的方法，例如渗析，渗透，超滤；其专用设备，辅助设备或辅助操作

B01D11 溶剂萃取

A61K36 含有来自藻类、苔藓、真菌或植物或其派生物，如传统草药未确定结构的药物制剂

13.1.1.2 DWPI手工分类代码

J01C03 Semi-permeable membraneseparation processes

B04A10 Plant extracts general and otherPlant extracts derived from specific-plant species are additionally coded inB04-A08

A12W11A Reverse osmosis; semi-permeablemembranes,Including ultrafilters.

D04A01E Apparatus for reverse osmosis,membrane filtration and ultrafiltration

13.1.2 中文关键词

植物、提取、溶剂、方法、原料、加工、医药、食品、美容、分离、获取、浓集、成分、结构、酸、多酚、多糖、黄酮、生物碱、性状、植物油、浸膏、粉、晶状体、商品、功能性、活性、提取物、技术、波动、化工、精油、混合物、液体、糖类、氨基酸、蛋白质、酶、有机酸、油脂、蜡、树脂、色素、无机物、绿茶、抗氧化性、自由基、生物碱、生理、活性、有机、镇痛、配糖体、挥发油、单宁、药品、吸附、吸收、离子交换、渗析、渗透、超滤、萃取

13.1.3 英文关键词

plants, extraction, solvent, methods, materials, processing, pharmaceutical, food, cosmetic, separation, acquisition, concentration, composition, structure, acids, polyphenols, polysaccharides, flavonoids, alkaloids, traits, vegetable oil, extract, powder, lens, commodity, functional, active, extract, technology, volatility, chemical, oil, mixtures, liquids, carbohydrates, amino acids, proteins, enzymes, organic acids, fats, waxes, resins, pigments, inorganic, green tea, anti-oxidation, radical, alkaloids, physiological activity, organic, analgesic, glycosides, volatile oil, tannins, medicines, adsorption, ion exchange, dialysis, permeation, ultrafiltration, extraction

13.1.4　国内主要申请人

浙江大学、中国石油化工股份有限公司、珠海格力电器股份有限公司、清华大学、天津大学、南京大学、苏州顶裕水务科技有限公司、中国科学院过程工程研究所、南京工业大学、宜宾丝丽雅股份有限公司、天津工业大学、华南理工大学、中国科学院大连化学物理研究所、大连理工大学、中国科学院生态环境研究中心、江南大学、南开大学、国家海洋局天津海水淡化与综合利用研究所、哈尔滨工业大学、美的集团股份有限公司、佛山市美的清湖净水设备有限公司、杭州水处理技术研究开发中心有限公司、宜宾海翔化工有限责任公司、北京化工大学、南京泽朗医药科技有限公司、华东理工大学

13.1.5　国外主要申请人

BASF SE, Thermo Fisher Scientific Inc., L'Oreal SA, Johnson & Johnson, Avesthagen Limited, Amorepacific Corp., Bayer AG, Council Of Scientific & Industrial Research, Merck KGaA, Bionorica AG, IdB Holdings SA, General Electric Company, Synaptic Pharmaceutical Corp., Nestle SA, Harvard College, GW Pharmaceuticals plc, Roche Holding Ltd., Mary Kay Holding Corporation, Becton, Dickinson and Co.

13.1.6　重要提取技术专利检索表达式范例

13.1.6.1　重要提取技术国内专利检索表达式

(名称,摘要,主权项+=(高速 and 逆流) and 名称=色谱 or 主分类号,分类号+=(G01N30/42)) or (名称=膜分离/ or 主分类号,分类号+=(B01D61%)) or ((名称,摘要,主权项+=工业 and 名称=萃取) or (主分类号,分类号+=(B01D11%) and 名称,摘要,主权项+=工业)) or ((名称,摘要,主权项+=仿生 and 名称=提取) or (主分类号,分类号+=A61K36% and 名称,摘要,主权项+=仿生)) or (名称,摘要,主权项+=(大孔 and 吸附) and 名称=树脂) or (主分类号,分类号+=(C02F1%) and 名

称,摘要,主权项+=(大孔 and 树脂)) or (名称=超临界流体萃取/ or (主分类号,分类号+=(B01D11%) and 名称,摘要,主权项+=超临界流体萃取))

13.1.6.2 重要提取技术国外专利检索表达式

(名称,摘要,主权项+=countercurrent and 名称=chromatography or 主分类号,分类号+=(G01N30/42)) or ((名称=membrane and separation)/ or 主分类号,分类号+=(B01D61%)) or ((名称,摘要,主权项+=industry and 名称=extraction) or (主分类号,分类号+=(B01D11/%) and 名称,摘要,主权项+=industry)) or ((名称,摘要,主权项+=Bionic and 名称=extraction) or (主分类号,分类号+=A61K36% and 名称,摘要,主权项+=Bionic)) or (名称,摘要,主权项+=(macroporousand adsorption) and 名称=resin) or (主分类号,分类号+=(C02F1%) and 名称,摘要,主权项+=(macroporousand adsorption)) or ((名称=Supercritical and Fluid and Extraction)/ or (主分类号,分类号+=(B01D11%) and 名称,摘要,主权项+=(Supercritical and Fluid and Extraction)))

13.1.6.3 重要提取技术 **innography** 专利检索表达式

((IPC_G01N30 or B01D61)and @(abstract,claims,title) (membrane and separation)) or ((IPC_B01D11 or A61K36) and @(abstract,claims,title)(Bionic or (macroporousand adsorption))) or @title((Plant Extract) or (plant extraction))

13.1.6.4 重要提取技术 **innovation** 专利检索表达式

(IC=(G01N 30 or B01D 61) and CTB=(membrane and separation)) or (IC=(B01D 11 or A61K 36) and CTB=(Bionic or (macroporousand adsorption))) or TI=((Plant Extract) or (plant extraction))

13.2 重要提取物

13.2.1 该领域主要涉及分类号

13.2.1.1 IPC 分类号

A61K36 含有来自藻类、苔藓、真菌或植物或其派生物,例如传统草药的未

确定结构的药物制剂

G01N30 利用吸附作用、吸收作用或类似现象，或者利用离子交换，如色谱法将材料分离成各个组分，来测试或分析材料

B01D61 利用半透膜分离的方法，如渗析，渗透，超滤；其专用设备，辅助设备或辅助操作

13.2.1.2　DWPI手工分类代码

B04A10 Plant extracts general and other Plant extracts derived from specific-plant species are additionally coded inB04-A08

A12W11A Reverse osmosis; semi-permeablemembranes, Including ultrafilters

D04A01E Apparatus for reverse osmosis, membrane filtration and ultrafiltration

13.2.2　中文关键词

银杏、提取、人参、当归、紫杉醇、红豆杉、白藜芦醇、红车轴草、红景天、黄芪、灵芝、葡萄、五味子、缬草、月见草、中药、丸剂、膏剂、酒剂、片剂、冲剂、注射剂、何首乌、枸杞、定向、获取、植物、溶剂、医药、化工、农业、原料、酸、多酚、多糖、黄酮、生物碱、性状、植物油、浸膏、粉、晶状体、功能性、活性、提取物、技术、波动、化工、精油、混合物、液体、糖类、氨基酸、蛋白质、酶、有机酸、油脂、蜡、树脂、色素、无机物、绿茶、抗氧化性、自由基、生物碱、生理、活性、有机、镇痛、配糖体

13.2.3　英文关键词

Ginkgo biloba, extract, ginseng, angelica, paclitaxel, yew, resveratrol, red clover, Rhodiola, Astragalus, Ganoderma lucidum, grapes, Schisandra, valerian, evening primrose, medicine, pills, creams, wine agents, tablets, granules, injections, fleece-flower root, wolfberry, orientation, acquisition, plants, solvents, pharmaceuticals, chemicals, agriculture, raw materials, acids, polyphenols, polysaccharides, flavonoids, alkaloids, traits, vegetable oil, extract, powder, lens, functional, active, extract, technology, fluctuation, chemicals, oils, mixtures, liquids, carbohydrates, amino acids, proteins, enzymes, organic acids, fats, waxes, resins, pigments, inorganic, green tea, oxidation resistance, free base, alkaloids, physiological activity, organic, analgesic, glycosides

13.2.4 国内主要申请人

上海中邦斯瑞生物药业技术有限公司、塔里木大学、瑞阳制药有限公司、北京京隆卓尚投资有限公司、上海绿谷生命园医药有限公司、北京欧凯米特科技有限公司、浙江康恩贝植物提取物有限公司、宁夏医科大学、阿维斯塔金格兰技术有限公司、南京麦思德餐饮管理有限公司、可利威玛瑟巴施有限公司、天科仁祥技术(北京)有限责任公司、新纪元公司、曲靖开发区格力康生物科技发展有限公司、江苏众红生物工程创药研究院有限公司、漳州师范学院、考格尼斯知识产权管理有限责任公司、重庆和润生物工程有限公司、长春师范学院、上海慈瑞医药科技有限公司、北京奥萨医药研究中心有限公司

13.2.5 国外主要申请人

Pfizer Inc., Merck & Co., Inc., Sanofi SA, L'Oreal SA, Roche Holding Ltd., GlaxoSmithKline plc, Novartis AG, Johnson & Johnson, The Procter & Gamble Company, Bristol Myers Squibb Co., Bayer AG, AstraZeneca plc, Eli Lilly & Co., Takeda Pharmaceutical Company Limited, Unilever N.V., BASF SE, Boehringer Ingelheim GMBH, Nestle SA, Abbott Laboratories

13.2.6 重要提取物专利检索表达式范例

13.2.6.1 重要提取物国内专利检索表达式

(名称、(银杏 and 提取)/ or 主分类号,分类号+=(A61K36/16) or (主分类号,分类号+=(A61K36%) and 名称,摘要,主权项+=银杏)) or (名称=(人参 and 提取)/ or 主分类号,分类号+=(A61K36/258) or (主分类号,分类号+=(A61K36/%) and 名称,摘要,主权项+= 人参)) or (名称=(当归 and 提取)/ or 主分类号,分类号+=(A61K36232) or (主分类号,分类号+=(A61K36/%) and 名称,摘要,主权项+=当

归)) or (名称=((紫杉醇 or 红豆杉) and 提取)/ or (主分类号,分类号+=(A61K36%) and 名称,摘要,主权项+=(紫杉醇))) or (名称=(白藜芦醇 and 提取)/ or (主分类号,分类号+=(A61K36%) and 名称,摘要,主权项+=(白藜芦醇))) or (名称=(红车轴草 and 提取)/ or (主分类号,分类号+=(A61K36%) and 名称,摘要,主权项+=(红车轴草))) or (名称=(红景天 and 提取)/ or 主分类号,分类号+=(A61K36/41) or (主分类号,分类号+=(A61K36%) and 名称,摘要,主权项+=红景天)) or (名称=(黄芪 and 提取)/ or 主分类号,分类号+=(A61K36/481) or (主分类号,分类号+=(A61K36%) and 名称,摘要,主权项+=黄芪)) or (名称=(灵芝 and 提取)/ or 主分类号,分类号+=(A61K36/074) or (主分类号,分类号+=(A61K36%) and 名称,摘要,主权项+=灵芝)) or (名称=(葡萄 and 提取)/ or 主分类号,分类号+=(A61K36/87) or (主分类号,分类号+=(A61K36%) and 名称,摘要,主权项+=葡萄)) or (名称=(五味子 and 提取)/ or 主分类号,分类号+=(A61K36/79) or (主分类号,分类号+=(A61K36%) and 名称,摘要,主权项+=五味子)) or (名称=(缬草 and 提取)/ or 主分类号,分类号+=(A61K36/84) or (主分类号,分类号+=(A61K36/%) and 名称,摘要,主权项+=缬草)) or (名称=(月见草) and 提取)/ or (主分类号,分类号+=(A61K36%) and 名称,摘要,主权项+=(月见草))

13.2.6.2 重要提取物国外专利检索表达式

(名称=(gingko and extract)/ or 主分类号,分类号+=(A61K36/16) or (主分类号,分类号+=(A61K36%) and 名称,摘要,主权项+=gingko)) or (名称=(Ginseng and extract)/ or 主分类号,分类号+=(A61K36/258) or (主分类号,分类号+=(A61K36%) and 名称,摘要,主权项+=Ginseng)) or (名称=(angelica and extract)/ or 主分类号,分类号+=(A61K36/232) or (主分类号,分类号+=(A61K36%) and 名称,摘要,主权项+=angelica)) or (名称=((Taxus or Paclitaxel) and extract)/ or (主分类号,分类号+=(A61K36%) and 名称,摘要,主权项+=(Taxus))) or (名称=(Resveratrol and extract) or (主分类号,分类号+=(A61K36%) and 名称,摘要,主权项+=(Resveratrol))) or (名称=(pratense and extract)/ or (主分类号,分类号+=(A61K36%) and 名称,摘要,主权项+=(pratense))) or (名称=(Rhodiola and extract)/ or 主分类号,分类号+=(A61K36/41) or (主分类号,分类号+=(A61K36%) and 名称,摘要,主权项+=Rhodiola)) or (名称=(Astragalus and extract)/ or 主分类号,分类号+=

(A61K36/481) or (主分类号,分类号+=(A61K36%) and 名称,摘要,主权项+=Astragalus)) or (名称=(Ganoderma and extract)/ or 主分类号,分类号+=(A61K36/074) or (主分类号,分类号+=(A61K36%) and 名称,摘要,主权项+= Ganoderma)) or (名称=(grape and extract)/ or 主分类号,分类号+=(A61K36/87) or (主分类号,分类号+=(A61K36%) and 名称,摘要,主权项+=grape)) or (名称=(Schisandra and extract)/ or 主分类号,分类号+=(A61K36/79) or (主分类号,分类号+=(A61K36%) and 名称,摘要,主权项+= Schisandra)) or (名称=(valerian and extract)/ or 主分类号,分类号+=(A61K36/84) or (主分类号,分类号+=(A61K36%) and 名称,摘要,主权项+= valerian)) or 名称=(Primrose and extract)/ or (主分类号,分类号+=(A61K36%) and 名称,摘要,主权项+=Primrose)

13.2.6.3 重要提取物innography专利检索表达式

(IPC_A61K36)or @(abstract,claims,title) ((Ginkgo biloba or extract or ginseng or angelica or paclitaxel or yew or resveratrol or red clover or Rhodiola or Astragalus or Ganoderma lucidum or grapes or Schisandra or valerian or evening primrose) and (extract or extraction))

13.2.6.4 重要提取物innovation专利检索表达式

IC=(A61K36) or CTB=((Ginkgo biloba or extract or ginseng or angelica or paclitaxel or yew or resveratrol or red clover or Rhodiola or Astragalus or Ganoderma lucidum or grapes or Schisandra or valerian or evening primrose) and (extract or extraction))

第十四章　新型治疗性疫苗产业

新型治疗性疫苗与预防疾病的常规疫苗不同，它是作用于已感染病原微生物或已患有某些疾病的机体中，通过诱导机体的特异性免疫应答，从而达到治疗疾病或防止疾病恶化效果的一类疫苗产品。作为一种新型的疾病治疗手段，治疗性疫苗通过打破机体的免疫耐受，提高机体特异性免疫应答，清除病原体或异常细胞，因而其相比于目前常见的化学合成或生物类药物有着特异性高、副作用小、疗程短、效果持久、无耐药性等优势，这也使得治疗性疫苗成为继单克隆抗体后基于人体免疫系统开发的又一类革命性新药物。

新型治疗性疫苗根据其性质主要可以分为：①以死亡的微生物（剧毒）、活的但减弱其毒性的（弱毒），以及活的毒性充分的(强毒)细菌为诱导抗原的细菌性疫苗；②以病毒、衣原体、立克次体或其衍生物为诱导抗原的病毒性疫苗；③使用致病菌所产生的毒素经解毒、加工精制而成的类毒素疫苗；④利用肿瘤细胞或肿瘤抗原物质诱导机体的特异性细胞免疫和体液免疫反应，阻止肿瘤生长、扩散和复发的肿瘤疫苗。

新型治疗性疫苗产业作为生命与健康产业的一个重要组成部分，也是宁波市“十二五”期间重点关注和发展的新兴产业之一，故本书将其作为研究对象，确定了细菌性疫苗、病毒性疫苗、类毒素疫苗、肿瘤疫苗的关键词、分类号和主要申请人等检索要素，编制了上述四类疫苗的专利检索表达式为范例供读者参考。

14.1　细菌性疫苗

14.1.1　该领域主要涉及分类号

14.1.1.1　IPC分类号

A61P31 抗感染药，即抗生素、抗菌剂、化疗剂

C12N15 突变或遗传工程；遗传工程涉及的DNA或RNA，载体

A61K39 全身保护或抗毒剂

14.1.1.2 DWPI手工分类代码

D05H07 Production of vaccines, antigens

D05H09 Testing and detection other thanD05-H04、D05-H05 and D05-H06May be used in combination with D05-H18B

B04E08 Vectors, plasmids, cosmids,transposons

D05H12E VectorsIncludes viral vectors (e.g.Baculovirus vectors, phagemids), plasmid vectors, cosmids andtransposons

14.1.2 中文关键词

菌苗、无菌苗、疫苗、抗血清、类毒素、抗毒素、卡介苗、麻痹、糖丸、非处方、预防、免疫、过敏、反应、活菌苗、死菌苗、结核杆菌、培养基、突变、繁殖、菌种、霍乱、伤寒、隐性、感染、痢疾、有效期、种群、依赖、制剂、微生物、弱毒、自然、生物药、接种、记忆、细胞、刺激、减毒、身体、抗体、抗原、治疗

14.1.3 英文关键词

vaccine, no vaccine, vaccines, antisera, toxoids, antitoxins, BCG, paralysis, candy, non-prescription, prevention, immunization, allergic reaction, live vaccine, dead vaccine, Mycobacterium tuberculosis, medium, mutation breeding, bacteria, cholera, typhoid, latent infection, diarrhea, valid, population, dependence, agents, microorganisms, attenuated, natural, bio-medicine, vaccination, memory cells, stimulate attenuated, body, antibodies, antigens, treatment

14.1.4 国内主要申请人

健泰科生物技术公司、复旦大学、中国农业科学院哈尔滨兽医研究所、浙江大学、上海人类基因组研究中心、中山大学、国家人类基因组南方研究中心、中国科学院上海生命科学研究院、上海交通大学、中国农业科学院兰州兽医研究所、中国人民解放军军事医学科学院微生物流行病研究所、华中农业大学、中国人民解放军第二军医大学、中国人民解放军第三军医大学、中国农业大

学、武汉大学、肿瘤疗法科学股份有限公司、江苏省农业科学院、先灵公司、扬州大学、普莱柯生物工程股份有限公司、南京农业大学、中国科学院微生物研究所、中国医学科学院生物学研究所、南开大学、吉林大学

14.1.5 国外主要申请人

Glaxo Smith Kline plc, Merck & Co., Inc., Novartis AG, Pfizer Inc., Sanofi SA, US Department of Health & Human Services, Akzo Nobel N.V., Boehringer Ingelheim GMBH, OncoTherapy Science, Inc., Institut Pasteur, AstraZeneca plc, University of California, Zoetis Inc., University of Pennsylvania, Roche Holding Ltd., Johnson & Johnson, Baxter International Inc., Bayer AG, BASF SE

14.1.6 细菌性疫苗专利检索表达式范例

14.1.6.1 细菌性疫苗国内专利检索表达式

名称=(((肿瘤% or 癌%) and 抗原%) or (菌苗% not 无菌苗%) or 疫苗% or 抗血清% or 类毒素% or 抗毒素% or 卡介苗% or (麻痹 and 糖丸)) or (主分类号,分类号+=(A61P31% or C12N15% or A61K39%) and 名称,摘要,主权项,说明书+=(疫苗% or 抗血清% or 类毒素% or 抗毒素 or 卡介苗 or (麻痹 and 糖丸))) or 申请(专利权)人=(疫苗% or 普莱柯生物工程股份有限公司 or 成都康华生物制品有限公司 or 诺华有限公司 or 葛兰素史密丝克莱恩生物 or 健泰科生物 or 诺华疫苗和诊断有限公司)/ or 名称=(((tumor% or cancer%) and antigen%) or bacterins or vaccine% or antiserum% or toxoid or antitoxin% or BCG) or 名称,摘要,主权项+=(细菌% and 疫苗%)

14.1.6.2 细菌性疫苗国外专利检索表达式

名称=(((tumor% or cancer%) and antigen%) or bacterins or vaccine% or antiserum% or toxoid or antitoxin% or BCG) or (主分类号,分类号+=(A61P31% or C12N15% or A61K39/%) and 名称,摘要,主权项,说明书+=(bacterins or vaccine% or antiserum% or toxoid or antitoxin% or BCG or vaccine%)) or (主分类号,分类号+=(A61K39/02 or A61K39/04 or A61K39/05 or A61K39/07 or A61K39/08 or

A61K39/085 or A61K39/09 or A61K39/095 or A61K39/10 or A61K39/102 or A61K39/104 or A61K39/106 or A61K39/108 or A61K39/112 or A61K39/114 or A61K39/116) and 名称,摘要,主权项+=(bacteria% and vaccine%))

14.1.6.3 细菌性疫苗 innography 专利检索表达式

((IPC_A61P31 or C12N15 or A61K39) and @(abstract,claims,title) (bacterins or vaccine or antiserum or toxoid or antitoxin or BCG or vaccine)) or ((IPC_A61K39) and @(abstract,claims,title) (bacteria and vaccine)) or @title(((tumor or cancer) and antigen) or bacterins or vaccine or antiserum or toxoid or antitoxin or BCG)

14.1.6.4 细菌性疫苗 innovation 专利检索表达式

(IC=(A61P31 or C12N15 or A61K39) and CTB=(bacterins or vaccine orantiserum or toxoid or antitoxin or BCG or vaccine)) or (IC=(A61K39) and CTB=(bacteria and vaccine)) or TI=(((tumor or cancer) and antigen) or bacterins or vaccine or antiserum or toxoid or antitoxin or BCG)

14.2 病毒性疫苗

14.2.1 该领域主要涉及分类号

14.2.1.1 IPC 分类号

A61P31/12 抗病毒剂

C07K14/005 肽,来自病毒

C12N15 编码微生物蛋白质,如内毒素的基因,编码病毒蛋白质的基因

14.2.1.2 DWPI 手工分类代码

T01-J20D anti-virus and security program development

T01-N02B3 anti-virus, testing network vulnerability

D05H07 Production of vaccines, antigens

B14S11A Antiviral vaccine

B04E08 Vectors, plasmids, cosmids, transposonsViral vectors are also coded under virus(B04-F11)

14.2.2　中文关键词

病毒、抗血清、抗毒素、卡介苗、麻痹、口服、呼吸道、轮状病毒、急性、缺陷、消毒、糖丸、非处方、预防、免疫、过敏、反应、活菌苗、死菌苗、结核杆菌、培养基、突变、繁殖、菌种、霍乱、伤寒、隐性、感染、痢疾、有效期、种群、依赖、制剂、微生物、弱毒、自然、生物药、接种、记忆、细胞、刺激、减毒、身体、抗体、抗原、治疗

14.2.3　英文关键词

viruses, antisera, toxoids, antitoxins, BCG, paralysis, oral, respiratory, rotavirus, acute, defect, disinfection, candy, non-prescription, prevention, immunization, allergic reaction, the viable ilve vaccine, Mycobacterium tuberculosis, medium, mutation breeding, bacteria, cholera, typhoid, latent infection, diarrhea, valid, population, dependence, agents, microorganisms, attenuated, natural, bio-medicine, vaccination, and memory cells, stimulation, attenuated, body, antibodies, antigens, treatment

14.2.4　国内主要申请人

中国农业科学院哈尔滨兽医研究所、普莱柯生物工程股份有限公司、中国农业科学院兰州兽医研究所、青岛易邦生物工程有限公司、复旦大学、中国医学院科学院医学生物学研究所、江苏省农业科学院、华中农业大学、中国人民解放军军事医学科学院微生物流行病研究所、扬州大学、中国疾病预防控制中心病毒病预防控制所、厦门大学、中国农业科学院上海兽医研究所、中国兽医药品监察所、赛托斯生物技术公司、天津瑞普生物技术股份有限公司、武汉中博生物股份有限公司、洛阳普莱柯生物工程有限公司、中山大学、吉林大学、中国人民解放军第二军医大学、中国农业大学、中国科学院武汉病毒研究所、武汉大学、哈药集团生物疫苗有限公司、中牧实业股份有限公司

14.2.5 国外主要申请人

Merck & Co., Inc., Glaxo Smith Kline plc, Novartis AG, Pfizer Inc., Sanofi SA, US Department Of Health & Human Services, AstraZeneca plc, Boehringer Ingelheim GMBH, Akzo Nobel N.V., Zoetis Inc., Bavarian Nordic A/S, Institut Pasteur, Cytos Biotechnology AG, Johnson & Johnson, Baxter International Inc., University Of California, Roche Holding Ltd., University Of Pennsylvania, Bayer AG

14.2.6 病毒性疫苗专利检索表达式范例

14.2.6.1 病毒性疫苗国内专利检索表达式

名称=(((肿瘤% or癌%) and抗原%) or (菌苗% not 无菌苗%) or疫苗% or抗血清% or类毒素% or抗毒素% or卡介苗% or (麻痹and糖丸)) or (主分类号,分类号+=(A61P31% or C12N15% or A61K39%) and 名称,摘要,主权项+=(疫苗% or抗血清% or类毒素% or抗毒素 or卡介苗 or (麻痹 and 糖丸))) or 申请(专利权)人=(疫苗% or普莱柯生物工程股份有限公司or成都康华生物制品有限公司or诺华有限公司or葛兰素史密丝克莱恩生物or健泰科生物or诺华疫苗和诊断有限公司)/ or名称,摘要,主权项+=(病毒% and 疫苗%)

14.2.6.2 病毒性疫苗国外专利检索表达式

名称=(((tumor% or cancer%) and antigen%) or bacterins or vaccine% or antiserum% or toxoid or antitoxin% or BCG) or (主分类号,分类号+=(A61P31% or C12N15% or A61K39/%) and 名称,摘要,主权项+=(bacterins or vaccine% orantiserum% or toxoid or antitoxin% or BCG or vaccine%)) and (主分类号,分类号+=(A61K39/12 or A61K39/125 or A61K39/13 or A61K39/135 or A61K39/145 or A61K39/15 or A61K39/155 or A61K39/165 or A61K39/17 or A61K39/175 or A61K39/187 or A61K39/193 or A61K39/20 or A61K39/205 or A61K39/21 or A61K39/215 or A61K39/225 or A61K39/23 or A61K39/235 or A61K39/245 or A61K39/25 or A61K39/255 or A61K39/265 or A61K39/27 or A61K39/275 or A61K39/285 or A61K39/29 or A61K39/295) or 名称,摘要,主权项+=病毒% or 名

称,摘要,主权项+=(virus% and vaccine%))

14.2.6.3　病毒性疫苗**innography**专利检索表达式

((IPC_A61P31 or C12N15 or A61K39) and @(abstract,claims,title) (bacterins or vaccine or antiserum or toxoid or antitoxin or BCG or vaccine)) or ((IPC_A61K39) and @(abstract,claims,title) (virus and vaccine)) or @title(((tumor or cancer) and antigen) or bacterins or vaccine or antiserum or toxoid or antitoxin or BCG)

14.2.6.4　病毒性疫苗**innovation**专利检索表达式

(IC=(A61P31 or C12N15 or A61K39) and CTB=(bacterins or vaccine or antiserum or toxoid or antitoxin or BCG or vaccine)) or (IC=(A61K39) and CTB=(virus and vaccine)) or TI=(((tumor or cancer) and antigen) or bacterins or vaccine or antiserum or toxoid or antitoxin or BCG)

14.3　类毒素疫苗

14.3.1　该领域主要涉及分类号

14.3.1.1　IPC分类号

C12N15/31 微生物或酶;其组合物,编码微生物蛋白质,如内毒素的基因

A61P31/12 抗病毒剂

C07K14/005 肽,来自病毒

14.3.1.2　DWPI手工分类代码

D05H07 Production of vaccines, antigens

B14S11A Antiviral vaccine

B04E08 Vectors, plasmids, cosmids, transposons Viral vectors are also coded under virus(B04-F11)

14.3.2 中文关键词

抗原、病毒、抗血清、类毒素、抗毒素、毒性丧失、毒素、疫苗、卡介苗、麻痹、口服、呼吸道、轮状病毒、急性、缺陷、消毒、糖丸、非处方、预防、免疫、过敏、反应、活菌苗、死菌苗、结核杆菌、培养基、突变、繁殖、菌种、霍乱、伤寒、隐性、感染、痢疾、有效期、种群、依赖、制剂、微生物、弱毒、自然、生物药、接种、记忆、细胞、刺激、减毒、身体、抗体、抗原、治疗、乙肝、化脓

14.3.3 英文关键词

antigen, viral, anti-serum, toxoid, antitoxin, toxicity loss, toxins, vaccines, BCG, paralysis, oral, respiratory, rotavirus, acute, defect, disinfection, candy, non-prescription, prevention, immunization, allergies, reaction live vaccine, dead vaccine, Mycobacterium tuberculosis, medium, mutation breeding, bacteria, cholera, typhoid, latent infection, diarrhea, valid, population, dependence, agents, microorganisms, attenuated, natural, bio-medicine, inoculation, memory, cells, stimulation, attenuated, body, antibodies, antigens, treatment, hepatitis B, purulent

14.3.4 国内主要申请人

山东农业大学、北京民海生物科技有限公司、武汉生物制品研究所有限责任公司、浙江卫信生物药业有限公司、中国医学科学院医学生物学研究所、黑龙江省科学院微生物研究所、北京市希波医学技术开发公司、北京科兴生物制品有限公司、成都康华生物制品有限公司、成都欧琳生物科技股份有限公司、普莱柯生物工程股份有限公司、吉林大学第一医院、上海泽润生物科技有限公司、哈药集团生物疫苗有限公司、中国人民解放军军事医学科学院微生物流行病研究所、中国人民解放军第302医院、中国人民解放军第四军医大学、复旦大学

14.3.5 国外主要申请人

Glaxo Smith Kline plc, Novartis AG, Sanofi SA, Pfizer Inc., Merck & Co.,

Inc., Generex Biotechnology Corporation, Johnson & Johnson, Baxter International Inc., US Department of Health & Human Services, Connaught plc, Zoetis Inc., Pharamexa A/S, National Research Council of Canada, Institut Pasteur, Onyvax Ltd, Immune Targeting Systems Ltd, Boehringer Ingelheim GMBH, BASF SE, Partners Healthcare System, Inc., Massachusetts

14.3.6　类毒素疫苗专利检索表达式范例

14.3.6.1　类毒素疫苗国内专利检索表达式

名称=(((肿瘤% or 癌%) and 抗原%) or (菌苗% not 无菌苗%) or 疫苗% or 抗血清% or 类毒素% or 抗毒素% or 卡介苗% or (麻痹 and 糖丸)) or (主分类号,分类号+=(A61P31% or C12N15% or A61K39%) and 名称,摘要,主权项,说明书+=(疫苗% or 抗血清% or 类毒素% or 抗毒素 or 卡介苗 or (麻痹 and 糖丸))) or 申请(专利权)人=((疫苗% or 普莱柯生物工程股份有限公司 or 成都康华生物制品有限公司 or 诺华有限公司 or 葛兰素史密丝克莱恩生物 or 健泰科生物 or 诺华疫苗和诊断有限公司)/ and 名称,摘要,主权项+=(类毒素% and 疫苗%))

14.3.6.2　类毒素疫苗国外专利检索表达式

名称=(((tumor% or cancer%) and antigen%) or bacterins or vaccine% or antiserum% or toxoid or antitoxin% or BCG) or (主分类号,分类号+=(A61P31% or C12N15% or A61K39/%) and 名称,摘要,主权项,说明书+=(bacterins or vaccine% or antiserum% or toxoid or antitoxin% or BCG or vaccine%)) or 名称=(toxoid% and vaccine%)

14.3.6.3　类毒素疫苗innography专利检索表达式

((IPC_A61P31 or C12N15 OR A61K39) and @(abstract,claims,title) (bacterins or vaccine or antiserum or toxoid or antitoxin or BCG or vaccine)) or ((IPC_A61K 39) and @(abstract,claims,title) (toxoid and vaccine)) or @title(((tumor or cancer) and antigen) or bacterins or vaccine or antiserum or toxoid or antitoxin or BCG)

14.3.6.4 类毒素疫苗innovation专利检索表达式

(IC=(A61P31 or C12N15 or A61K39) and CTB=(bacterins or vaccine or antiserum or toxoid or antitoxin or BCG or vaccine)) or (IC=(A61K39) and CTB=(toxoid and vaccine)) or TI=(((tumor or cancer) and antigen) or bacterins or vaccine or antiserum or toxoid or antitoxin or BCG)

14.4 肿瘤疫苗

14.4.1 该领域主要涉及分类号

14.4.1.1 IPC分类号

C07K14/52 细胞激活素;淋巴激活素;干扰素,肿瘤坏死因子

C07K16/30 抗受体,细胞表面抗原或细胞表面决定因子,来自肿瘤细胞

C07K16/32 抗致肿瘤基因的转移产物

C12N15/28 肿瘤坏死因子

14.4.1.2 DWPI手工分类代码

B14H01 Anticancer general and other

D05H07 Production of vaccines, antigens

D05H09 Testing and detection other than D05-H04、D05-H05 and D05-

H05-H18B May be used in combination

D05H12E VectorsIncludes viral vectors (e.g.Baculovirus vectors, phagemids), plasmid vectors, cosmids andtransposons

14.4.2 中文关键词

肿瘤、癌、抗原、疫苗、卡介苗、麻痹、口服、呼吸道、轮状病毒、急性、缺陷、非处方、预防、免疫、过敏、反应、活菌苗、死菌苗、结核杆菌、培养基、突变、繁殖、菌种、隐性、感染、痢疾、种群、依赖、制剂、微生物、弱毒、自然、生物药、接种、记忆、细胞、刺激、减毒、身体、抗体、抗原、治疗、化脓、自身、特异、生长、扩

散、复发、机能、基因、多肽、灭活、淋巴

14.4.3　英文关键词

tumors, cancer, antigens, vaccines, BCG, paralysis, oral, respiratory, rotavirus, acute, defect, non-prescription, prevention, immunization, allergic reaction, live vaccine, dead vaccine, Mycobacterium tuberculosis , culture medium, mutation breeding, bacteria, recessive, infection, diarrhea, population, dependent, preparations, microorganisms, attenuated, natural, bio-medicine, vaccination, memory, cells, stimulate, attenuated, body, antibodies, antigens, treatment, purulent, itself, specifically, growth, proliferation, recurrence, function, genes, peptides, inactivated, lymphatic

14.4.4　国内主要申请人

肿瘤疗法科学股份有限公司、伊马提克斯生物技术有限公司、中国人民解放军第四军医大学、郑州大学、中国人民解放军军事医学科学院基础医学研究所、复旦大学、中国药科大学、分子免疫中心、南开大学、暨南大学、赛托斯生物技术公司、四川大学、中国人民解放军第三军医大学、北京工业大学、南方医科大学、浙江大学、中国人民解放军第二军医大学、厦门大学、中国人民解放军军事医学科学院生物工程研究所、上海交通大学、厦门万泰沧海生物技术有限公司、东南大学、山东大学、广州复大医疗股份有限公司复大肿瘤医院、中国疾病预防控制中心病毒预防控制所、扬州大学、中国科学院微生物研究所

14.4.5　国外主要申请人

Glaxo Smith Kline plc, Onco Therapy Science, Inc., Merck & Co., Inc., US Department of Health & Human Services, Immatics Biotechnologies GMBH, Johns Hopkins University, University of Pennsylvania, Novartis AG, Roche Holding Ltd., Sloan-Kettering Institute For Cancer Research, University of California, Idera Pharmaceuticals, Inc., Sanofi SA, Diadexus Inc, Cytos Biotechnology AG, Curevac GMBH, Pfizer Inc., Baylor Research Institute, Centro Inmunologia Molecular

14.4.6 肿瘤疫苗专利检索表达式范例

14.4.6.1 肿瘤疫苗国内专利检索表达式

名称=(((肿瘤% or 癌%) and 抗原%) or (菌苗% not 无菌苗%) or 疫苗% or 抗血清% or 类毒素% or 抗毒素% or 卡介苗% or (麻痹 and 糖丸)) or (主分类号,分类号+=(A61P31% or C12N15% or A61K39%) and 名称,摘要,主权项,说明书+=(疫苗% or 抗血清% or 类毒素% or 抗毒素 or 卡介苗 or (麻痹 and 糖丸))) or 申请(专利权)人=(疫苗% or 普莱柯生物工程股份有限公司 or 成都康华生物制品有限公司 or 诺华有限公司 or 葛兰素史密丝克莱恩生物 or 健泰科生物 or 诺华疫苗和诊断有限公司)/ and 名称=((肿瘤% or 癌%) and 疫苗%)

14.4.6.2 肿瘤疫苗国外专利检索表达式

名称=(((tumor% or cancer%) and antigen%) or bacterins or vaccine% or antiserum% or toxoid or antitoxin% or BCG) or (主分类号,分类号+=(A61P31% or C12N15% or A61K39/%) and 名称,摘要,主权项,说明书+=(bacterins or vaccine% or antiserum% or toxoid or antitoxin% or BCG or vaccine%)) or 名称=((tumor% or cancer%) and vaccine%)

14.4.6.3 肿瘤疫苗innography专利检索表达式

((IPC_A61P31 or C12N15 or A61K39) and @(abstract,claims,title) (bacterins or vaccine or antiserum or toxoid or antitoxin or BCG or vaccine)) or ((IPC_A61K 39) and @(abstract,claims,title) ((tumor% or cancer%) and vaccine%) or @title(((tumor or cancer) and antigen) or bacterins or vaccine or antiserum or toxoid or antitoxin or BCG)

14.4.6.4 肿瘤疫苗innovation专利检索表达式

(IC=(A61P31 or C12N15 or A61K39) and CTB=(bacterins or vaccine or antiserum or toxoid or antitoxin or BCG or vaccine)) or (IC=(A61K39) and CTB=((tumor or cancer) and vaccine)) or TI=(((tumor or cancer) and antigen) or bacterins or vaccine or antiserum or toxoid or antitoxin or BCG)

第十五章　体外诊断产业

体外诊断技术产业，即IVD（In-Vitro Diagnostics），从广义上讲，是指在人体之外通过对人体样本(血液、体液、组织等)进行检测而获取临床诊断信息，进而判断疾病或机体功能的产品和服务；从狭义上讲，是指体外诊断产品，其主要包括体外诊断试剂和体外诊断仪器。近年来，随着科技的进步和医疗保障政策的完善，体外诊断产业在国际上得到了快速发展，主要表现在全球市场呈现快速增长的趋势和产业技术更新速度的不断加快。经过多年的对外技术交流和自主创新研发，我国的体外诊断产业也逐步具备了一定的产业规模和发展条件，更是由于2006年《国家中长期科学和技术发展规划（2006—2020）》的正式颁布和2009年我国医疗改革方案的推出，我国的体外诊断产业被列为重点发展领域，势将迎来一个重大发展的机遇期。

狭义上的体外诊断产业可以根据不同的要素进行分类，根据临床医学检验项目，它可分为临床生化、免疫诊断、血糖检测、血液学、微生物学、分子诊断等种类；根据使用目的和产品形式的不同，它还可分为POCT（床旁检测）和快速诊断等类别。

体外诊断技术作为生命与健康产业的一个重要组成部分，是宁波市“十二五”期间重点关注的新兴产业之一，相关技术主要分布于：①免疫诊断技术领域，即运用免疫学的理论、技术和方法进行体内外诊断，以确定疾病的病因和病变部位、机体免疫状态是否正常，或进行血迹鉴定、生物化学的血清成分鉴定和物种进化关系研究等；②分子诊断技术领域，即运用分子生物学方法检测患者体内遗传物质的结构或表达水平的变化，从而做出诊断；③POCT（床旁检测）技术领域，即省去标本在实验室检验时的复杂处理程序，而是在病人旁边现场采样、分析，快速得到检验结果。因此，本章选择这三类技术的专利检索策略进行详细的介绍，供读者参考。

15.1 免疫诊断技术

15.1.1 该领域主要涉及分类号

15.1.1.1 IPC分类号

G01N33 免疫测定法;生物特有的结合方法的测定;相应的生物物质

A61K39 以免疫刺激添加剂,例如化学佐剂为特征的

C07K16 免疫球蛋白,如单克隆或多克隆抗体

15.1.1.2 DWPI手工分类代码

S03-E09F immunoassay techniques and biological indicators

S03-E14H4 immunoassay

P31-A05 diagnostic devices

15.1.2 中文关键词

免疫、体外、诊断、试剂、试剂盒、装置、取样、样本、疫苗、检测、血液、浓度、病症、病毒性肝炎、牛痘病毒、感染、癌症肿瘤、蛋白疾病、核酸、编码、基因、反应、轻链重酸、多肽、核苷酸、血液、抗体

15.1.3 英文关键词

immune, immunity, diagnosis, diagnostic, diagnose, diagnostic reagents, diagnostic solvent, diagnostic device, diagnostic kit, detect, survey, evaluate, in vitro, reagent, kit, apparatus, sampling, sample, vaccines, detection, blood, concentration disorders, viral hepatitis, vaccinia virus, infection, cancer, tumor, disease proteins, nucleic acids, encoding, the gene, the reaction, light chain heavy acids, polypeptides, nucleotides, antibodies

15.1.4　国内主要申请人

中国农业科学院哈尔滨兽医研究所、北京科美东雅生物技术有限公司、浙江大学、中国农业大学、江南大学、上海生元基因开发有限公司、中国人民解放军军事医学科学院微生物流行病研究所、上海交通大学、华中农业大学、复旦大学、武汉大学、郑州安图绿科生物工程有限公司、中山大学、中国人民解放军第二军医学院、湖州瑞泽生物技术有限公司、北京热景生物技术有限公司、南方医科大学、中国人民解放军第四军医大学、北京大学、华南农业大学、东南大学、吉林大学、中国疾病预防控制中心寄生虫病预防控制所、江苏省原子医学研究所

15.1.5　国外主要申请人

Glaxo Smith Kline plc, Incyte Corporation, Roche Holding Ltd., Bristol Myers Squibb Co., US Department of Health & Human Services, Pfizer Inc., Novartis AG, University of California, Astellas Pharma Inc., Abbott Laboratories, Merck & Co., Inc., Institut Pasteur, Sanofi SA, Amgen, Inc., The University of Texas System, Johnson & Johnson, AbbVie Inc., Siemens AG, OncoTherapy Science, Inc.

15.1.6　免疫诊断产业专利检索表达式范例

15.1.6.1　免疫诊断产业国内专利检索表达式

(主分类号=G01N33/53% and 名称,摘要,主权项+=免疫%) or (分类号=A61K39% and 名称,摘要,主权项+=(免疫% and 诊断%)) or 名称,摘要,主权项+=(免疫% and 诊断% and (盒% or 试剂% or 装置%))

15.1.6.2　免疫诊断产业国外专利检索表达式

(主分类号=G01N33/53% and 名称,摘要,主权项+=(immune% or immunity%)) or (分类号=A61K39% and 名称,摘要,主权项+=((immune% or immunity%) and (diagnosis% or diagnostic% or diagnose%))) or 名称,摘要,主权项+=((immune% or immunity%) and (diagnosis% or diagnostic% or diagnose%) and (kit% or detect% or device% or solvent%))

15.1.6.3 免疫诊断产业innography专利检索表达式

(IPC_G01N33/53% and @(abstract,claims,title) (immune or immunity)) or (IPC_A61K39% and @(abstract,claims,title)（(immune or immunity) and (diagnosis or diagnostic or diagnose)）) or @(abstract,claims,title) ((immune or immunity) and ("diagnostic reagents" or "diagnostic solvent" or "diagnostic device" or "diagnostic kit" or detect or "survey and evaluate"))

15.1.6.4 免疫诊断产业innovation专利检索表达式

IC=(G01N33) and CTB=(Immune or immunity) or IC=(A61K39) and CTB=((Immune or immunity) and (diagnosis or diagnostic or diagnose)) or CTB=((Immune or immunity) and (diagnostic reagents or diagnostic solvent or diagnostic device or diagnostic kit or detect or survey and evaluate))

15.2 分子诊断技术

15.2.1 该领域主要涉及分类号

15.2.1.1 IPC分类号

C12Q 包含酶或微生物的测定或检验方法

G01N33 利用特殊方法来研究或分析材料

C12M 酶学或微生物学装置

15.2.1.2 DWPI手工分类代码

P31-A05 diagnostic devices

V05-F08F molecular decomposition and fluid processing

P61-F measuring, indicating, controlling grinding/ polishing equipment

15.2.2　中文关键词

分子诊断、分子检测、核酸诊断、核酸检测、基因诊断、基因检测、DNA诊断、DNA检测、聚合酶链反应、PCR、生物芯片、组织芯片、组织微阵列、DNA、核苷酸、基因、核酸、蛋白质、细胞、芯片、阵列、芯片实验室、微全分析系统、微流控芯片、试剂、诊断装置、聚合酶链反应管、PCR反应管

15.2.3　英文关键词

molecular diagnostics, molecular diagnosis, molecular test, molecular detect, nucleotide diagnostics, nucleotide test, nucleotide detect, gene diagnostics, gene test, gene detect, DNA diagnostics, DNA test, DNA detect, PCR, polymerase chain reaction, biochip, bio-chip, bio chip, biological chip, biological-chip, bioarray, bio-array, bio array, microarray, tissue chip, protein chip, DNA chip, cell chip, gene chip, nucleotide chip, laboratory on a chip, Laboratory-on-a-chip, miniaturized total analysis system, miniaturized-total-analysis-system, microfluidic chip, microfluidic-chip, micro TAS, μ TAS, diagnostic reagent, kit, diagnostic device, polymerase chain reaction tube, PCR tube

15.2.4　国内主要申请人

上海主健生物工程有限公司、浙江大学、中山大学达安基因股份有限公司、中国检验检疫科学研究院、解码(上海)生物医药科技有限公司、武汉大学、厦门大学附属中山医院、中国人民解放军总医院、上海复星医学科技发展有限公司、四川农业大学、广西壮族自治区兽医研究所、浙江省疾病预防控制中心、南开大学、上海交通大学、天津生物芯片技术有限责任公司、中国农业大学、山东出入境检验检疫技术中心、上海复星医药(集团)股份有限公司、厦门大学、华南农业大学、天津出入境检验检疫局动物与食品检测中心、南京农业大学，上海中优医药高科技有限公司

15.2.5 国外主要申请人

Roche Holding Ltd., Thermo Fisher Scientific Inc., Epigenomics AG, GlaxoSmith Kline plc, University Of California, Becton, Dickinson and Co., Johns Hopkins University, Novartis AG, US Department Of Health & Human Services, Qiagen NV, Agilent Technologies Inc., Bayer AG, Canon Inc., Abbott Laboratories, Merck & Co., Inc., Johnson & Johnson, Sanofi SA, Hologic, Inc., Partners Healthcare System, Inc., Massachusetts

15.2.6 分子诊断产业专利检索表达式范例

15.2.6.1 分子诊断产业国内专利检索表达式

名称=(((分子诊断% or 分子检测% or 核酸诊断% or 核酸检测% or 基因诊断% or 基因检测% or DNA 诊断% or DNA 检测% or 聚合酶链反应% or PCR% or 生物芯片% or 组织芯片% or 组织微阵列% or ((DNA% or 核苷酸% or 基因% or 核酸% or 蛋白质% or 细胞%) and (芯片% or 阵列%)) or 芯片实验室% or 微全分析系统% or 微流控芯片%) and (试剂% or 诊断装置%)) or 聚合酶链反应管% or PCR 反应管%) or 名称,摘要,主权项+=(((分子诊断% or 分子检测% or 核酸诊断% or 核酸检测% or 基因诊断% or 基因检测% or DNA 诊断% or DNA 检测% or 聚合酶链反应% or PCR% or 生物芯片% or 组织芯片% or 组织微阵列% or ((DNA% or 核苷酸% or 基因% or 核酸% or 蛋白质% or 细胞%) and (芯片% or 阵列%)) or 芯片实验室% or 微全分析系统% or 微流控芯片%) and (试剂% or 诊断装置%)) or 聚合酶链反应管% or PCR 反应管%) and 主分类号,分类号+=(C12Q1/68% or G01N33/50% or G01N33/53% or G01N33/48% or G01N35/10% or C12M%)

15.2.6.2 分子诊断产业国外专利检索表达式

名称=("molecular diagnostics" or "molecular diagnosis" or "molecular test" or "molecular detect" or "nucleotide diagnostics" or "nucleotide detect" or "DNA test" or "DNA detect" or "PCR" or PCR% or "polymerase chain reaction" or "biochip" or "microarray") or 名称,摘要,主权项+=("molecular diagnostics" or "molecular diagnosis" or "molecular test" or "molecular detect" or "nucleotide diagnostics" or "nucleotide detect" or "DNA test" or "DNA detect" or "PCR" or PCR% or "polymerase chain reaction" or "biochip" or "microarray") and 主分类号,分类号+=(C12Q1/68% or G01N33/50% or G01N33/53% or G01N33/48% or G01N35/10% or C12M%)

15.2.6.3 分子诊断产业innography专利检索表达式

(@title ((("molecular diagnostics" or "molecular diagnosis" or "molecular test" or "molecular detect" or "nucleotide diagnostics" or "nucleotide test" or "nucleotide detect" or "gene diagnostics" or "gene test" or "gene detect" or "DNA diagnostics" or "DNA test" or "DNA detect" or "PCR" or "polymerase chain reaction" or "biochip" or "bio-chip" or "bio chip" or "biological chip" or "biological-chip" or "bioarray" or "bio- array" or "bio array" or "microarray" or “tissue chip” or "protein chip" or "DNA chip" or "cell chip" or "gene chip" or "nucleotide chip" or "Laboratory on a chip" or "Laboratory-on-a-chip" or "miniaturized total analysis system" or "miniaturized- total- analysis- system" or "microfluidic chip" or "microfluidic- chip" or "micro TAS" or "μ TAS") and ("diagnostic reagent" or "kit" or "diagnostic device")) or "polymerase chain reaction tube" or "PCR tube")) or (@*(IPC_C12Q1/680 or IPC_G01N33/500 or IPC_G01N33/530 or IPC_G01N33/480 or IPC_G01N35/100 or IPC_C12M) and @(abstract,claims,title) ((("molecular diagnostics" or "molecular diagnosis" or "molecular test" or "molecular detect" or "nucleotide diagnostics" or "nucleotide test" or "nucleotide detect" or "gene diagnostics" or "gene test" or "gene detect" or "DNA diagnostics" or "DNA test" or "DNA detect" or "PCR" or "polymerase chain reaction" or "biochip" or "bio-chip" or "bio chip" or "biological chip" or "biological- chip" or "bioarray" or "bio- array" or "bio array" or "microarray" or "tissue chip" or "protein chip" or "DNA chip" or "cell chip" or "gene chip" or "nucleotide chip" or "laboratory on a chip" or "laboratory-on-a-chip" or "miniaturized total analysis system" or "Miniaturized-total-analysis-system" or "Microfluidic chip" or "microfluidic-chip" or "micro TAS" or "μ TAS") and ("diagnostic reagent" or "kit" or "diagnostic device")) or "polymerase chain reaction tube" or "PCR tube"))

15.2.6.4 分子诊断产业innovation专利检索表达式

IC=(C12Q1/68 or IPC_G01N33/50 or IPC_G01N33/53 or IPC_G01N33/48 or IPC_G01N035100 or IPC_C12M) and CTB=((molecular diagnostics or molecular diagnosis or molecular test or molecular detect or nucleotide diagnostics or nucleotide detect or DNA test or DNA detect or PCR or PCR% or polymerase chain reaction or biochip or microarray)) or TI=(molecular diagnostics or molecular diagnosis or molecular test or molecular detect or nucleotide diagnostics or nucleotide detect or DNA test or DNA detect or PCR or PCR% or polymerase chain reaction or biochip or microarray)

15.3 POCT技术

15.3.1 该领域主要涉及分类号

15.3.1.1 IPC分类号

G01N 借助于测定材料的化学或物理性质来测定或分析材料

A61B 诊断;外科;鉴定

G06K 数据识别;数据表示;记录载体;记录载体的处理

15.3.1.2 DWPI手工分类代码

V05-J01J detection system

S05-D03A ultrasonic diagnosis-transducer device details

P61-F measuring, indicating, controlling grinding/polishing equipment

15.3.2 中文关键词

POCT、定点检测、临床诊断、临床检测、快速诊断、快速检测、分散检测、即时检测、患者、人体、动物、食品、病毒、抗原、抗体、过敏、组织、血清、病原体、细菌、免疫球蛋白、肿瘤、动物、植物学、基因、表位、核苷酸、血细胞、血小板、多肽、氧化、病原体、炎症、感染、淋巴细胞、细胞膜、酶、遗传、癌症、氨基酸、生物

体、生物、微生物、视觉、疾病、大脑

15.3.3 英文关键词

POCT, point-of-care test, bedside test, near-patient test, physician office test, home use test, extra-laboratory test, decentralized test, rapid diagnosis, instant diagnosis, real time diagnosis, real-time diagnosis, rapid test, instant test, real time test, real-time test, quick diagnosis, quick test, rapid detection, instant detection, real time detection, real-time detection, quick detection, human, body, living beings, vegetables, food, meat, antibody, vaccine, protein, cell, antigen, viruses, allergy, tissue, serum, pathogen, bacteria, immunoglobulin, tumor, animal, botany, gene, epitope, nucleotide, blood cells, platelet, polypeptide, oxide, pathogen, inflammation, infection, lymphocytes, cell membrane, enzyme, genetic, immune, cancer, amino acid, organisms, biological, microbial, plant, vision, disease, illness, cerebrum, brain

15.3.4 国内主要申请人

浙江大学、北京科美东雅生物技术有限公司、中国农业大学、江南大学、上海交通大学、清华大学、中国检验检疫科学研究院、奥索临床诊断有限公司、华南农业大学、北京庄笛浩禾生物医学科技有限公司、苏州艾杰生物科技有限公司、东南大学、中国科学院电子学研究所、南京大学、中国海洋大学、福建省洪诚生物药业有限公司、北京望尔康泰生物技术有限公司、厦门大学、武汉大学、内蒙古蒙牛乳业(集团)股份有限公司、扬州大学、华中农业大学、中国人民解放军军事医学科学院微生物流行病研究所、湖南大学、华中科技大学、复旦大学、中国科学院大连化学物理研究所

15.3.5 国外主要申请人

Thermo Fisher Scientific Inc., Roche Holding Ltd., Panasonic Corporation, Hitachi, Ltd., Becton, Dickinson and Co., Abbott Laboratories, Toshiba Corporation, Hologic, Inc., Theranos Inc., Bayer AG, Canon Inc., Toyota Motor Corporation, Kimberly-Clark Corporation, Mitsubishi Electric Corporation, Enzo Biochem, Inc., NEC

Corporation, FUJIFILM Holdings Corp oration, University Of California, Norchip A

15.3.6 POCT产业专利检索表达式范例

15.3.6.1 POCT产业国内专利检索表达式

((主分类号=G01N or A61B or G01K) and (名称,摘要,主权项+=POCT or 定点检测% or 临床诊断% or 临床检测% or 快速诊断% or 快速检测% or 分散检测%)) or ((主分类号=G06F or G01N or A61B or G06K) and 名称,摘要,主权项+=((快速检测% or 即时检测%) and (患者% or 人体% or 动物% or 食品% or 病毒% or 抗原% or 抗体% or 过敏% or 组织% or 血清% or 病原体% or 细菌% or 免疫球蛋白% or 肿瘤% or 动物% or 植物学% or 基因% or 表位% or 核苷酸% or 血细胞% or 血小板% or 多肽% or 氧化% or 病原体% or 炎症% or 感染% or 淋巴细胞% or 细胞膜% or 酶% or 遗传% or 癌症% or 氨基酸% or 生物体% or 生物% or 微生物% or 视觉% or 疾病% or 大脑%)))

15.3.6.2 POCT产业国外专利检索表达式

((主分类号=G01N or A61B or G01K) and (名称,摘要,主权项+=POCT or "point-of-care test" or "bedside test" or "near-patient test" or "physician office test" or "home use test" or "extra-laboratory test" or "decentralized test")) or ((主分类号=G06F or G01N or A61B or G06K) and 名称,摘要,主权项+=("rapid diagnosis" or "instant diagnosis" or "real time diagnosis" or "real-time diagnosis" or "rapid test" or "instant test" or "real time test" or "real-time test" or "quick diagnosis" or "quick test" or "rapid detection" or "instant detection" or "real time detection" or "real-time detection" or "quick detection") and (human or body or "living beings" or "vegetables" or food or meat or antibody or vaccine or protein or cell or antigen or viruses or allergy or tissue or serum or pathogen or bacteria or immunoglobulin or tumor or animal or botany or gene or epitope or nucleotide or "blood cells" or platelet or polypeptide or oxide or pathogen or inflammation or infection or lymphocytes or "cell membrane" or enzyme or genetic or immune or cancer or "amino acid" or organisms or biological or microbial or plant or vision or disease or illness or cerebrum or brain) not (car or vehicle or bridge or river or ship or plane or generator))

15.3.6.3　POCT产业innography专利检索表达式

((IPC_G01N or IPC_A61B or IPC_G01K) and @(abstract,claims,title) (POCT or point-of-care test or bedside test or near-patient test or physicians office test or home use test or extra- laboratory test or decentralized test))or ((IPC_G06F or IPC_G01N or IPC_A61B or IPC_G06K) and @(abstract,claims,title) ((rapid diagnosis or instant diagnosis or real time diagnosis or real-time diagnosis or rapid test or instant test or real time test or real-time test or quick diagnosis or quick test or rapid detection or instant detection or real time detection or real-time detection or quick detection) and (human or body or living beings or vegetables or food or meat or antibody or vaccine or protein or cell or antigen or viruses or allergy or tissue or serum or pathogen or bacteria or immunoglobulin or tumor or animal or botany or gene or epitope or nucleotide or blood cells or platelet or polypeptide or oxide or pathogen or inflammation or infection or lymphocytes or cell membrane or enzyme or genetic or immune or cancer or amino acid or organisms or biological or microbial or plant or vision or disease or illness or cerebrum or brain) not (car or vehicle or bridge or river or ship or plane or generator)))

15.3.6.4　POCT产业innovation专利检索表达式

(IC=(G01N or A61B or G01K) and CTB=(POCT or point-of-care test or bedside test or near-patient test or physician office test or home use test or extra-laboratory test or decentralized test))or(IC=(G06F or G01N or A61B or G06K) and CTB= ((rapid diagnosis or instant diagnosis or real time diagnosis or real-time diagnosis or rapid test or instant test or real time test or real-time test or quick diagnosis or quick test or rapid detection or instant detection or real time detection or real-time detection or quick detection) and (human or body or living beings or vegetables or food or meat or antibody or vaccine or protein or cell or antigen or viruses or allergy or tissue or serum or pathogen or bacteria or immunoglobulin or tumor or animal or botany or gene or epitope or nucleotide or blood cells or platelet or polypeptide or oxide or pathogen or inflammation or infection or lymphocytes or cell membrane or enzyme or genetic or immune or cancer or amino acid or organisms or biological or microbial or plant or vision or disease or illness or cerebrum or brain) not (car or vehicle or bridge or river or ship or plane or generator)))

第十六章 高端医疗器械产业

高端医疗器械产业是一个多学科交叉、知识密集、资金密集型的高技术产业，其中所涉及的产品既包括使用于人体的仪器、设备，也包括一些新型的器具、材料或者其他物品，如医疗软件等。在我国，“看病贵、检查贵”长期难以解决的原因也与长期以来我国进口的高端仪器设备占据了国内的医疗市场，医疗器械的国产化率很低有直接关系。因此加快高端医疗设备国产化进程，降低医疗成本以惠及百姓，已成为我国医疗设备产业发展的重心。现今我国医疗器械企业的创新能力有所增强，但医疗器械行业研发投入少，使得产业技术创新及成果转化能力薄弱，核心技术少，关键部件仍依赖进口，高端产品依然以仿制、改进为主。目前我国整体医药行业研发投入占销售收入的比重为1%~2%(医疗器械为3%)，而国外的平均水平为15%~18%，医疗器械为15%以上，投入严重不足使得我国在创新性医疗器械的研究与开发上落后。

高端医疗设备依照其用途可以分为高端影像设备(又称高端诊断设备)、先进治疗装备与医疗辅助设备，依据其器械构成分可以分为软件、核心部件、非核心零件等。

高端医疗设备领域作为生命与健康产业的一个重要组成部分，也是宁波市“十二五”期间重点关注的新兴产业之一，故本书将其作为研究对象，确定了高端影像设备、放射治疗装备的关键词、分类号和主要申请人等检索要素，编制了上述领域相应的专利检索表达式为范例供读者参考。

16.1 高端影像设备

16.1.1 该领域主要涉及分类号

16.1.1.1 IPC分类号

A61B06 用于放射诊断的仪器，如与放射治疗设备相结合的

A61B08 用超声波、声波或次声波的诊断

G03B 摄影、放映或观看用的装置或设备；利用了光波以外其他波的类似技术的装置或设备；有关的附件

H01F6 超导磁体，超导线圈

B06B1 产生亚声频、声频或超声频的机械振动的过程或设备

16.1.1.2 DWPI手工分类代码

P82-T constructional details of photographic image taking/projecting/printing apparatus

S01-E02A2A MRI image enhancement

S05-D08A general image processing

S06-E electrophotographic image production

16.1.2 中文关键词

螺旋、CT、超导、实时三维彩色超声成像仪、MRI、高清内窥镜、影像、医疗、疾病、诊断、断层、成像、技术、功能、临床、诊断、肿瘤、高速、超清、光导、分辨率、扫描、性能、分子、高精度、精准、系统、设备、器械、超清、全景、探测、精致、临床、监视、磁体、磁共振、谱仪、X射线、探测、平板、超声、换能、磁场、电磁波、核磁、能带、自旋、电磁、振荡

16.1.3 英文关键词

Spiral, CT, superconductivity, real-time three-dimensional color ultrasound imaging devices, MRI, high-definition endoscopes, medical, disease, diagnosis, tomography, imaging, technology, function, clinical, diagnostic, cancer, high- speed, ultra-clear, light guides, resolution, Scan , performance, molecules, precision, accuracy, systems, equipment, tools, ultra- clear, panoramic, detection, fine, clinical, surveillance, magnets, magnetic resonance, spectroscopy, X-rays, flat, ultrasound, transducers, magnetic field, electromagnetic waves, magnetic resonance imaging, the band, the spin, the electromagnetic oscillation

16.1.4 国内主要申请人

深圳迈瑞生物医疗电子股份有限公司、上海西门子医疗器械有限公司、深圳市蓝韵实业有限公司、上海联影医疗科技有限公司、苏州边枫电子科技有限公司、广州宝胆医疗器械科技有限公司、清华大学、沈阳东软医疗系统有限公司、南京普爱射线影像设备有限公司、深圳市立邦精密仪器股份有限公司、同方威视技术股份有限公司、深圳市开立科技有限公司、上海交通大学、华中科技大学、华南理工大学、中国科学院深圳先进技术研究院、山东新华医疗器械股份有限公司、中国人民解放军第三军医大学第一附属医院、汕头市超声仪器研究所有限公司

16.1.5 国外主要申请人

Canon Inc., FUJIFILM Holdings Corp oration, Ricoh Company Ltd., Panasonic Corporation, Sony Corporation, Toshiba Corporation, Konica Minolta, Inc., Hitachi, Ltd., Samsung Group, Seiko Holdings Corporation, Olympus Corporation, Sharp Corporation, Koninklijke Philips NV, Kyocera Corporation, Siemens AG, NEC Corporation, Fujitsu Limited, Nikon Corp, Eastman Kodak Company

16.1.6 高端影像设备专利检索表达式范例

16.1.6.1 高端影像设备国内专利检索表达式

名称,摘要,主权项+=(螺旋CT or 超导MRI or (PET% and CT%) or 实时三维彩色超声成像仪 or 高清内窥镜) or (名称=(影像)/ and 名称,摘要,主权项+=(医疗 or (疾病 and 诊断))) or 主分类号,分类号+=(A61B6/% or A61B8/%) or (主分类号,分类号+=(A61B%) and 名称,摘要,主权项+=(影像))

16.1.6.2 高端影像设备国外专利检索表达式

名称,摘要,主权项+=(CT or MRI or (PET% and CT%) or imager or endoscope) or (名称=(image)/ and 名称,摘要,主权项+=(medical or (diagnosis and disease))) or 主分类号,分类号+=(A61B6% or A61B8%) or (主分类号,分类号+=

(A61B%) and 名称,摘要,主权项+=(image))

16.1.6.3 高端影像设备innography专利检索表达式

@(abstract,claims,title) (CT or MRT or (PET and CT) or Imager or Endoscope) or (@title (Image) and @(abstract,claims,title) (medical or diagnosis or disease)) or (IPC_A61B6 or A61B8) or ((IPC_A61B) and @(abstract,claims,title) image)

16.1.6.4 高端影像设备innovation专利检索表达式

CTB=(CT or MRT or (PET and CT) or Imager or Endoscope) or (TI=(image) and CTB=(medical or diagnosis or disease)) or IC=(A61B 6 or A61B 8) or (IC=(A61B) and CTB=(image))

16.2 放射治疗装备

16.2.1 该领域主要涉及分类号

16.2.1.1 IPC分类号

A61N1 电疗法;及其所用的线路

A61N5 放射疗,X射线治疗法,γ射线治疗法;粒子照射疗法

G01T1 X射线辐射、γ射线辐射、微粒子辐射或宇宙线辐射的测量

16.2.1.2 DWPI手工分类代码

S05-A02 therapy electrodes

S05-A03 radiation/ultrasonic therapy(including magnetic field)

S05-A04 therapy by applying currents

16.2.2 中文关键词

神经、电刺激、影像、导航、辅助治疗、适形、调强、放疗、放射治疗、定位、追踪、输液泵、冷箱、医疗、螺旋CT、减影、肿瘤、高速、超清、光导、分辨率、扫描、性能、分子、高精度、精准、系统、设备、器械、放疗、X射线、伽马射线、全景、探

测、精致、临床、监视、核磁、净化、腹腔

16.2.3　英文关键词

nerve, electrical stimulation, imaging, navigation, adjuvant therapy, conformal, intensity modulated radiotherapy, radiotherapy, location, tracking, infusion pumps, cold boxes, medical, spiral CT, subtraction, cancer, high-speed, ultra-clear, light guide, resolution, scanning, performance, molecules, accuracy, precision, systems, equipment, tools, high-tech, radiation, ultra-clear, panoramic, detection, fine, clinical monitoring, magnetic resonance imaging, purification, intraperitoneal

16.2.4　国内主要申请人

山东新华医疗器械股份有限公司、上海交通大学、清华大学、天津大学、深圳市海博科技有限公司、中国人民解放军第四军医大学、杭州花园伽马医疗设备投资有限公司、深圳普门科技有限公司、武汉海纳川科技有限公司、中国科学院深圳先进技术研究院、华南师范大学、苏州雷泰医疗科技有限公司、浙江大学、上海希格玛高科技有限公司、中国人民解放军第二军医大学、上海理工大学、复旦大学、三维医疗科技江苏股份有限公司、苏州景昱医疗器械有限公司、上海宏倍斯三盛卫浴有限公司、重庆德马光电技术有限公司、上海联影医疗科技有限公司、江阴市霖肯科技有限公司

16.2.5　国外主要申请人

Medtronic, Inc., Boston Scientific Corporation, Cyberonics, Inc., St. Jude Medical, Inc., NuVasive, Inc., MED-EL Elektromedizinische GerÃ¤te GMBH, Electrocore Inc., Johnson & Johnson, Cochlear Limited, Koninklijke Philips NV, University Of California, Bcm Ltd., Sonova Holding AG, Cerbomed GMBH, 91052 Erlangen, De, Greatbatch Inc., NeuroMetrix, Inc., Ndi Medical, LLC, Case Western Reserve University, Ohio, Alfred E Mann Foundation For Scientific Research

16.2.6 放射治疗装备专利检索表达式范例

16.2.6.1 放射治疗装备国内专利检索表达式

名称,摘要,主权项+=((神经 and 电刺激) or (影像 and 导航 and 辅助治疗) or (适形 and 调强 and (放疗 or 放射治疗))) or 主分类号,分类号+=(A61N1/36) or (主分类号,分类号+=(A61B19%) and 名称,摘要,主权项+=(导航 or 定位)) or 主分类号,分类号+=A61N5%

16.2.6.2 放射治疗装备国外专利检索表达式

名称,摘要,主权项+=((nerve and electrical stimulation) or (image and navigation and adjuvant therapy) or (conformal and IMRT and radiotherapy)) or 主分类号,分类号+=(A61N1/36) or (主分类号,分类号+=(A61B19%) and 名称,摘要,主权项+=(navigation or location)) or 主分类号,分类号+=A61N5%

16.2.6.3 放射治疗装备innography专利检索表达式

@(abstract,claims,title) ((nerve and electrical stimulation) or (image and navigation and adjuvant therapy) or (conformal and IMRT and radiotherapy)) or (IPC_A61B19 and @(abstract,claims,title) (navigation or location)) or (IPC_A61N1 or A61N5)

16.2.6.4 放射治疗装备innovation专利检索表达式

CTB=((nerve and electrical stimulation) or (image and navigation and adjuvant therapy) or (conformal and IMRT and radiotherapy)) or IC=(A61N1 or A61N5) or IC=(A61N1 or A61N5) or (IC=(A61B19) and CTB=(navigation or location))